KB096825

초등 저학년을 위한
똑똑한 공부법

초등 저학년을 위한
똑똑한 공부법
—

2019년 11월 29일 1판 1쇄 발행
2019년 12월 16일 1판 2쇄 발행
—

지은이 깔루아(조지희)
펴낸이 이상훈
펴낸곳 책밥
주소 03986 서울시 마포구 동교로23길 116 3층
전화 번호 070-582-6707
팩스 번호 02-335-6702
홈페이지 www.bookisbab.co.kr
등록 2007.1.31. 제313-2007-126호
—

기획·진행 김다빈
디자인 프롬디자인 한정수
—

ISBN 979-11-968453-0-8 (13370)
정가 16,500원
—

책밥은 (주)오렌지페이퍼의 출판 브랜드입니다.

이 도서의 국립중앙도서관 출판예정도서목록(CIP)은 서지정보유통지원시스템 홈페이지
(http://seoji.nl.go.kr)와 국가자료공동목록시스템(http://www.nl.go.kr/kolisnet)에서
이용하실 수 있습니다. (CIP제어번호 : CIP2019045903)

초등 저학년을 위한 똑똑한 공부법

깔루아(조지희) 지음

책밥

교육의 중심에
누가 있는가?

우리의 초등학교 시절을 기억하는가? 30년 전 이상으로 거슬러 올라가 보자. 그때만 해도 지금처럼 공부할 필요가 없었다고 말하는 부모가 많을 것이다. 과연 그럴까? 부모님께 한 번 여쭤보자.

"저는 초등(국민)학교 때, 어떤 교육을 받았나요?"

부모님께 어떤 대답을 들었는가? 지금보다 더 화려한 치맛바람을 날린 어머니의 이야기 또는 먹고 사는 것이 바빠 공부에는 신경을 못 써줬는데, 네가 알아서 잘 해줬다는 이야기로 갈릴 것이다.

현재 나는 어떤 부모인가? 교육에 관심이 많은 부모인가? 관심이 없는 부모인가? 일단 관심 여부를 떠나 자녀를 교육하는 방식은 부모의 경험으로부터 출발하는 경우가 많다. 부모가 어렸을 때 공부를 열심히 했더니, 좋은 학교에 진학을 하여 전문직을 갖거나 대기업에 취업을 하고, 돈도 벌고 가정도 꾸리게 되었다면, 이 부모들이 인생을 살아오면서 학습한 것은 무엇일까?

'인생에서 성공을 하고 싶다면, 공부를 해야 한다. 공부를 하면 성공적인 삶을 살 수 있고, 하고 싶은 일을 선택할 수 있는 기회가 많다'라는 신념이다. 왜냐하면 공부로 성공을 경험한 부모들은 여전히 한국 사회에서는 공부를 잘하면 고소득 직업을 얻을 수 있다고 생각하기 때문이다. 그래서 항상 어린 시절을 돌아보면 아쉬워한다.

"우리 부모님이 그때 나를 조기 유학 보내 주셨더라면, 내가 영어 때문에 회사에서 고생하지 않아도 되었을 텐데…. 그러니 나는 우리 아이 만큼은 영어 교육은 제대로 시켜줘야겠어!"라고 마음을 먹고 영어 조기 교육을 시작하기도 한다. 또는 "학원이라면 정말 진절머리가 나. 난 학교 끝나고 학원 다니느라 너무 힘들었어. 우리 아이는 답답한 학원 건물보다는 자연과 함께 키우고 싶어. 일단 숲 유치원부터 알아봐야겠다.", "나는 학교 다닐 때, 피아노도 배우고 싶고, 태권도도 배우고 싶었는데 부모님께서 경제력이 되지 않아서 배우지 못했어. 우리 아이는 다양한 예체능을 경험하게 해주고 싶어."와 같이 부모의 과거 경험을 바탕으로 교육하는 일이 적지 않다. 왜 그럴까? 우리 아이는 나 그리고 배우자를 닮았으니, 타고난 능력 또한 같을 것이라고 착각하고 있기 때문이다. 우리 아이는 나의 분신이 아니다. 부모와 비슷한 성향일 수는 있으나, 자녀 교육은 객관적인 눈으로 바라봐야 한다. 선택의 기준은 부모가 아닌 '우리 아이'가 되어야 한다.

성공적인 자녀 교육의 기준은 무엇일까? 부모들은 모두 아이가 건강하고 행복하게 자라길 바라지만, 명문대나 특목고를 가길 바라는 마음이 어딘가에 자리 잡고 있는 것이 현실이다. 조금 더 멀리, 조금 더 크게 보자. 내가 가진 잣대의 범위를 나이나 국가로 한정짓지 말자. 우리 아이가 20살에 국내 명문대에 다니고 있다고 해서 성공적인 삶을 살 것이라고 장담할 수 없다. 부모라면, 자신보다는 더 나은 삶을 살길 바랄 것이다. 우리 아이가 또래보다 빠른 편이고 공부도 잘한다면 작은 바람은 큰 기대로 바뀔 수 있다. 만약 그 기대에 부응하지 못한다면, 부모뿐만 아니라 우리 아이들은 더 큰 좌절감을 맛보게 될 수도 있다. 타고난 재능이 많은 아이를 키울수록 부모는 기대치를 낮추고, 허황된 욕심을 버려야 한다. 그래야 자녀 교육을 성공으로 이끌 수 있다.

부모는 해바라기를 키우는 태양과 같은 존재가 되어야 한다. 해바라기는 태양의 방향을 따라가며 자란다. 그렇다고 아이가 무조건 부모를 따르게 해서는 안 된다. 우선, 아이를 세심하게 관찰해야 한다. 어디론가 너무 치우쳐 있거든 올바른 방향으로 자라날 수 있도록 다른 방향으로 바꾸어 빛을 비추어 주어야 한다. 아이들은 아직 내가 어느 방향으로 성장해야 하는지 잘 모르기 때문에 부모는 다방면으로 빛을 비추어 주는 기회를 제공해야 한다. 결국 어떻게 자라야 하는지, 어느 방향으로 자라야 하는지에 대한 선택은 아이의 몫이다. 부모가 원하는 길을 제시하는 것이 아니라, 바르게 성장하도록 안내하는 역할을 하는 것이 중요하다.

세상에서 가장 불안한 부모는 누구일까? 대한민국에 사는 예비 초등학생과 초등학교 1학년 자녀를 둔 학부모다. 수능 시험을 코앞에 둔 수험생과 다를 바가 없다. 취학 전 아이를 잘 키웠나, 잘못 키웠나 평가를 받는 기분이 들기도 한다. 그동안 아이를 키우면서 미처 챙기지 못했던 교육에 대해 후회할 필요는 전혀 없다. 바로 지금 무엇을 해야 하는지가 가장 중요하다.

이 책은 지난 7년간 학부모를 상담하고, 강의하면서 얻은 지식과 지혜를 함께 나누기 위해 집필하게 되었다. 교육 전문가로서, 초등학교를 먼저 경험한 엄마 선배로서, 우리 아이의 인성과 실력이라는 두 마리 토끼를 잡을 수 있도록 부모님들의 건강한 교육을 위한 바른 길잡이가 되길 바란다.

나를 엄마로서 살아가게 해준, 우리 두 딸 다영, 서우 그리고 주말마다 아이 돌보느라 고생한 수현 씨와 부모님, 조언을 아끼지 않았던 조연희 실장님, 조미경 선생님, 이미선 선생님, 박미정 실장님을 비롯한 책밥 관계자분들, '깔루아의 엄마는 교육 플래너' 네이버 블로그(blog.naver.com/lampcence)와 '깔루아 교육 TV' 유튜브와 네이버TV 구독자분들에게 깊은 감사의 인사를 전하고 싶다.

깔루아 독서 학습 컨설팅 대표

조 지 희

Contents

PART

1

공부 잘하는
아이 뒤에는
현명한 부모가 있다

준비된 부모는 불안하지 않다

맹모삼천지교

우리 가족의 교육관 세우기

사교육 정리는 교육비 관리의 시작

{ 준비된 부모는
불안하지 않다 }

부모인 당신은 당신의 삶을 계획을 하며 살고 있는가? 아니면 주어진 대로 하루를 보내며 살고 있는가? 지금 나 자신조차 미래에 대한 준비가 되어 있지 않으며, 계획적인 삶을 꿈꾸는 것조차 어렵다면, 우리 자녀의 미래에 대해 생각해 볼 수 있는 여유가 없을 것이다. 자녀 교육에 앞서서 우선 부모 자신을 먼저 돌아보고, 조금 더 발전적인 태도로 아이에게 모범을 보인다면 그것만큼 가장 좋은 교육은 없을 것이다. 우리 아이들은 부모를 보고 자라기 때문이다. 자신의 삶에 차지하는 시간적 경제적 여유와 원만한 부부 사이는 아이에게 보다 안정감을 줄 확률이 높다. 그런데 부부 사이의 잦은 싸움과 지나친 교육비로 인한 생활 자금 부족, 부모가 바빠 아이와 여가 시간을 보낼 수 없는 환경 등은 아이에게 불안감을 심어 줄 수 있다. 부모는 아이에게 불안한 존재로 자리매김해서는 안 된다. 편안하지만 권위 있는 존재, 친구 같지만 존경의 대상이 되어야 한다. 유아를 키우는 부모와 초등학생 자녀를 키우는 부모는 마음가짐부터 달라야 한다. 취학 전에는 보육 중심이라고 한다면, 취학 후에는 보육과 교육을 함께 병행해야 한다. 아이가 성장해 가면서 부모의 역할은 더욱 중요해질 수밖에 없다. 그런데 그런 부모가 자녀 양육이나 교육에 있어 불안한 모습을 보인다면, 아이에게도 그 불안한 마음이 전해지게 된다.

초등학교 입학을 앞두고 있거나, 현재 1, 2학년 자녀가 있다면 학부모가 되는 것을 준비하자. 준비된 부모는 불안하지 않다. 그럼 어떤 준비가 필요한지 세 가지로 나누어 볼 수 있다.

첫째는 건강한 부모다. 건강하게 살기 위해서는 규칙적인 생활이 필요하며, 균형적인 식사와 운동도 필요하다. 건강을 1순위로 꼽은 이유는 가장 기본적인 주춧돌 역할을 하기 때문이다. 몸과 마음이 건강해야 의욕도 생기고 아이들에게 긍정적인 에너지를 줄 수 있다. 피곤한 일상과 불규칙한 수면으로 잠이 부족하게 되면 만사가 귀찮아지고, 자녀에게도 소홀할 수밖에 없기 때문이다. 부모가 건강해야 아이도 건강하게 키울 수 있다. 공부도 체력이 있어야 하는 것이다. 초등 저학년 때에는 기초 체력을 기르고, 성장할 수 있도록 건강한 밥상과 운동 시간을 제공해야 한다. 부모가 피곤하여 체력이 떨어지면 집안 전체의 의욕이 떨어지게 된다. 아이들에게 균형 있는 식단을 제공하는 것도 중요하다. 학원을 많이 다니는 아이들

중에는 집에서 저녁을 먹을 시간이 없어서 학원과 학원 사이 잠깐 비는 시간에 간단한 외식을 하는 경우가 있는데, 초등학생일 때에는 가급적 집 밥을 먹게 해주는 것이 좋다. 외식을 많이 하게 되면 점점 자극적인 음식을 찾게 되고, 비만의 확률도 높아진다. 또한 가족과 함께하는 식사 시간이 줄어들어 부모와 자녀간의 대화 시간도 부족해진다. 집에서 식사도 제대로 챙기지 못하고, 운동할 시간도 없이 바쁜 교육 스케줄을 소화하는 것은 득보다는 실이 더 크다.

두 번째는 도덕적인 부모다. 도덕은 초등학교 3학년 교과부터 배우기 시작하는 교과목이기도 하다. 여기에서 말하는 도덕이라는 것은 사람이 지켜야 할 기본적인 도리, 바람직한 행동이다. 배려, 존중, 공감 이 세 가지 덕목은 아이를 키우면서 도덕적 신념에서 중요하게 생각하고 있는 것들이다. 다른 도덕성에 비해 이 세 가지는 초등 저학년 자녀 교육에 더할 나위 없이 필요하기 때문이다. 올바른 규범과 예절을 가르치는 가장 좋은 방법은 부모가 모범을 보이는 것이다. 도덕적 잣대로 문제 상황을 판단한다면 적어도 아이들에게 잘못된 선택으로 실망감을 안겨 주진 않을 것이다. 부모는 자녀를 키우면서 공부로 인한 갈등보다는 사회적인 갈등을 더 힘들어하고 어려워한다. 아이가 학교에서 친구들에게 괴롭힘을 당한다는 사실을 알게 되었을 때 어떻게 대처해야 하는지, 반대로 우리 아이가 같은 반 친구를 때려서 친구를 다치게 했다고 했을 때, 부모는 어떤 기준으로 문제를 대해야 할까? 학부모란 생각보다 쉬운 자리가 아니다. 학교라는 사회에 첫발을 내디딘 아이에게 도덕적으로 최선의 선택을 할 수 있도록 지도해야 한다. 이번 한 번은 괜찮겠지 하는 안일한 생각은 훗날 더 큰 문제 행동을 야기할 수 있다. 부모는 아이에게 거친 말을 일삼으면서 아이에게는 예쁜 말씨로 말하라고 하면 아이가 부모의 말을 들을까? 어릴 때에는 부모의 말을 잘 들을 수 있겠지만, 도덕적인 생활이 되지 않는 부모는 사춘기 이후 자녀들은 부모에 대해 무시하는 태도를 보일 수 있다. 공부를 많이 시키는 부모보다는 바른 선택을 할 수 있도록 도덕적 기준을 알려 주는 것이 준비된 부모다.

마지막으로 세 번째는 현명한 부모다. 교육 정보에 밝은 부모가 모두 현명한 것은 아니다. 우리 아이에 맞는 최선의 선택을 할 수 있는 혜안을 가져야 한다. 서암西庵 스님의 '비워라'라는 시의 첫 구절에 나오는 대목은 많은 부모들에게 무엇이 중요한지를 일깨워 주곤 한다. '많이 아는 것은 귀한 것이나 그보다 더 귀한 것은 다 털어 버리는 것이다.' 하루에도 교육 정보는 수도 없이 쏟아지고 있다. 이 사람 저 사람의 말을 듣다 보면 이것도 해야 할 것 같고, 저것도 해야 할 것 같다. 현명한 부모는 많은 정보를 가지고 있지만, 그 정보 안에서 버릴 것을 버릴 줄 안다. 나 혼자 다 가지려고 하지 않는다. 시에 나온 구절과 같이 다 털어 버리는 것이 귀하다고 하는 것처럼 부모가 알고 있는 정보들이 우리 아이에겐 필요하지 않을 수 있다. 1학년이 학원을 많이 다니느라 놀 시간과 책 읽을 시간이 부족하다고 어떻게 하면 좋으냐는 우문은 이제 하지 않길 바란다. 현명한 부모는 자녀 교육을 학원에서만 하지 않는다. 수많은 교육 정보 속에서 필요 없는 교육은 걸러내고, 우리 아이에게 잘 맞는 진짜 정보를 찾아낸다. 현명한 부모가 되기 위해서는 교육 선택의 중심에 우리 아이를 두고 세심한 관찰이 필요하다.

맹모삼천지교

초등학교 입학을 앞두고, 학군에 따른 이사를 고민하는 경우가 많다. 아이 키우기 편하고 깨끗한 환경인 신도시에서 살 것인지, 교육 인프라가 형성되어 있는 유명 학군에서 살아야 할 것인지에 대해 고민은 깊어진다. 또한 사립초등학교도 고민의 대상이 된다. 무엇이 정답이라고 콕 집어서 말할 수는 없지만, 각 가정의 상황에 따라 무조건 아이 교육만 생각할 것이 아니라 온 가족을 위한 선택을 해야 후회가 적다.

맹자의 어머니가 자식을 위해 세 번 이사한 것처럼 교육은 환경이 중요하다는 것은 누구나 다 알고 있다. 이사를 고려한다면 가급적 초등학교 입학 전에 가는 것이 좋겠지만, 상황에 따라서는 학년 중간에 전학하는 일도 있을 것이다. 이때 부모들이 가장 고민하는 것은 공부가 아니라 교우 관계다. 초등학교의 시험 난이도는 학군별로 차이는 있지만 중학교에 비하면 크게 차이가 나는 편은 아니기 때문에 초등 시기의 전학은 중등 시기 이후보다는 훨씬 쉽게 진행할 수 있다. 학기 중 이사를 고민한다면 학기 중간에 전학하는 것보다는 새 학기가 시작하기 직전에 이사를 하여 친구들과 함께 새 학기를 맞이할 수 있다면, 친구 사귀는 것에 대한 스트레스를 줄여 줄 수 있다. 학군이 좋은 학교의 경우, 학년이 올라갈수록 전입생도 늘기 때문에 교우 관계로 크게 걱정할 일은 없다. 자녀가 어릴 때에는 부모와 아이가 편한 환경에 거주하다가 필요시 학군이 좋은 곳으로 이사를 해도 된다.

학군에 따라 이사할 때에는 학구도 안내 서비스와 학교 알리미를 이용하면 보다 빠르게 학교 정보를 알 수 있다.

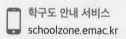 학구도 안내 서비스
schoolzone.emac.kr

학구도 안내 서비스는 초중등학교의 통학 구역과 학교군, 중학구의 고시 사항을 제공하고 있어서 통학 구역을 정확히 파악할 수 있다. 이사할 때 학군을 알아보기에 좋은 시스템이다.

학구도 안내 서비스에서 학교명 등의 키워드를 입력하면 통학 구역을 자세하게 확인할 수 있다. 학군에 맞춰 이사를 할 경우 유용하게 쓸 수 있다. 이때, 초등학교와 중학교를 함께 검색해 보는 것을

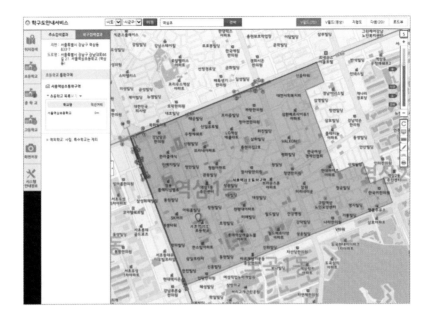

추천한다. 보통 학군은 중학교의 졸업생 진로 현황과 학업 성취도가 선택에 영향을 주기 때문이다.

'학교 알리미' 서비스에서 학교에 대한 특징과 궁금한 정보들은 한눈에 파악할 수 있기 때문에 이 사이트를 적극 활용하길 바란다.

해당 학교의 전체 항목 중에서도 '졸업생의 진로 현황'을 보면, 작년도 졸업자의 입시 실적을 알 수 있다. 또한 학업 성취도에서 교과

별 학업 성취 사항이 공개되어 있어서 재학생들의 학업 수준을 파악할 수 있다. 이 두 가지 지표는 선택에 절대적으로 영향을 미치지는 않겠지만 학군 선택에 참고가 될 것이다.

부모들이 학군에 따른 이사를 하려고 하는 목적은 자녀에게 효율적인 학업 환경을 조성해 주는 데에 있다. 주변의 조언도 구하겠지만, 우선 원하는 학군의 최근 지표를 통해서 선택한다면 도움이 될 것이다.

이사를 할 상황은 되지 않지만, 자녀에게 조금 더 나은 학업 환경을 제공하고 싶다면 사립초등학교에 지원해도 좋다. 사립초등학교는 수업이 공립초등학교에 비해 하교 시간이 늦기 때문에 맞벌이 부부는 안심하고 보낼 수 있다. 그 외 학교의 교육 이념이나 교육 여건, 특징을 비교하여 아이에게 적합한 학교라면 지원하면 된다. 하지만 학비에 대한 부담이 있기 때문에 각 가정의 경제적 사정을 고려해야 한다.

{ 우리 가족의 교육관 세우기 }

적어도 아이가 학교에 입학하기 전에는 온 가족이 모여 교육에 대한 가치를 정립하는 시간을 꼭 가지길 바란다. 예전에는 아빠의 무관심이 입시에 성공하는 한 가지 열쇠라고 했다면, 요즘은 아빠의 바짓바람이라는 말이 나올 정도로 아빠의 관심이 요구되고 있다. 자녀를 많이 낳지 않기 때문에 부모들은 한둘 있는 자녀교육에 성공하고 싶어 한다. 옛날에는 자녀들이 많다 보니, 몇이라도 뛰어난 아이들이 있으면 그 아이들을 중심으로 교육이 이루어졌지만, 지금은 다르다. 자녀 교육에 실패하고 싶지 않기 때문에 어렸을 때부터 연령별 발달에 맞추어 적절한 교육을 제공해 주려 한다. 이처럼 건축물 짓듯이 교육의 기초를 단단히 쌓을 수 있도록 '아키텍키즈'라는 명목 하에 로드맵을 만들어 주려는 부모들이 많아졌다. 그러나 여전히 교육의 중심에는 아이보다 엄마가 있는 경우가 많다. 특히 전문직이나 고학력자인 엄마들은 적어도 우리 아이는 우리 부부보다는 더 잘 살았으면 하는 바람으로 더 좋은 학벌과 기회를 주고자 노력한다. 집안이 재산보다 명예를 중요시한다면 더욱더 교육을 많이 시키고자 하고, 성공적인 입시를 기대한다. 부모들의 교육관이 흔들리는 이유는 예전보다 더 많이 육아에 대해 공부하는 것도 한몫한다. 요즘 부모들은 자녀를 잘 키우기 위해 육아 서적을 많이 본다. 육아 서적을 보면 우리 아이의 마음을 이해할 수 있고, 마음도 편해진다. 아이의 발달에 맞게 기다리는 육아를 지향하기 때문이다. 그런데 현실은 어떠한가? 동네를 둘러봐도 사방팔방이 유아를 위한 사교육으로 가득 차 있다. 또한 사교육 없이 책으로만 육아하는 방법을 보고 따라 하고는 싶지만, 선뜻 용기가 나지 않는 경우도 있다. 다양한 육아 방법을 공부하면 할수록 부모는 아는 것이 많아지고, 이를 다 실행하려고 하다 보니 머리가 복잡해진다. 엄마표로 아이를 공부를 시키지만, 주요 과목은 유명한 학원에 보내야 한다는 생각에 아이가 해야 할 공부량이 늘게 되는 경우도 있다. 또한, 아이들은 숲에서 놀아야 몸과 마음이 건강해지니 숲 체험 프로그램을 넣기도 하고, 정서도 중요하니 가족 여행을 자주 가는 등 체험 활동과 여가시간을 보내느라 하루 24시간이 부족하기만 하다. 이렇게 좋다고 하는 것을 부모의 욕심으로 다 한다면 아이는 어떻게 될까? 학교 입학도 하기 전에 이미 지칠 대로 지쳐 버릴 수 있다. 그래서 부모가 아이에게 "○○ 배워 볼래? ○○해 볼래?"라고 물어보면 해보지도 않고 안 한다고 거부하기도 한다. 무언가 하게 되면 숙제가 있거나, 몸이 피곤해지기 때문이다. 그나마 거부라도 할 수 있는 아이는 건강한 마음을 갖고 있다. 부모가 하라는 대로 불평 없이 모든 활동을 소화하는 아이는 주변에서 보면 부러운 아이일지는 몰라도, 많이 힘들어할 수 있다. 부모님이 걱정할까 봐 그런 표현을 하지 못하는 높은 사고력을 가진 아이들이 자신의 마음 하나 가장 가까운 사람에게 내비치지 못한 채 상처가 쌓여 가고 있을 수 있다. 교육에 있어서 과유불급過猶不及만큼 좋은 말이 없다. 부모의 욕심을 버려야 한다. 아이를 포함한 온 가족이 함께 앞으로 나가야 할 교육 방향에 대해서 의견을 주고받아야 한다. 입학 전부터 교육 욕심을 부리게 되면 본격적인 입시를 준비하기도 전인 초등 저학년 때에 아이를 포기하게 되고, 부모 자신들도 인풋 대비 나오지 않는 결과로 점점 지쳐가게 된다. 욕심을 버리는 가장 좋은 방법은 다른 아이와 비교하지 않으며, 기대치를 낮추는 것이다. 비교 대상이 엄마나 아빠일 필요는 더더군다나 없다. 우리 아이들은 부모와는 다른 독립적인 존재이기 때문이다. 자식을 소유물로 여기는 순간, 아이는 자기 자신을 잃게 된다는 점을 꼭 명심하길 바란다. 가족들이 생각하는 교육 목표와 방향을 어느 정도 일치하게 조율할 수 있다면 교육은 그리 힘들지 않게 된다. 같은 방향으로 나아갈 때, 누군가 힘들어하면 누군가는 끌어줄 수 있기 때문이다. 그 목표가 꼭 직업이나 대학일 필요는 없다. 그렇다고 건강하고 행복하게만 살면 된다는 추상적인 목표는 설정하지 않길 바란다. 학교가 원하는 인재상이 있듯이 부모가 바라는 자녀상, 아이 입장에서는 내가 원하는 자아상에 대해서 이야기를 나누어 보는 것이 필요하다. 예를 들면 부모는 사회 복지 분야의 글로벌 인재가 자녀상이 될 수 있고, 아이는 세계의 어려운 환경에 처한 어린이를 도와주는 꿈이 있다면 인성 교육과 커뮤니케이션을 위한 영어 교육을 겸비해야 하는 방향으로 좁혀질 수 있으며, 진로도 어느 정도 정할 수 있게 된다.

이렇게 자녀상과 자아상에 따라서 우리 아이만의 교육 로드맵을 만들어 보면 도움이 된다. 자녀가 독립하는 시기를 정하고, 그 안에서 집중적으로 할 수 있는 교육을 시기적절하게 배치해 보자. 영어 교육을 한다고 했을 때, 남들이 6세부터는 영어 유치원을 다닌다고 우리 아이도 꼭 그때 영어 유치원을 가야 성공하는 것은 아니다. 뒤처진다는 생각을 잠시 할 수는 있겠지만 중요한 것은 목표다. 아이가 20세가 되었을 때, 영어로 토론하는 실력을 목표로 한다면 영어 교육에 집중하는 시기는 6세가 될 수도, 12세가 될 수도 있다. 목표에 따라 교육 시기를 정하는 것이 중요하다. 맹목적으로 잘하는 다른 아이를 따라 하기보다는 취학 전부터 아이를 잘 관찰하는 것이 우선이다. 특히 저학년 때에는 주요 과목 이외에도 예체능을 많이 하게 되어 시간이 부족할 수 있다. 시간이 부족하면 아이를 제대로 관찰하기가 어렵기 때문에 시간적으로 충분히 여유가 있을 때, 아이가 잘하는 분야, 부족한 분야를 꼭 체크해 두어 교육 로드맵을 만들

때 반영해야 한다. 수 개념이 약한 아이에게 초등 1학년부터 사고력 수학과 교과 선행, 수학 경시를 시킬 수는 없다. 아이에 맞게 교육을 설계할 필요가 있다. 그렇다면 필요한 것은 무엇일까? 바로 객관적인 정보력이다. 엄마들은 보통 블로그, 카페, SNS를 통해서 각종 교육 정보를 접하고 있다. 물론 좋은 정보도 많지만, 그 안에는 광고도 많다. 특히, 누군지도 모르는 사람이 달아 놓은 덧글을 쉽게 믿는 경우도 많다. 인터넷 게시글은 항상 비판적인 시각으로 살펴봐야 한다. 그것이 광고인지 아닌지 진짜 정보인지 아닌지 보는 눈이 필요하다. 직접 발품을 팔아서 얻은 정보가 진짜라는 것을 알아야 한다. 유치원 하나를 알아보더라도 인터넷 게시글은 참조만 하고, 직접 설명회를 가보거나, 면담을 통해서 알아보는 것이 가장 정확하다. 또한 각종 카페 글, 입시에 성공한 누군가의 후기도 참고 정도만 하길 바란다. 보통 후기는 공개적으로 쓰는 글이기 때문에 실제보다 가감하는 경우가 분명히 있기 때문이다. 객관적인 정보는 교육부와 교육청에 공시된 자료 및 신문 교육 기사 등에서 얻을 수 있으므로 신문의 사회면을 꼭 살펴보길 바란다.

아직 이렇다 할 수 있는 교육관이 없다면, 육아서와 자녀 교육서를 읽어 보자. 어느 한쪽 방향에 치우치기보다는 다양한 관점으로 해석할 수 있도록 두루두루 읽어 보면 도움이 될 것이다. 프랑스나 핀란드 육아에 관심이 없더라도 목차만이라도 훑어보길 바란다. 부모들은 보통 자신이 경험한 것을 중심에 두고 자녀 교육을 하게 되는데, 세계의 교육에 눈을 돌려서 교육 방법에 대한 시야를 넓히는 것도 자녀 교육에 분명히 도움이 된다. 교육에 대한 열린 시각은 아이들에게 다양성이라는 방향을 제시해 줄 수 있기 때문이다.

EBS특집〈놀이의 힘〉 다큐멘터리는 초등 저학년 부모에게 추천해 주고 싶은 영상이다. 특히 진짜 놀이와 가짜 놀이 편을 보면 평소 아이와 놀아 주는 우리의 모습이 그대로 담겨 있다. 부모는 놀면서도 무언가 더 알려 주고 싶어 하지만, 놀이는 그 자체로 힘이 있다. 이는 우리가 세워야 할 교육관에 큰 영향을 미칠 수 있다. 놀이는 진정한 놀이로서 역할을 할 때, 아이들이 즐겁고 행복할 수 있다. 초등 저학년 아이들에게 공부에 대한 어려움을 덜어 주기 위해 시작한 놀이 수학, 놀이 영어, 놀이 미술 등은 학습을 가장한 놀이로 아이들에게 사실 큰 영향을 주지 않을 수 있다. 스트레스 없이 공부하게 하고 싶은 부모의 마음은 충분히 이해하지만, 모든 교육을 놀이로 이끌고자 하는 것은 바람직한 방향이 아닐 수 있다. 놀이가 모두 행복한 교육은 아니라는 인식도 필요한 때다.

사교육 정리는
교육비 관리의 시작

    7세는 '사교육의 꽃'이라는 말이 있을 정도로 초등학교 입학을 준비하는 시기는 그만큼 아이들에게 과목별로 교육을 하는 가정이 많다. 6세까지는 유치원만 보냈다하더라도 7세가 되니 태권도, 피아노, 영어, 수학, 미술 등 유치원 하교 후에 배우는 과목이 늘어난다.

    "피아노는 기본이니 해야 하지 않을까? 운동은 하나쯤 해야겠지? 학교 가서 우리 아이만 영어 못하면 어쩌지? 수학도 연산은 해야 할 텐데, 1학년은 미술 활동이 많다고 했지?" 등등 떠도는 이야기와 고민들 속에서 부모들은 우왕좌왕하게 된다. 지금 현재 무엇을 해야 하는지 과목의 우선순위를 따지기보다는 골고루 모든 과목을 잘하는 우등생으로 만들기 위해서 시간과 경제력이 되는 한 자녀의 교육에 투자를 하는 부모들이 많다. 요즘 초등 저학년들은 고학년 아이들보다 더 많은 교육 스케줄을 소화해 내기도 한다. 왜 그럴까? 바로 예체능 때문이다. 아이들은 대체적으로 예체능 학원은 좋다한다. 숙제가 있어도 부담스럽지 않으며, 친구들과 함께 배우면서 시간을 보낼 수 있기 때문이다.

동네 피아노 학원을 가면 열심히 피아노 연습을 하는 아이들도 있지만, 레슨이 끝난 후, 이론 공부할 때 친구와 옆에 앉아서 수다를 즐기는 아이들도 더러 있다. 미술 학원도 마찬가지다. 선생님과 함께 주제에 대해 이야기를 나누고 그림 그리는 방법도 배우면서 시간을 보내는 아이가 있는 반면, 친구들이 무엇을 그리는지 관심이 많고, 친구와 이야기를 나누면서 시간을 보내는 아이들도 있다. 체육도 다르지 않다. 예체능은 아이가 그 분야를 배우는 것을 즐거워하고 열심히 한다면 교육적인 측면에서도 도움이 된다. 자신이 선택하고, 배우는 즐거움을 깨달으며 자기 주도 학습으로 이어지기 때문이다. 반면 친구와 시간을 보내기 위해 예체능 학원을 간다면 고민해 봐야 한다. 자녀의 사교육을 정리하기 힘든 가장 큰 이유를 꼽으라고 한다면 바로 '아이가 좋아해서 보낸다.'라는 것인데, 한 번 시작했으면 끝까지 해야 한다는 부모의 미련 때문은 아닌지 생각해 봐야한다. "우리 미술 이제 그만할까?" 하고 엄마가 물으니 "나 미술 좋아하는데 왜 그만두라고 하세요."라고 아이가 말을 한다면 엄마는 또 한 번 흔들리기 시작한다. 그래 우리 아이가 좋아한다는데, 좋아하는 과목은 해줘야지 하고 생각할 것이다. 그런데 우리는 여기서 아이가 정말 미술을 좋아해서 학원을 다니겠다고 하는 것인지, 친구와 놀기 위해 학원을 간다고 하는 것인지 이유를 찾을 필요가 있다. 아이가 정말 좋아한다면, 집에 와서도 미술과 관련된 활동을 할 것이다. 집에서 미술과 관련된 활동은 전혀 하지 않는 아이가 미술이 좋다고 학원을 다니겠다고 한다면, 직접 학원에 가서 아이가 수업을 받는 모습을 확인해 보길 바란다. 아이들이 좋아하는 사교육은 대체적으로 동네 친구가 많은 학원, 숙제가 없는 학원이다.

평소 사교육으로 인해 책 한 권 읽을 시간이 없다고 한다면 이는 교육의 '적신호'라고 볼 수 있다. 책 한 권 볼 시간조차 없는 스케줄을 가지고 있다면 사교육은 정리해야 하는 것이 맞다. 사교육을 정리하려면 현재 자녀 연령을 고려하여 지금 꼭 하지 않으면 안 되는 교육이 무엇인지 적어보길 바란다. 이 목록은 정답이 없다. 부모의 교육 가치관에 따라 시기적으로 결정하면 되기 때문이다. 예를 들어 6세 아이가 수영을 배운다고 한다면 2학년 때 수영을 배우는 아이에 비해 효율적일까? 모든 교육은 일찍 시작하는 것이 능사인지 질문을 던져 봐야 한다. 수영도 재미없고, 물도 무서워하는 6세에 씨름을 해가며 수영을 가르치기보다는 아이가 준비되었을 때 배우게 하는 것이 훨씬 효율적일 것이다. 지금 당장 아이가 하고 있는 사교육을 쭉 나열해 보자. 그리고 지금 연령에 꼭 하지 않아도 되는 교육에는 표시를 해두자. 예체능은 전공할 게 아니라면 초등 저학년 때 배우기 시작해도 전혀 늦지 않다. 물론 초등학생 때부터 시작해서 전공까지 이어가는 경우도 있다. 빨리 배운다고 잘하는 것은 아

과목	우선순위	의견
수학, 국어 학습지	1	공부 습관을 길러야 하는 시기
미술	7	아이가 좋아한다고 하지만, 친구들 만나러 가는 학원이라 생각함
피아노	6	체르니100까지 악보 볼 때까지만 교육할 예정
발레	3	전공 가능성이 있어 보임
과학 실험	5	아이가 좋아한다고 하지만, 실험하는 것만 좋아함
사고력 수학	2	저학년은 사고력 경험이 중요하다고 생각함
영어	4	영어 스피킹을 자연스럽게 배울 수 있는 시기

니라는 것을 꼭 명심하길 바란다.

　예시와 같이 우선순위를 정해서 필요에 따라 3~4가지로 정리하면 스스로 공부할 시간과 독서를 할 수 있는 시간이 확보될 것이다. 예시의 경우는 학습지, 사고력 수학, 발레, 영어 정도만 남겨 두고 사교육을 정리하는 것이 현명한 방법이다. 사교육은 우선순위도 참고 해야 하지만, 해야 할지 말아야 할지를 고민한다면 안 해도 전혀 문제가 없다. 학원은 그곳의 커리큘럼과 선생님을 믿고 시작하여 부모의 조력도 함께 이루어졌을 때 시너지 효과를 낼 수 있다. 남들이 보내는 유명 학원이라고 해서 따라갈 필요는 전혀 없다. 확신이 서지 않은 상태로 사교육을 하게 되면, 보내는 중에도 내내 고민을 하게 된다. 고민하고 있는 교육이 있다면 성급히 시작해서는 안 된다. 조금 더 생각해 보고 결정해도 늦지 않다.

사교육에 빠지는 함정은 무엇일까? 공부 잘하는 옆집 아이가 어떤 학원을 다니는지 알았다고 해서 우리 아이도 똑같이 그 학원을 보내면 옆집 아이처럼 공부를 잘할 것이라는 기대 심리 때문이다. 그런데 교육에 있어서는 결과를 거꾸로 생각하여 도출해 봐야 한다. 책을 많이 읽으면 공부를 잘하는 것이 아니라, 공부 잘하는 아이들 대부분이 책을 많이 읽었다고 생각해야 한다. 초등 저학년 때부터 사고력 수학을 한 아이들이 고등 수학을 잘하더라가 아니라, 고등 수학을 잘하는 아이들 중에는 저학년 때 사고력 수학을 공부한 아이가 있다고 이해해야 한다. 초등 저학년 때부터 공부해 두면 기회가 많고 유리한 점은 있기 마련이나 공부를 일찍 시작한다고 해서 잘하는 것은 아니다. 교육에 있어서는 가성비를 따지면 안 되지만, 아이마다 시기적절하게 공부 환경을 제공한다면 교육비도 절감할 수 있다.

요즘 부모들은 자신의 삶보다도 자녀 교육에 관심을 더 많이 기울이고, 무리해서라도 할 수만 있다면 일찍 공부를 시키고 싶어 한다. 경제적으로 무리하면서까지 교육을 했는데도 아이의 성적이 잘 나오지 않는다면 부모는 큰 실망감을 느끼게 되며, 자신의 능력이 부족하여 아이가 좋은 결과를 얻지 못한다고 자책하는 경우도 있다. 기억해야 할 것은 우리 아이들은 부모의 성적표가 아니다. 주어진 환경 내에서 부모의 노력이 들어간다면 언제가 되든 아이들은 자신의 길은 스스로 찾아갈 것이다.

초등 저학년부터 교육비를 관리하는 습관을 들이도록 하자. 보통 생활비 안에 교육비가 포함되는 경우가 많은데, 이렇게 관리하다 보면 시키고 싶은 교육이 있을 때에는 생활비의 다른 항목을 줄이고자 하는 경우가 많다. 예를 들어 한 달 식비 18만 원을 줄여서 과학 학원을 보낸다거나, 여행 경비를 줄여서 영어 학원에 보태는 등 생활비를 절약하려고 애쓴다. 그런데 그 결과 식비나 여행 경비의 규모가 줄었을까? 대부분 그렇게 유지하는 것을 어려워한다. 생활비에서 절약을 해야 하지만, 돈을 쓰는 습관은 예전과 비슷하기 때문에 전체적으로 생활비 규모가 더 커졌다는 것을 실감하게 된다. 따라서 교육비만큼은 생활비와 함께 관리하는 것이라 아니라 따로 교육비 예산을 잡아 두는 것이 중요하다. 그 규모 안에서 우선순위를 정한 과목을 교육비로 지출하면 된다.

자녀가 둘 이상이라면 더욱 신중해야 한다. 예산에 맞게 교육을 하다 보면, 해주고 싶은 것을 다 못해 준다는 미안한 마음이 들 수 있지만, 적어도 가정의 경제에는 큰 문제가 생기진 않을 것이다. 초등 저학년은 교육비를 아낄 수 있는 시기다. 학교 방과 후 프로그램과 도서관을 적극적으로 활용하자. 입시를 준비할 때만큼은 교육비를 아끼기 힘들 수 있다. 교육비는 나중에 정말 필요할 때, 쓸 수 있도록 아이가 어릴 때에는 최대한 아낄 수 있는 만큼 아끼며 살아도 괜찮다. 아이들도 나중에 자신이 정말 필요로 하는 공부가 있을 때

지원해 주는 부모님께 감사하게 될 것이다.

PART

2

초등 자녀를 위한
준비된 환경

학교와 심리적 거리감 좁히기
공부 효율을 높이는 공부방 만들기
바른 생활 습관 하나면, 초등학교 생활 준비 완료
상위권으로 만드는 공부 습관 기르기

{ 학교와 심리적 거리감 좁히기 }

　학교 입학 전, 부모는 아이가 학교에 잘 적응하며 다닐 수 있을까 하며 불안해하고 걱정하는 만큼 아이들도 새로운 환경에 잘 적응할 수 있을지, 친구는 잘 사귈 수 있을지, 선생님은 친절한 분인지 걱정한다. 유치원은 여행을 가거나 몸이 조금만 불편해도 사정을 이야기하고 결석하면 큰 문제는 없지만 학교는 다르다. 엄연히 국가 의무 교육이며, 결석 사유가 있고, 이를 증빙해야 처리가 가능한 만큼 부모들도 학교는 의무를 다해야 하는 곳이라고 생각한다. 아이들에게 학생이라는 신분인 만큼, 공부를 열심히 해야 한다고 누누이 말하기도 한다. 학교 입학을 약 3개월 앞둔 시점부터는 부모는 더욱 불안해진다. 아이가 하는 행동 하나하나에 학교 활동을 연관 짓기도 한다. 아이가 밥을 많이 흘리고 먹는 모습을 보거나 연필을 바로 잡지 않고 글씨를 삐뚤게 쓸 때면, "너 그렇게 하면 학교 가서 선생님께 혼나."라는 말을 되풀이 한다. 이뿐만이 아니다. 아이의 생활 습관과 공부 습관을 보면서 제대로 하지 않는 모습에 걱정이 되어 학교 선생님과 모두 연관 지어 말하기 일쑤다. 이렇게 아이의 잘못된 습관과 학교와 연결 지어 버리면 좋지 않은 습관이 고쳐지기는커녕 아이 입장에서는 학교에 대한 부정적인 인식이 자리 잡게 된다. 학교는 규율이 엄격한 곳, 선생님은 잘못을 혼내 주는 사람으로 인식해 버린다. 부모는 학교 입학 전부터 학교와 선생님에 대한 긍정적인 생각을 가질 수 있도록 가르쳐야 한다. 평소 아이의 생활을 관찰하면서 잘했을 때를 그냥 지나치지 말자. 아이가 오늘따라 글씨를 바르게 잡고 예쁘게 썼다면, 칭찬을 해주어 바른 습관을 기르고 학교에 대한 긍정적인 생각이 자리 잡도록 한다. "서우야, 오늘 연필 바로 잡았구나. 정말 기특하다. 학교에서도 이렇게 글씨 쓰면 선생님께 칭찬 많이 받을 거야.", "우리 서우, 오늘 책상 정리도 깔끔하게 했구나! 학교 친구들도 정리 잘하는 친구를 좋아한다더라. 학교 가면 친구들도 좋아하겠다."라고 이야기한다면, 아이는 앞으로 더 열심히 하려고 할 것이다. 평소 아이의 잘못된 습관을 학교와 관련지어 지적하기보다는 잘한 일을 학교생활에 빗대어 칭찬해 주자. 아이가 학교에 대해 좋은 인상을 갖게 될 것이다.

동네 아이들이 아침에 등교하는 모습을 아이가 본 적이 있는가? 아직 아이가 취학 전이라면 그 모습을 꼭 보여 주길 바란다. 아이들이 1학년 1학기에는 보호자와 함께 등교를 하는 경우가 많지만, 1학년 2학기만 되어도 혼자 등교하는 모습을 많이 볼 수 있다. 혼자 다니면 위험한 곳이 있고, 등굣길처럼 덜 위험한 곳이 있다. 안전이 중요하지만, 모든 곳을 부모가 일일이 다 데리고 다닐 수는 없다. 아이들에게 동네가 위험하다든가, 혼자 다니면 위험하다고 겁먹게 하여 동네가 무섭다고 인식하지 않도록 해야 한다. 우리 동네는 안전하고 살기 좋은 곳임을 인식시켜 줘야 한다. 그래야 아이도 부모의 품을 벗어나 집에서 학교 정도는 스스로 다닐 수 있게 된다. 물론 도보로 이동하는 거리가 너무 멀거나 건너야 할 횡단보도가 많다면 조금 더 시간이 걸릴 수 있지만, 고학년이 되면 어느 정도는 혼자 다닐 수 있다. 아침에는 봉사하는 분들이 많아서 안전하게 등교가 가능하니, 하교는 부모님과 함께하되 아이가 스스로 등교할 수 있도록 지도해야 한다.

집과 학교를 중심으로 길을 알면 아이들은 불안해하지 않는다. 차로 이동하기보다는 집 근처는 걸어 다녀 보며 아이가 길을 익힐 수 있게 하자. 주변에 위치한 경찰서, 소방서, 주민센터 등도 알려 주고, 언제 이곳을 이용할 수 있는지도 알려 주자. 아이가 어릴 때, "너 이렇게 울면 경찰 아저씨가 잡아간다."라고 말을 많이 한 경우에는 아이들이 경찰서만 봐도 무서워하기도 한다. 경찰서가 무엇을 하는 곳이고, 언제 도움을 받을 수 있는지도 알려 줘야 한다. 그래야 정말 필요할 때 신고도 할 수 있기 때문이다.

학교와 심리적 거리를 좁히는 방법 중 가장 좋은 것은 바로 학교에서 즐거운 시간을 보내는 경험이 많아야 한다는 것이다. 학교 방과 후 수업을 이용하여, 새로운 친구도 사귀어 보고, 다른 반으로 이동하여 수업을 듣다 보면 학교 교실이나 특별실의 위치도 자연스럽게 알게 된다. 학교 도서관을 적극적으로 활용하여 점심시간이나 하교 시간을 이용하여 책을 보거나, 대여하는 활동을 자주 하도록 한다. 또한 하교 후, 시간이 된다면 학교 친구들과 운동장에서 뛰어 놀게 하는 것도 좋다. 아이가 학교에 있으면 친구들을 만날 수 있고, 재밌게 시간을 보낼 수 있다고 느끼면 학교를 좋아하게 된다.

이처럼 학교는 다니기 힘든 곳, 선생님은 무서운 사람 등과 같은 좋지 않은 선입견이 생기지 않도록 아이들에게 긍정적인 면을 보여 주면 학교에 대한 심리적 거리감도 조금씩 좁힐 수 있을 것이다. 아이들이 학교를 편안하게 다닌다면 그것만큼 즐거운 일도 없을 것이다.

{ 공부 효율을 높이는
공부방 만들기 }

아이가 학교에 입학할 때가 되면, 가장 먼저 아이의 공부방을 만들어 주자. 초등학생이 되면 책상에 앉아서 공부를 해야 한다는 인식이 강하다. 저학년부터 공부 습관을 제대로 만들어 주고 싶은 부모의 마음이 반영된 것이라 볼 수 있다. 집 안의 가구 배치를 바꿔 주거나, 공부방을 꾸며 줌으로써 부모도 아이도 새로운 마음가짐으로 초등 학령기를 맞이하고 싶어 한다. 아이의 공부방은 멋진 인테리어보다는 아이가 편안한 마음으로 그 공간에 머무르고 싶다는 느낌을 받을 수 있도록 만들어야 한다. 유아 때에는 놀이 중심이라 교구와 장난감이 아이 방에서 큰 비중을 차지하고 있었다면, 이제는 공부 효율을 높일 수 있도록 책과 학습서의 비중을 늘리자. 자녀 공부방을 꾸밀 때, 가장 먼저 해야 할 일은 바로 '정리'다. 아이 방에 있는 장난감, 활용 시기가 지난 교구, 만화책을 포함한 흥미 위주의 창작 책은 거실이나 다른 방으로 옮겨 두자. 아이 방에 여러 가지 물건이 있으면 시야에 들어오는 정보도 많아지는 법이다. 호기심도 많고, 아직 장난감을 가지고 놀고 싶어 하는 나이이기 때문에 지금 해야 하는 과제를 하기보다는 놀고 싶은 마음이 생기기 쉽다. 아이가 편안하게 쉴 수 있는 아이의 방을 만들어 줄 것인지, 공부 습관을 길러 주고, 학습 능력을 올릴 수 있는 공부방을 만들어 줄 것인지, 방을 꾸며 주는 목적에 따라 정리가 필요하다.

아이의 성향에 따라 자신의 방에서 집중해서 공부하길 원하는 아이가 있는 반면에 부모와 함께 있기를 원하는 경우도 있다. 집 구조에 따라서 아이의 공부방을 마련해 주기 어려운 상황이 있을 수 있다. 이럴 때 부엌에 있는 식탁에서 공부하는 경우가 있는데, 식탁보다는 거실에 다용도로 사용이 가능한 테이블을 두는 것이 공부 환경에는 더 적합하다. 식탁은 주방에 위치해 있어서 아이들은 보통 주방을 바라보는 자리에 앉는 경우가 더 많다. 공부하는 중에 복잡한 주방이 시야에 들어오면 간식이나 저녁 메뉴 등이 생각나면서 집중도가 떨어진다. 간단한 연산 문제 정도는 식탁에서 할 수 있지만, 사고력과 논리력이 요구되는 학습을 할 때에는 조금 더 집중할 수 있는 환경을 제공한다면 공부 효율을 올릴 수 있다.

아이의 공부방에는 부모의 보조 책상이나 의자가 필요할 때가 많다. 초등 저학년의 학습에서는 부모의 도움이 필요할 때가 종종 있기 때문이다. 또는 거실 책상을 이용해도 좋은 방법이다. 아이가 외

동인 경우에는 다른 형제로부터 방해받는 경우가 없기 때문에 아이 방에서 학습을 해도 좋고, 거실에서 공부를 해도 큰 지장은 없다. 아이 성향에 따라 집중되는 환경을 찾아서 그 장소에서 학습을 하도록 하면 된다. 그런데 아이가 많은 집이라면 이야기가 다르다. 형제나 자매처럼 동성인 경우, 한 방을 같이 써도 좋다. 공부도 함께, 잠도 함께 잘 수 있고, 친구처럼 지내면서 서로 배려하는 마음도 배우게 된다. 하지만 동성이라도 터울이 많은 경우에는 첫째 방을 따로 만들거나, 방의 여유가 있다면 각자 주는 것이 효율적이다. 초등학생인 첫째에게 3살 둘째와 같은 방을 쓰게 한다면, 첫째 아이는 자신의 방에서 공부할 수 없는 상황이 생긴다. 첫째는 공부해야 하는데, 둘째는 장난감을 가지고 놀고 있으면 첫째 아이도 놀고 싶어지기 마련이다. 터울이 많다면 첫째를 위한 공부방을 우선 꾸며 주는 것이 공부 습관을 기르는 데에 도움이 된다. 둘째가 학교에 입학할 때가 되어 공부를 하기 시작한다면, 첫째가 원할 경우 공부방을 함께 써도 좋으나, 둘째와 함께 공부했을 때, 방해가 되는 경우에는 분리하는 편이 좋다. 남매인 경우에는 각자 방을 주는 것이 장기적으로도 좋은 방법이며, 거실 책상을 마련하여 함께 책을 읽고 공부한다면, 부모가 아이들을 함께 지도할 수 있어서 효율을 높일 수 있다. 공부방 환경 만드는 데에는 정답이 없다. 각자 상황에 맞추어 아이를 기준으로 효율을 높일 수 있는 방법을 생각해야 한다.

깔루아가 추천하는 **공부방 환경**

① 하늘색과 같은 파랑 계열, 민트색과 같은 초록 계열의 벽지는 집중력에 도움이
된다.
이때, 방 전체를 같은 컬러로 하기보다는 포인트만 주는 것을 추천한다.
② 책상은 방문을 등지지 않는 곳에 둔다.
방문이 뒤에 있으면, 가족들이 방을 드나들 때, 뒤를 보게 되거나 집중력이 흐트러
질 수 있으며, 불안한 마음이 들기도 한다.
③ 책상 유리는 사용하지 않거나, 투명 시트를 사용한다.
유리는 손 또는 손목을 차게 하여 예민한 아이들은 공부를 할 때 방해가 되기도
한다.
④ 그림자가 지지 않고, 어둡지 않도록 책상 조명은 필수다.
⑤ 책상 정면이나, 책상 옆의 책장에 위인전과 같은 전집을 꽂지 않는다. 공부하는 환
경에 지나치게 많은 책들은 오히려 집중을 떨어뜨리게 하고, 어려운 문제를 풀 때
주변을 둘러보며, 책의 제목들을 보면서 다른 생각을 하게 할 수 있다.
⑥ 책상의 책장을 모두 채우려고 하지 말자. 문제집과 학습지들로 곧 채워진다.
⑦ 지나친 문구류는 학습에 방해가 되므로, 정리 서랍장을 준비하여 보관하도록 한다.
⑧ 문이 달린 책장은 집중도를 높여 주는 인테리어가 된다.
⑨ 공기정화식물 및 공기청정기, 온습도 조절기를 통해 쾌적한 환경을 만들어준다.
⑩ 개구쟁이 아이들에게는 바퀴 고정형이라도 회전식 의자보다는 일반 의자를 사용
하자.
회전 의자는 앉았을 때, 고정은 되지만 양옆으로 흔들리는 경우가 있어 가만히 앉
아 있기 힘든 아이들을 산만하게 한다.
⑪ 발이 바닥에 닿을 수 있도록 높이 조절 가능한 책상 또는 발받침이 있는 의자를
사용하면 안정감 있고, 집중도도 높일 수 있다.
⑫ 옷걸이나 가방걸이도 만들어 정리하는 습관을 만든다.
⑬ 아이가 사용 가능한 미니 청소기를 준비하여 책상 위는 항상 깨끗하게 관리할 수
있도록 지도한다.
⑭ 환기를 자주하고, 먼지를 닦아 내는 청소를 주기적으로 한다.

{ 바른 생활 습관 하나면, 초등학교 생활 준비 완료 }

초등학교 입학 전에는 과목별로 어디까지 공부 준비를 해야 하는지 관심을 갖지만, 막상 학교에 입학하고부터는 공부보다 생활 태도에 더 집중하게 된다. 예비 초등 기간부터 초등 1, 2학년까지는 사실 공부보다도 바른 인성과 태도를 배워야 하는 시기다. 이때 들인 생활 습관은 공부 습관으로도 이어질 수 있다. 아이를 훈육할 때에도 공부에 대한 결과로 훈육하기보다는 생활 태도에 문제가 있을 때에 반드시 바로잡아야 한다. 그럼 초등학교 입학 전에 익혀야 할 생활 습관에 대해 알아보자.

누구나 밝은 표정을 보여 주는 사람을 좋아한다. 내가 먼저 웃는 얼굴을 보이면, 상대방도 상호작용을 하게 되어 있다. 친구나 선생님을 만났을 때 눈 맞추며 밝은 얼굴로 인사하는 것은 서로를 즐겁게 한다. 인사는 가장 기초적인 생활 습관이다. 큰 소리로 먼저 인사하는 것이 어렵다면 친구 사이에서는 가볍게 손을 흔들고 선생님께는 목례를 해도 좋으니 밝은 표정은 아니더라도 미소를 짓는 연습을 하게 하자. 아이들은 부모의 표정을 보며 자란다. 아이를 볼 때마다 짜증나는 표정이나 무표정을 짓게 되면, 아이도 그런 부모의 태도를 무의식적으로 따라하게 된다. 부모가 먼저 모범을 보여야 한다. 아이들도 먼저 인사를 했는데 상대방이 혹시 받아 주지 않으면 어쩌나 하는 심리적 불안감이 있고, 잘 모르는 선생님한테도 인사를 꼭 해야 하는 것인지 모를 수 있다. 먼저 이웃에게 인사하는 연습을 한다면, 학교에서도 인사하는 것이 그리 어렵게 느껴지진 않을 것이다. 이웃에게 인사조차 건네지 않는 부모가 아이에게 학교에서 선생님께 제대로 인사를 하지 않는다고 하기 전에 먼저 행동으로 보여 주어야 아이도 따라 배우게 된다. '안녕하세요, 감사합니다, 안녕, 고마워.' 이 표현만이라도 아이가 할 수 있다면, 누구에게나 좋은 인상을 심어 줄 수 있다.

아이들은 초등학생이 되어도 자신이 무엇을 하는지 부모에게 일일이 말하는 것을 경험한 적이 있을 것이다. "엄마, 화장실 다녀올게요."가 대표적이지 않을까? 부모들은 아이들에게 이제 그런 일은 조용히 혼자 다녀와도 된다고 하겠지만, 아이들의 입장은 다르다. 내가 어디에 있는지 부모님이 궁금해할 것 같다는 생각에 미리 이야기를 하고 간다는 것이다. 아이들의 생각이 더 옳다는 생각이 든다. 아이가 어디에서 무엇을 할 때에는 부모에게 항상 알리도록 한다. 그

것이 사소한 일이라도 마찬가지다. 그래야 학교에서도 선생님께 의사를 표현할 수 있게 된다. 용변에 대한 문제도 그렇지만, 급식실에서도 감사의 표현과 함께 더 먹고 싶은 반찬이 있다면 더 달라고 이야기도 할 줄 알아야 한다. 가끔 학교 급식 모니터링 봉사를 가면 여자 아이들이 '조금만 주세요.'라고 말하는 모습을 종종 보게 된다. 앞의 친구가 그렇게 이야기하면 뒤에 줄섰던 아이들도 똑같이 말하는 경우가 꽤 있다. 주변 친구를 의식하기보다는 자신의 의사 표현을 제대로 할 수 있도록 집에서부터 아이의 말에 귀를 기울여 주고, 의사 표현을 했을 때에는 칭찬을 해줘도 좋을 것이다.

개인의 위생을 스스로 잘 챙기고 안전한 생활을 할 수 있도록 평소 규칙을 잘 지키도록 해야 한다. 손 씻기와 마스크 쓰기는 바이러스 감염에서 자신을 보호할 수 있는 방법이다. 학교는 아이들이 많다 보니 전염병이 생기면 감염되기가 쉽다. 평소에 손을 깨끗이 씻는 습관과 필요시 마스크를 착용해서 개인위생을 신경 쓰는 습관을 기르도록 한다. 또한 학교 규범과 교통질서 등을 잘 지킬 수 있도록 학교에서 '안전한 생활' 수업 시간에 적극적으로 참여하고 실천하도록 하면 도움이 된다.

아이가 자신의 물건을 잘 챙기고 정리 정돈하는 습관도 중요하다. 학교는 공동체 생활이라 하기 싫어도 해야 하는 일들이 있다. 대표적으로 청소 활동을 꼽을 수 있다. 아이들은 보통 모둠으로 환경미화 활동을 하게 되지만, 모둠과 학급을 챙기기 이전에 스스로 물건과 주변을 정리 정돈하는 습관부터 기르도록 지도한다. 교실에 가보면 자신의 사물함조차 제대로 정리하지 않아 다른 친구에게 불편을 주는 경우도 더러 있다. 가정에서도 아이 책상은 스스로 정리하도록 습관을 길러 주고, 서랍장에 구역별로 이름을 적어 두어 물건을 제자리에 두는 연습도 해야 한다.

학교생활을 위한 기초 활동 연습도 반드시 필요하다. 한글을 읽어야 하고, 한 자릿수 덧셈 뺄셈을 할 줄 아는 것도 중요하겠지만, 1, 2학년 때에는 기초적인 활동이 원활하게 이루어져야 한다. 수업 시간을 잘 따라가는 아이들은 기초 활동을 잘 하는 아이들이다. 대표적으로 가위질과 풀칠, 종이접기, 색칠하기, 따라 그리기 등이다. 저학년 때 여전히 소근육을 쓰는 것을 어려워하여 가위질조차 제대로 하지 못한다면, 아이는 수업 시간에 다른 친구들에게 활동을 부탁하게 되고, 수업 참여도와 자신감도 떨어지게 된다. 이런 기초 활동을 어렸을 때부터 충분히 훈련시키길 바란다. 요즘은 스티커 활동이 많고, 아이가 잘 못하는 것은 부모가 대신 해주는 경우가 많아서 스스로 잘 하지 못하는 아이들이 생각보다 많다. 급식 또한 마찬가지다. 우유팩을 스스로 따는 것보다 젓가락 사용법을 익히는 것이 더 중요하다. 급식실에서의 규칙과 젓가락 사용법 등을 익혀 두면 급식 시간이 그리 힘들진 않을 것이다.

학교생활에서 가장 중요한 것은 친구들과의 관계다. 부모와 학교는 아이에게 사이버 폭력, 따돌림, 금품 갈취, 언어폭력 등 각종 폭력에 대해서 바르게 지도하고 훈육해야 한다. 아이들은 아직 무엇이 옳고 그른 일인지 잘 모를 수 있다. 문제 상황들이 생기지 않도록 바른 인성 교육이 필요하다. 1, 2학년에서 이런 일이 일어날 것이라고 상상도 못하겠지만, 조금만 관심을 가지면 우리 주변에서도 쉽게 벌어지는 일이라는 것쯤은 금방 알게 될 것이다. 요즘 학교 공부보다도 인성 교육이 중요시되는 이유도 이 때문이다. 인성 교육은 바른 생활 습관에서 출발한다고 해도 과언이 아니다. 아이들의 공부 습관도 중요하지만, 그에 우선하여 바른 생활을 할 수 있도록 부모와 사회는 노력이 필요하다. 부모는 가정에서 도덕적으로 옳다고 판단하는 일들에 대해서 아이들과 대화하는 것이 중요하다. 보통은 문제가 일어나고 난 후에 해결 방법을 바르게 찾는 방법을 알려 주게 되는데, 평소 인성 동화나 이솝 우화, 탈무드와 같은 지혜를 배울 수 있는 책을 읽고 어떻게 해결하면 좋을지에 대해 함께 이야기를 나누어 보는 것도 좋다. 또한 학교에서 일어난 일상을 이야기하면서 문제가 있었던 상황이 있었다면, 어떻게 대처하면 좋은지에 대해서도 토론해 보는 것도 도움이 된다. 사회적으로는 규범을 잘 지키고, 학교에서 안전한 생활 과목에서 배웠던 활동을 실천하도록 지도해야 한다.

상위권으로 만드는
공부 습관 기르기

《숙제의 힘*》에 의하면 배움이란 최고가 되기 위해 질주하는 경주가 아니라, 하루하루 점진적으로 쌓여 가는 과정이라고 말한다. 또한 아이들이 과제를 하는데 얼마의 시간이 적합한지에 대한 결과를 얻기 위해 듀크대 심리학과 해리스 쿠퍼Harris Cooper 교수는 60건이 넘는 연구를 검토했고, 2006년 발표한 논문에서 학년이 올라갈 때마다 10~20분 정도의 시간을 더할 것을 제안하기도 했다.

공부를 습관처럼 매일 해야 한다면, 어떻게 해야 매일 지속할 수 있으며 상위권이 될 수 있는지 방법을 살펴보도록 하자. '공부'란 '학문이나 기술을 배우고 익힌다'는 뜻을 가지고 있다. 초등학교 시기의 공부란 교과 학습과 체험 활동 등의 일련의 활동도 모두 포함된

---

* 로베트 프레스먼, 스테파니 도널드슨-프레스먼, 레베카 잭슨 저, 《숙제의 힘》 김준수 역 다산라이프, 2015

다. 우리가 보통 '공부 잘하는 아이'라고 한다면 국어, 수학, 영어 등 교과목 성적이 좋은 아이라고 생각한다. 그러나 공부 잘하는 아이란 무엇이든 배운 것을 잘 익힐 줄 아는 아이라고 생각하는 것이 더 바람직하다. 잘 익히기 위해서는 공부 습관을 만드는 것을 목표로 꾸준히 공부를 지속하는 힘을 길러야 한다.

공부 습관을 만들기 위해서는 집중력, 지구력 그리고 과제 집착력 이 세 가지의 힘을 기르는 것이 우선이다. 초등학교 수업 시간은 40분인데, 아이가 40분 내내 수업에 오로지 집중하기는 어려울 것이다. 보통 1, 2학년은 20분 정도 내외는 충분히 집중할 수 있다. 아이들에게 공부를 하라고 했을 때, 아이를 책상에 앉히기까지가 어렵다고 말하는 부모들이 많다. 성인들도 일을 하기 위해 PC 앞에 앉았지만, 본격적인 업무를 시작하기까지 커피도 마시고 메일을 확인하고, 인터넷 검색도 하다가 일을 하는 것과 마찬가지로 아이들도 책상에 앉았다고 바로 집중하여 공부하기가 쉽지 않을 수 있다. 또한 책상에는 앉았지만, 바로 공부를 시작하기까지 집중을 못하는 경우도 많다. 책상 위의 문구류를 이것저것 써보거나, 주변을 두리번거리며 책 제목을 살펴보기도 하고, 오늘 공부할 문제집을 뒤적이기도 할 것이다.

아이들의 순간 집중력을 높이기 위한 방법으로 운동하기 전에 준비 운동을 하는 것과 같이 두뇌를 즐겁게 하는 활동을 먼저 해보길 바란다. 숨은그림찾기나 미로 찾기가 대표적인 예다. 이것도 난도가 높은 것을 하면 아이들이 활동에 시간을 많이 뺏기게 되므로 5분 이내에 해결할 수 있는 가벼운 난도로 제공해 주는 것이 좋다. 이 미션을 완료한 뒤 즐겁게 오늘 해야 할 공부를 시작하면 된다. 매번 이렇게 할 수는 없기 때문에 아이가 유독 힘들고 어려워하는 과목을 하기 전에 이런 활동을 통해 공부 시간이 즐겁게 느껴지도록 하자.

책상에 10분 이상 지속적으로 앉아 있는 습관을 들이기 위해서는 지구력을 길러야 한다. 평소 운동을 하지 않는 아이들은 뱃심이 부족하여 바른 자세로 앉아 있는 것을 힘들어 한다. 바른 자세로 오래 앉아 있는 힘도 중요하다. 자세가 바르지 못하면 오래 앉아 있기 힘들고, 추후 척추 측만 등으로 고생할 수도 있다. 어렸을 때부터 바른 자세로 앉아서 공부할 수 있도록 힘을 기르는 것도 중요하다. 공부는 체력이라는 말이 괜히 있는 것이 아니다. 공부 지구력을 키우는 데 도움이 되는 도구를 활용해도 좋다. 10분, 15분, 30분으로 된 모래시계를 활용하여 그 시간 동안만큼은 자리에 앉아서 공부를 하도록 지도한다. 공부 타이머나 스톱워치도 사용해도 좋은데, 거부감이 있는 아이들에겐 모래시계를 권장한다. 정해진 시간 동안 앉아서 공부를 해냈다면, 보상으로 쉬는 시간을 꼭 주도록 한다. 공부가 끝난 뒤 "잘했어."라는 말 한마디는 아이들에게 큰 보상이 되기 어렵다. 그렇다고 매번 공부가 끝날 때마다 아이가 좋아하는 작은 장난감을 선물할 수도 없다. 아이가 좋아하는 간식을 주는 것도 좋은 방법이지만, 가장 좋은 것은 시간을 주는 것이다. 아이가 무엇을 선택하여 시간을 보내든 아이에게 맡겨야 한다. 그래야 쉬는 시간의 의미가 있다. 공부가 끝나면 당연히 쉬는 게 아니냐고 생각할 수 있는데, 부모는 아이에게 공부에 대한 재미를 붙여 줘야 한다. '고진감래 苦盡甘來'는 큰 역경만을 말하는 것은 아니다. 이렇게 어렵게 공부를한 다음에는 꿀과 같은 휴식 시간이 있다는 것을 아이가 알게 해야한다. 간혹 아이가 30분 열심히 공부를 한 모습을 보고, 이 집중력을 유지하게 하고 싶어서 쉬는 시간 없이 바로 다음 공부해야 할 문제집을 준다면 아이는 공부를 계속하고 싶을까? 그날은 할지 몰라도이것이 반복되면 공부를 하면 또 다른 공부가 기다리고 있다는 것을 학습하게 되어, 공부가 힘들게 느껴질 수 있다. 정해진 공부가 끝나면 반드시 '쉬는 시간'이라는 이름하에 아이들에게 충분한 자유 시간을 주도록 하자.

공부는 정해진 장소, 정해진 시간에 하는 것이 효과적이다. 기분에 따라 오늘은 책상, 내일은 식탁, 모레는 거실 이렇게 선택하는 것

모래 시계 활용

보다는 매일 일정한 시간이 되면 정해진 장소에서 공부를 할 수 있도록 하자. 공부 장소에는 공부할 때 필요한 연습장과 필기구 등이 미리 마련되어 있기 때문에 공부할 때마다 일일이 찾는 번거로움이 없다. 혼자 공부하기가 어려운 경우에는 부모가 함께 아이 곁을 지켜 준다면 해결할 수 있게 된다. 아이 혼자 공부방에 두게 되면 바로 집중하기보다는 다른 생각을 하거나, 다른 놀이가 생각나서 바로 공부를 시작하지 않을 수 있다. 정해진 장소, 정해진 시간에 부모도 아이와 함께 공부 시간을 보내도록 하자. 부모가 옆에서 아이가 공부하는 것을 간섭하거나, 모르는 문제가 나올 때마다 바로 가르쳐 주거나, 답이 틀렸다고 해서 바로 지적을 하는 일은 없어야 한다. 이 시간은 우리 아이 옆을 지켜보는 것만으로도 충분하다. 이때 부모도 옆에서 책을 읽거나, 아이가 공부하는 데에 도움이 되도록 다음 공부할 내용을 미리 계획하거나 문제집을 살펴보는 활동 정도를 하면 된다. 이 시간이 그리 길지 않으며, 아주 오랫동안 지속해야 하는 것은 아니기 때문에 1, 2학년 때에는 아이의 공부 습관을 위해 시간을 내어 주는 것을 아까워하지 말자. 엄마는 아이가 숙제할 동안에 집안일을 빨리 끝내고 싶어 하고, 아빠는 그 시간을 자유롭게 쉬고 싶겠지만, 머지않아 그날은 반드시 온다. 혹시 우리 아이는 부모가 없으면 공부를 못 하는 게 아닌가 하는 걱정은 접어놓아도 괜찮다. 아이는 공부할 때 부모가 옆에 잠깐 있어 주는 것만으로도 안정감을 느끼고, 공부에 대한 긍정적인 생각을 갖게 된다.

공부 습관 하면 빠지지 않는 것이 바로 '과제 집착력'이다. 한 가지에 몰입하는 것이야 말로 진정한 공부의 재미를 느낄 수 있기 때문이다. 부모가 계획적인 성향이 있다면 아이의 하루 일과는 학원과 숙제, 독서로 가득 찰 것이다. 이때 꼭 추가해야 할 일과가 있는데 바로 '스스로 학습 시간'이다. 아이가 직접 배우고 싶은 과목이나 영역을 선택하여 지속적으로 그 활동을 이어갈 수 있게 해보자. 이것은 과제 집착력을 길러 주는 데 효과 만점이다. 성인도 하고 싶은 일을 할 때, 몰입하게 되고 효율이 올라가듯 아이들도 마찬가지다. 이런 경험이 쌓이고 쌓이다 보면 과제 집착력은 자연스럽게 생길 수 있다. 부모 마음 같아서는 아이가 수학이나 영어 과목을 선택해서 그 시간을 보내면 좋겠다고 생각할 수 있지만, 꼭 교과목에 한정 짓지 않는 것이 중요하다. 퍼즐이나 레고도 과제 집착력을 생기게 할 수 있는 좋은 교구다. 또한 색칠 공부를 통해서 끝까지 완성하는 경험을 쌓게 하는 것, 스도쿠 문제를 끝까지 풀어내는 것, 아빠와 함께 멘사 문제를 풀어 보는 것 등 작은 성공을 경험해 볼 수 있는 활동이 많다. 이를 통해 아이들은 열심히 집중해서 일을 하면 성공적인 결과를 맞이할 수 있다는 것을 자연스럽게 경험하게 된다.

아이가 하루를 마무리할 때는 학교에서 배운 내용을 이야기하게 하고, 내일 배울 과목을 살펴보게 하거나 목차를 읽어 보도록 지도하자. 공부는 교과서가 기본이다. 오늘 무엇을 배웠는지 과목별로 기억을 더듬어 가는 것만큼 좋은 학습이 없다. 학교에서 배부하는 주간 계획표를 활용하여 아이와 함께 이야기를 나눈다면, 요즘 학교에선 무엇을 배우고, 아이가 즐거워하는 분야와 힘들어 하는 분야를 자연스럽게 알게 되어 공부 계획을 세울 때에 도움이 된다.

이렇게 만들어진 공부 습관은 학년이 올라갈수록 익숙해지기 때문에 부모의 도움 없이도 스스로 책상에 앉아 공부할 수 있는 기초 체력으로 이어진다. 아이가 자기 주도 학습을 하길 원한다면 우선 공부 습관을 기를 수 있는 환경을 만들고, 때에 맞는 적절한 도움을 주어야 한다.

우등생을 위한
초등학교 생활,
이것만은 꼭!

부모의 관심은 소통으로 시작된다

공부보다 먼저 가르쳐야 하는 것이 있다

'나'를 잘 아는 아이가 공부도 잘한다

사교육 정보보다 중요한 학교생활 정보

{ 부모의 관심은
소통으로 시작된다 }

내 아이를 믿어 주는 유일한 사람은 부모다

부모는 아이가 자신을 존중하고 사랑하는 마음을 가질 수 있도록 지켜보고, 자존감을 키워 줄 수 있는 방법에 대해 고민해 봐야 한다. 자존감이 높은 아이들은 회복 탄력성이 좋은 편이라 실패해도 금방 좌절하기보다는 극복하는 노력을 통해서 성취해 내고, 그 경험에서 기쁨과 보람을 느낀다. 그 과정 안에는 아이와 아이 자신의 관계, 부모와 자녀 사이의 관계, 부모 사이의 관계가 포함이 된다는 것을 놓쳐서는 안 된다. 관계가 원만하게 유지되어야 좌절감이 성취감과 보람으로 이어질 수 있다. 나 자신을 이해하고, 격려하고 지지해 주는 부모가 있을 때 아이들의 자존감도 높아지고, 공부도 잘할 수 있는 확률이 올라가게 된다. 그렇다면 어떻게 해야 아이의 자존감이 높아질까? 현재 부모 자신의 자존감이 낮다고 생각된다면, 내 아이의 자존감도 낮을 확률이 높다. 보통 부모의 높은 자존감은 사이좋은 부부 사이에서 출발하게 된다. 부부 싸움을 하는 모습을 아이가 보게 된다면, 그 원인이 자신에게 있다고 생각하는 경우가 많다. 아이들은 자신의 존재가 부모로부터 출발한다는 것을 이미 알고 있다. 아이에게 칭찬을 많이 해준다고 해서 자존감이 높아지진 않는다. 보통 아이들이 뭔가를 해냈을 때, 부모들은 "잘했어!" 이 한마디로 아이들을 칭찬하곤 하는데, 잘하면 칭찬을 받고, 못하면 칭찬을 못 받는다는 논리가 아이들에게 생긴다. 잘했다는 말은 결과에 대한 평가가 되는 것이다. 믿는다는 표현도 마찬가지다. "엄마는 네가 잘할 거라고 믿어." 그럼 잘 못하면 못 믿는다는 의미가 되어 버린다. 아이들은 그 존재 자체로 존중받아야 한다. 잘한 일이 있을 때에는 그 일을 해낸 과정에 대한 격려를 해주면 아이들은 인정받는다는 생각을 할 것이다. "그림 잘 그렸네."보다는 "와! 어떻게 그림을 이렇게 그렸어? 그리느라고 애 많이 썼겠네. 멋지다." 이런 표현이 아이의 어깨를 으쓱하게 만든다. 과정에 대한 칭찬과 격려를 하려고 노력해야 한다. 연습하다 보면 이런 표현들도 익숙해지기 마련이다. 아이도 부모님께 좋은 이야기를 듣다 보면 그렇게 하려고 더 노력하게 된다.

부모는 아이에게 최고의 친구가 되어야 한다. 친구처럼 지낸다고 하더라도 부모의 권위는 있어야 한다. 최고의 친구가 되는 방법은 무엇일까? 바로 '공감'이다. 아이가 학교에서 친구와 다투는 일이 있었을 때, 아이가 먼저 잘못을 저질렀을 때는 보통 아이가 부모에게 먼저 그 일에 대해서 이야기를 꺼내는 경우가 적다. 말하면 부모님께 혼날 것을 뻔히 알고 있기 때문이다. 반면에 불편함을 느끼거나 피해를 받았다면 스스로 잘못한 것이 없기 때문에 부모님께 말하기는 조금 더 편하다. 우리는 아이가 잘못된 행동이나 선택을 했을 때 특히나 공감을 해주어야 한다. 잘못을 했다고 하더라도, 우선 우리 아이에게 신뢰가 있다는 것을 보여 줘야 한다. 그래야 무슨 일이 있어도 다른 사람이 아닌 부모에게 우선적으로 의논하기 때문이다. 비록 우리 아이가 잘못한 상황이더라도 속상한 감정을 부모에게 이야기를 꺼냈을 때, 부모가 이야기를 들어만 줘도 스스로 문제를 객관화하고, 자신의 감정을 추슬러 잘못했다면 인정하고 문제를 해결하려고 할 것이다. 반대로 부모가 아이에게 '네가 잘못했네. 친구에게 가서 사과해.'라고 단호하게 이야기한다면, 그 아이는 앞으로 어떤 문제 상황이 생겼을 때, 부모님에게 말하는 것을 더 두려워할 것이다. 친구 관계에서 가장 중요한 것은 공감이듯이, 부모가 친구와 같은 소통을 하길 원한다면 우선적으로 아이가 잘못했다고 하더라고 일단 공감이 먼저 필요하다. 아이의 마음을 읽어 준 다음에 아이를 가르쳐도 늦지 않다. 이것은 부모와 아이가 신뢰를 쌓는 좋은 방법이기도하다.

아이의 말에 공감할 때에 '그랬구나.', '그렇구나.'라는 말을 사용한다고 해서 아이들이 모두 공감을 받는다고 생각하지 않는다. 아이를 걱정하는 마음이 진심이어야 가능하다. 부모의 체면이나 결과에 따라 아이를 평가하듯, 훈계하듯 말하는 것을 경계하자. 아이들은 이제 학교생활을 시작하면서 하나씩 배워 가는 과정을 거치게 된다. 부모의 공감하는 모습을 보며, 아이도 그 모습을 배워 학교 친구들에게도 긍정적인 마음을 베풀 수 있게 될 것이다.

공감하지 못하는 부모 예시	"엄마, 내가 오늘 현서한테 연필을 던져서 선생님께 혼났어요." "뭐라고? 친구한테 연필을 왜 던지니? 넌 항상 사고만 치는구나. 선생님께 혼나서 어떻게 할 거야? 친구한테 그러면 돼, 안 돼?"
공감하는 부모 예시	"엄마, 내가 오늘 현서한테 연필을 던져서 선생님께 혼났어요." "에구, 선생님께 혼나서 속상했겠네. 많이 혼났니?" "내가 먼저 그런 것도 아닌데, 나만 혼났어요." "그랬구나. 현서한테 연필을 왜 던졌는지 엄마한테 이야기해 줄 수 있어?"

꼭 가야 할 학부모가 상담을 안 간다
(공개 수업, 학부모 총회, 학교 봉사)

학부모가 학교에 가야 할 일이 있다면 학부모 총회, 상담, 공개 수업, 학교 봉사 등이 대표적일 것이다. 보통 1학년 때에는 아이에 대한 걱정과 관심으로 학교 행사에 많은 학부모가 참여하지만, 학년이 올라갈수록 참여율은 줄어든다. 아이에게 관심이 많고 소통을 하려고 하는 부모는 학교에 가는 일이 부담스럽더라도 가급적 참여하려고 한다. 반면 장난이 심하거나 수업에 방해가 될 정도로 태도가 좋지 않은 아이의 부모 중에는 학교 행사에 참여하지 않는 경우도 더러 있다. 꼭 가야 할 학부모가 학교에 가지 않는 셈이다. 적극적이진 않더라도 학교 행사에 참여하는 학부모의 아이는 대부분 학교에서 큰 문제를 일으키지 않는다.

아이들은 집과 학교에서의 모습이 다를 수 있으므로 부모가 보는 아이의 모습이 전부가 아닐 수 있다. 지나치게 엄격한 부모의 아이는 집에서는 부모의 말을 잘 듣지만, 학원이나 학교에서는 선생님과 친구들 사이에서 소통하는 방법을 잘 익히지 못해 문제를 일으키는 경우가 있다. 또는 집에서 재미있고 활발한 아이가 많은 친구들 앞에서는 소극적인 자세로 이야기하기도 한다. 때때로 학교 행사가 있을 때 참여하여 선생님을 만나 아이가 잘 지내고 있는지, 어려워하는 점은 없는지 확인이 필요하다.

3월에 진행되는 '학부모 총회'에는 꼭 참석하도록 한다. 학교의 교육 운영 계획을 한눈에 알 수 있고, 교장 선생님을 비롯하여 전교 선생님들을 한자리에서 볼 수 있다. 학급에서는 담임 선생님이 인성과 학업의 교육 계획에 대한 설명과 중요한 학사 일정, 학교 평가 방법과 교육 가치관 등에 대해 공식적으로 안내하는 자리다. 학부모 총회를 통해 학교와 학급의 운영 방침과 아이들이 앞으로 어떤 교육을 받게 되는지 알 수 있다. 더불어 같은 반 학부모들을 만날 수 있는 소통의 기회가 된다.

학부모 총회를 가면 학교봉사 한두 개쯤을 맡게 된다. 학부모라면 누구나 학교에 가는 일이 부담스럽고, 봉사도 쉬운 일이 아니는 것을 알고 있다. 그러나 아이가 다니는 학교인 만큼 부모도 학교에 봉사할 수 있는 일이 있다면 즐겁게 참여해 보자. 아이들도 부모의 적극적인 태도를 자연스럽게 배우게 된다. 아이들도 학교생활을 하면서 봉사활동을 하게 되는데 학교 봉사를 하나도 하지 않는 학부모가 환경 미화 봉사활동을 하기 싫다고 짜증내는 아이에게 어떤 조언을 해줄 수 있을까? 부모는 모범이 되어야 한다.

학교에서는 학기마다 한 번씩 '자녀 교육 상담 주간'이 있어 대면 상담을 할 것인지, 전화 상담을 할 것인지 또는 상담을 하지 않을 것인지 조사한 후, 상담을 진행한다. 보통 1학년 학부모는 대부분 담임 선생님과 전화 상담보다는 대면 상담을 한다. 처음으로 학교를 보내면시 상담을 하지 않는나면, 아이에게 관심이 없거나 소통을 원하지 않는 학부모로 생각할 수 있다. 바쁜 경우에는 전화 상담이라도 꼭 하기를 권장한다. 1학기 첫 상담은 부모가 선생님께 아이에 대해 이야기해야 하는 경우가 많으므로, 선생님이 꼭 알아야 할 아이의 성향이나 특성이 있다면 미리 알리는 것이 아이가 학교 생활하는 데에 도움이 된다. 이때 아이의 장점을 주로 이야기하되, 부족한 부분에 대해서는 어떻게 노력하고 있는지 알려야 한다. 학교 수업에 방해가 될 정도로 산만한 아이를 기르고 있다면, 호기심이 많고 친구를 좋아하고 정이 많다는 것을 강조하되, 수업 시간에는 방해가 되지 않도록 집에서도 지도를 하고 있고, 필요시 놀이 치료도 계획 중이라고 이야기하자. 더불어 아이 지도가 적극적으로 필요하다면 언제든 선생님께서 먼저 연락을 주시면 좋겠다고 상담한다면 선생님도 아이를 위해 도움을 주게 될 것이다. 아이가 문제 행동을 보일 경우, 회피하기보다 적극적으로 상담을 통해 소통을 하여 문제를 해결하는 방향을 모색하는 것이 현명한 부모다.

1학년 학부모 모임도 아이 초등학교 생활의 일부다

학교는 아이가 공부하러 다니는 것인데, 왜 엄마가 학교에 가야 하는지 모르겠다며 투덜거리는 부모도 적지 않다. 아이가 1학년이니 교우 관계를 위해서라도 학부모 모임에 한 번은 가는 것이 좋다. 특히 학교를 처음 보낸다면, 1학년 때 한두 명이라도 친한 엄마를 사귀어 두자. 어렵고 힘든 일이 생길 때 서로 도와줄 수 있고, 학교 행사나 봉사에 참여할 일이 있을 때, 학교 가는 일이 덜 부담스럽게 느껴질 수 있다. 1학년 반 모임은 학교 정보 교류, 학급 친구들과의 친목 도모를 목적으로 하는 생일 파티나, 축구 모임, 생활 체육, 숲 체험 등이 있는데 단체 활동이 지나치게 많으면, 모이는 일도 잦다 보니 불만을 갖는 부모도 많다. 학년이 올라갈수록 학부모 모임은 많이 줄어들고, 학교 자체에서도 반 모임을 지양하는 추세로 가고 있다. 하지만 아이를 기르면서 학업뿐만 아니라 학교생활이나 정서적인 문제를 겪고 있어서 힘이 들 때에는 같은 학부모를 만나 도움과 위로를 받는 일도 많으니, 학부모 모임을 나쁘게만 볼 필요는 없을 것이다. 몇 가지 에티켓만 지키면, 괴로운 모임이 아닌 도움이 되는 모임으로 유지할 수 있다. 1학년 학부모 모임에서 엄마와 아이까지 척척 궁합이 맞는 친구를 찾는 일은 쉽지는 않다. 엄마도 아이처럼 학교생활을 처음 시작하기에 마음을 터놓을 수 있는 친구 한두 명쯤을 사귀어 두면 그 우정이 아이의 친구보다 더 오래가는 경우도 많다.

1. 신상을 조사하지 말자

학부모의 직업과 학벌에 대해 묻는 것은 큰 실례다. 먼저 이야기하지 않는 한, 궁금해도 묻지 않는 것이 좋다. 아이가 어느 학원을 다니는지 묻지 말자. 학부모 모임과 같은 공개 석상에서 학원 정보를 말하고 싶어 하는 엄마는 없다. 학원 정보는 개인적으로 친해진 다음으로 미뤄 두자. 정보는 기브 앤드 테이크라는 것을 잊지 말자.

2. 부를 과시하지 말자

보통 남편 직업이나 한 달 생활비, 시댁 이야기를 하면서 재력을 과시하는 경우가 많은데, 부러움을 사기보다는 눈살을 찌푸리게 하는 일이 더 많기에 좋은 이미지를 주기 어렵다.

3. 다른 집 아이를 평가하지 말자

아이에 대한 이야기가 하고 싶다면, 우리 아이에 대한 이야기만 하자. 아무리 칭찬이라도 다른 집 아이의 이야기라면 뒷담화가 될 수 있다. 특히, 학교에서 문제를 일으키는 아이라면 더욱 주의해야 한다. 우리 아이도 언젠가 말썽꾸러기가 될지 모르는 일이다.

4. 모임 비용은 각자 계산하며, 현금과 잔돈을 준비하자

첫 모임 비용을 대표가 부담하게 두어서는 안 되며, 각자 계산하는 것이 다음 모임을 순조롭게 유지하는 방법이다. 오만 원권이나 카드보다는 만 원과 천 원짜리 몇 장을 준비해서 나가는 편이 계산하기 좋다. 온라인 송금을 해야 하는 불편한 상황은 만들지 않는 것이 좋다.

5. 교육 철학이 다름을 인정하자

엄마 나이가 많다고, 큰 아이 학년이 높다고 교육에 대해 잘 아는 것도 아니며, 아이가 사교육 없이 공부를 잘한다고 하여 올바른 교육 철학을 지녔다고 보기도 어렵다. 가정마다 추구하는 철학이 다르기 때문에 누군가에게 잘못 가르치고 있다고 지적을 하고 내가 하는 방식이 옳은 것이라고 주장할 필요는 없다. 교육에는 정답이 없다. 다른 철학이 있을 뿐이다.

6. 학부모 모임만큼 학교 봉사에도 참여하자

학부모 모임에는 빠짐없이 나오면서, 바쁘다는 이유로 녹색어머니회, 급식, 사서 봉사 등 학교 봉사에는 불참하는 경우가 있다. 아이들은 부모님이 학교 봉사하는 모습을 자랑스러워 한다는 것을 잊지 말자.

7. 자랑하는 모임이 아니다

아이의 외모, 영어와 수학 실력 그리고 인성까지 다양한 에피소드로 자식을 자랑하는 엄마들이 상당히 많다. 아이가 특정 과목이나 예체능 등을 좋아한다는 그 이유 하나로 모든 것이 자랑이 될 수 있다. 학부모 모임에서는 자랑보다는 겸손이 낫다.

8. 옷차림은 품위 있고 깔끔하게 차려입고 나가자

첫 학부모 모임에 머리부터 발끝까지 브랜드가 드러나는 명품은 좋지 않은 시선을 받을 수 있다. 한두 가지 포인트만 주어도 좋다. 또한 화장하지 않은 얼굴과 평소 집에서 입는 옷과 슬리퍼를 신고 외출하는 사람들도 있다. 옷차림은 상대방에 대한 예의라는 것을 기억하자.

공부보다 먼저 가르쳐야 하는 것이 있다

우등생의 전제 조건은 바른 인성이다

누구나 공부를 잘하는 아이보다 인성이 좋은 아이가 훌륭하다는 것은 알고 있다. 우리나라 부모들에게 교육이란 널리 인간세계를 이롭게 한다는 뜻을 지닌 홍익인간弘益人間에 기초하고 있다고 해도 과언이 아니다.

"공부는 왜 하는 거예요?"

초등학생 자녀를 둔 부모들은 종종 듣게 되는 질문이다. 아이들은 그 이유가 명확해질 때까지 왜 해야 하는지에 대한 질문의 끈을 놓지 않을 것이다.

"아빠는 S대를 나왔으니, 적어도 아빠만큼은 돼야 하지 않겠니?"

"네가 엄마 아빠보다는 공부 열심히 해서 더 잘 살았으면 좋겠어."

"나중에 네가 하고 싶은 일을 하려거든 일단 공부를 잘해야 선택할 수 있어. 공부 못하면 점수대로 학교를 가게 되니까."

"공부 못하면 어떻게 사는 줄 알아? 일도 없이 집도 없이 길거리에서 쓰레기 주우며 살고 싶어?"

많은 부모들은 공부를 해야 하는 이유를 설명할 때에 특정 직업에 대한 편견을 고착화하는 이야기를 하곤 한다. 이런 말들은 아이들에게 공부와 경제력을 연결시켜 특정 계급 의식을 심어 주게 되는 격이다. 어릴 때 마음껏 놀게 해주고 싶은 마음은 어느 부모나 있기 마련이지만, 점점 더 성공하기 힘든 사회에서는 최소한의 삶을 유지하는 데에도 어느 정도의 공부가 필요한 법이니, 공부는 해야 한다고 여기는 것은 당연한 일이다. 그런데 부모들은 공부를 안 하면 앞으로 미래가 어떻게 될지 염려하는 마음에 극단적으로 경제력과 연결 지어 설명하는 경우도 종종 있다. 부모는 아이가 도덕적으로 바른 가치관을 기를 수 있도록, 공부를 해야 하는 이유에 대해서 근본적인 이유를 설명해 주는 것이 중요하다. 공부를 해야 하는 이유가 자신의 자기계발이나 만족을 위해서만이 아니라 자신이 속한 사회에 기여하기 위해서라고 알려 주어야 한다. 아이들도 어른과 마찬가지로 비전Vision이라는 큰 목표가 보이면, 마음이 움직이면서 공부머리가 트이기 시작한다. 그 비전의 시작은 내면의 힘을 기르는 바른 인성 교육에서 출발한다.

그렇다면 아이들에게 무엇을 어떻게 가르쳐야 할까? 논어의 학이

學而 편 6장에는 '자왈子曰, 제자입즉효弟子入則孝, 출즉제出則弟, 근이신謹而信, 범애중이친인汎愛衆而親仁 행유여력行有餘力, 즉이학문則以學文.'이라고 했다. 즉, 젊은이들은 집에 가서는 부모님께 효도하고 나가서는 어른들을 공경하며, 말과 행동을 삼가고 신의를 지키며, 널리 사람들을 사랑하되 어진 사람과 가까이 지내야 한다. 이렇게 행하고서 남은 힘이 있으면 그 힘으로 글을 배우는 것이라고 했다.

　공부보다 먼저 가르쳐야 하는 것, 공부해야 하는 이유의 답을 인성 교육에서 찾을 수 있다. 아이들이 왜 공부를 해야 하는지 부모에게 이유를 묻고 또 묻는다면, 이는 아이에게 뚜렷한 목표가 없거나 자신이 하고픈 일을 하려면 공부가 밑바탕이 되어야 한다는 사실을 모르기 때문이라고 볼 수 있다. 이는 교육의 근본이 되는 인성을 먼저 바로 가르친다면 그 이유를 아이 스스로 깨닫게 될 것이다. 주변에 우등생 아이들을 보면, 공부도 잘하는 아이가 인성까지 겸비한 경우가 많다. 부모님과 관계가 좋으며, 친구들에게 인기도 많아 부러움을 사기도 한다. 인성이 바른 아이가 되려면 사회 규범이 내면화할 수 있도록 바른 것을 보고, 긍정적인 말을 듣고, 부모와 형제에게서 올바른 가치관을 배워야 한다. 그래야 옳은 일을 선택할 수 있고, 이로운 실천을 할 수 있다. 그 실천 안에는 공부의 의미도 내포되어 있다.

　아이에게 가장 좋은 것을 주자. 그중에서도 좋은 말과 이야기를 들려주자. 좋은 것을 받은 아이는 좋은 것을 나눌 수 있다. 평소에 아이들에게 좋은 이야기를 해주고자 생각은 하지만, 막상 이야기를 하다 보면 잔소리로 끝나는 경우가 있다. 그럴 때에는 좋은 성품을 기르기 위한 책들을 읽어 준다면, 긍정적인 표현을 자주 듣게 되고, 실천으로 이어지게 할 수 있다. 나아가 자신이 배우고 익혀 다른 사람들보다 조금 더 나은 환경에 있을 때, 사회에 공헌하는 노블레스 오블리주Noblesse oblige의 미덕을 실천할 수 있게 된다.

깔주아가 추천하는 **인성교육 추천 도서 시리즈**

① 인성교육 보물창고 시리즈(보물창고)
② 리더십, 학교가자(연두비)
③ 인성 실천 동화(황우출판사)
④ 처음 만나는 초등 고전 시리즈(미래주니어)

아는 것을 행동하는 힘
스스로 할 수 있는 기회를 주자

딸에게 중국어를 가르치기 위해 싱가포르로 이사까지 할 정도로 교육에 관심이 많은 세계 3대 투자가 짐 로저스Jim Rogers는 한국 사회에 대해 충격적인 이야기를 한 적이 있다. "한국 청년들이 새롭게 도전하는 데 있어 최대 걸림돌이 뭡니까?"

"한국 부모들입니다. 지나치게 보수적이죠. 어린 아이들이 사랑할 수 있는 일을 찾을 수 있게 독려해 줘야 합니다."

"정말 좋아하는 일을 어떻게 찾습니까?"

"일단 부모님 말씀을 듣지 마세요. '대기업 가라, 공무원 하라' 부모가 두려워서 하는 말입니다. 부모가 자식 인생을 대신 살아 주지 않아요."

미 오바마 대통령도 예찬했던 한국 교육인데, 한국 부모들이 최대 걸림돌이라니 충격적인 답변이 아닐 수 없다. 게다가 부모님 말씀까지 듣지 말라니 청년들은 이 이야기에 공감을 했다고 한다. 요즘은 아이도 적게 낳고, 높은 수준의 교육을 받은 부모들이 많다 보니, 자녀 교육에 더욱 더 관심을 쏟는 것은 사실이다. 게다가 교육은 성공 사다리의 핵심이라 믿기 때문에 아이들에게 이래라 저래라 간섭하는 일이 많다. 아이들이 사랑할 수 있는 일을 찾기보다는 삶의 안정을 추구하여 행복하게 살았으면 하는 부모 마음에서 비롯된 것이라 생각된다. 그들은 시간을 아끼기 위해 애쓰며, 환경적으로 무엇을 해주어야 아이에게 도움이 되나 언제나 고민한다. 가능하다면 아이를 위해 최대한 지원을 해주고 싶은 마음은 어떻게 보면 당연하다는 생각이 든다. 그래서 등장한 것이 헬리콥터 맘*이다. 아이를 잘 돌봐야 하는 것은 맞지만, 아이가 해야 할 일에 대해 지나치게 간섭하거나 대신해 주어서는 안 된다. '물고기를 잡아 주는 것이 아니라

---

* 자녀 주위를 평생 맴돌며 자녀의 일이라면 무엇이든 발 벗고 나서 자녀를 과잉보호하는 엄마.

잡는 방법을 가르쳐 줘야 한다'는 탈무드의 말은 익히 들어서 알고 있을 것이다. 하지만 여전히 물고기를 잡아 주는 부모들이 많다. 아이들은 지식을 배우는 데에 많은 시간을 들이지만, 지식을 얻는 방법이나, 배운 것을 활용하는 방법은 잘 모르는 경우가 많다.

"너는 공부만 열심히 해. 나머지는 엄마가 다 알아서 해줄게."

이 공식으로는 우리 아이를 우등생으로 만들기 어렵다.

학습, 행동 등을 스스로 계획하고, 통제하면서 자기 주도적으로 문제를 해결할 수 있는 종합 인지 능력을 실행 기능이라고 한다. 실행 기능은 자기 조절 능력뿐만 아니라 사고력을 높일 수 있는 언어 능력과 스스로 움직여 할 수 있는 시공간 지각 능력, 두 가지 발달 요소를 가지고 있다. 부모는 아이에게 지식을 가르치는 데에 그치지 않고, 배운 것을 실행할 수 있도록 환경을 만들어 줘야 한다.

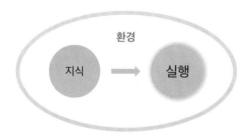

1학년 교실을 살펴보면 가위 사용법은 배워서 알고 있지만, 막상 가위질을 하라고 하면 제대로 못하는 아이들이 많다. 줄넘기하는 방법은 알지만, 실제로 뛰어 보지 않으면 줄을 잘 넘는 방법을 깨우

치기 어렵다. 엄마와 함께 집으로 돌아가는 하굣길을 살펴보면, 자신의 가방을 엄마에게 들어달라고 하는 아이들이 많으며, 교통 법규를 지켜야 하는 것은 알지만 횡단보도의 신호등을 지키지 않고 뛰어가는 아이들도 있다. 이는 아는 것을 제대로 실천하지 못하는 예라고 볼 수 있다.

아이는 태어났을 때부터 스스로 할 수 있는 몇 가지 행동들이 있으며, 그 행동들은 하면 할수록 더욱 발달하게 되어 있다. 아이들은 30개월 이후로 "내가, 내가"라는 말을 많이 하고, 스스로 해보려고 시도한다. 그런데 많은 엄마들이 "그래, 해봐."라는 말 대신에 "엄마가 해줄게."라는 말을 더 많이 한다. 그리고선 7살인데 아직도 혼자 밥을 떠먹지 않는다며 한탄을 한다. 학교에 입학하면 급식실에서 밥은 제대로 먹을 수 있을까 노심초사다. 아이 입장에서는 7년간 엄마가 밥을 먹여 줬는데 갑자기 혼자 먹으라고 하니 얼마나 당황스럽겠는가. 초등학교 입학할 정도의 나이가 되면 젓가락질은 물론이요 종이접기, 수건 짜기, 목욕하기 등을 스스로 할 수 있다.

요즘 아이들은 엄마가 무슨 문제 해결사라도 된다고 생각하는지 조금만 어려우면 엄마를 찾는다. 책 읽고 숙제할 시간이 없다고 하지만, 이보다 더 기본이 되는 것들을 먼저 가르쳐야 한다. 유아기부터 바른 생활 습관을 길러 주고, 아이가 스스로 할 수 있는 기회를 제공해야 한다. 내가 아이를 키우면서 가장 보람될 때는 아이가 학교에 갈 준비를 할 때이다. 내가 깨우지 않아도 아이 스스로 일어나서, 세수하고 간식을 챙겨 먹으며, 영어 DVD를 틀고 흘려듣기를 한다. 옷을 스스로 선택해서 입고, 머리빗을 가져와서 머리를 묶어 달라고 한다. 물론 이렇게 되기까지 약 6개월 동안 혹독한 전쟁을 치렀다. 영어 흘려듣기를 하기 위한 기계 사용법과 DVD를 찾고 정리하는 방법을 알려 주느라 애썼고, 아이가 원하는 옷을 스스로 고르고 입게 하기까지 많은 시도가 필요했다. 가끔 내가 일하러 가느라 바쁠 때에는 "엄마 많이 바쁘면 머리띠하고 갈게"라고 말해 주는 센스도 생겼다. 아이가 스스로 할 수 있도록 기회를 주자.

1, 2학년을 위한 실행 기능을 높이는 방법

① 작은 성공 경험을 쌓게 한다.

② 스스로 할 수 있는 일은 직접 하게 한다.

    (물 따라서 마시기, 우유팩 따기, 목욕하기, 책가방 싸기, 책상 정리하기 등)

③ 다양한 신체 활동을 경험하게 한다.

    (배드민턴, 줄넘기, 달리기, 철봉, 자전거 타기 등)

④ 소근육 활동 및 표현하기 (가위질, 종이접기, 찰흙 만들기, 노래와 율동 따라 하기)

⑤ 보드게임을 포함한 각종 놀이에 참여하기

⑥ 책을 읽고 난 후, 생각과 느낌을 이야기하고, 그림으로 표현하기

'나'를 잘 아는 아이가
공부도 잘한다

공부 좀 시켜 봤다고 하는 부모라면 '메타 인지'라는 말을 한 번쯤 들어봤을 것이다. 메타 인지는 무언가를 배우거나 실행할 때, 내가 아는 것과 모르는 것을 정확히 파악할 수 있는 인지 능력을 말하며, 자신이 모르는 부분을 보완하기 위한 계획과 실행 과정에 대한 것을 말한다. 메타 인지 능력을 키우기 위해서는 목표를 정하고, 그에 따른 실천 가능한 계획을 하고, 자신이 알게 된 것을 다른 사람에게 설명하거나 가르쳐서 자신의 지식을 견고하게 만드는 과정이 필요하다. KBS 1TV〈시사기획 창〉에서 보도된 바로는 네덜란드 라이덴대 마르셀 베엔만Marcel Veenman 교수가 성적에 영향을 미치는 요인들을 분석한 결과 아이큐는 성적을 25% 정도 결정하는 반면, 메타 인지는 40% 정도 결정하는 것으로 나타났다. 또한 메타 인지는 훈련을 통해서 기를 수 있다고 했다. 자신이 알고 있는 지식을 설명하는 능력이 중요하다고 볼 수 있다.

부모는 아이가 메타 인지 능력이 어느 정도 되는지 가늠하기 어렵다. 그러나 우리 아이를 잘 관찰해 보면, 아이가 좋아하고, 잘하는 영역에 대해서 알 수 있다. 자신의 관심사 영역을 부모나 가족에게 설명하는 모습을 보게 된다면, 메타 인지 능력은 자연스럽게 훈련될 것이다.

요즘 아이들은 '나' 자신에 대해서 생각할 겨를도 없고, 실제 '나'에 대해서도 잘 알지 못한다. 아이들에게 좋아하는 것이 무엇인지 물어보면 쉽게 답을 하지 못하는 아이가 많다. 도서관에서 강의를 할 때 초등학교 2학년 아이들에게 좋아하는 과목을 물어본 적이 있었는데, 선뜻 답을 하지 못하는 아이들이 상당히 많았다. 옆에 있는 엄마가 대신 "너 수학 좋아하잖아." 하고 말해 주는 경우도 있었다.

아이들은 정해진 시간표대로 유치원과 학교를 다니고, 집에서도 다양한 학습과 활동으로 바쁜 시간을 보내고 있다. 쉬는 시간에는 TV나 게임을 하면서 보내는 1, 2학년 아이들이 늘고 있으며, 모범생 아이들은 쉬는 시간에 무엇을 해야 하는지 부모나 선생님에게 물어볼 정도이니 자신이 좋아하는 활동을 선택하기가 어렵다는 것이 안타까운 현실처럼 보이기도 한다. 혹시 우리 아이도 그렇게 물어보는 일이 잦은지 평소 아이의 모습을 생각해 보자. 그리고 해야 할 일이 한 가지 있다. 약 일주일 동안 우리 아이가 여가 시간을 무엇을 하며 보내는지, 선택한 활동의 지속 시간과 흥미도를 체크하면서 관찰하도록 하자. 우리 아이가 스스로 선택하며 할 수 있는 활동들에 대해 조사해 보는 것이다. 이때 부모는 독서나 퍼즐과 같은 활동을 권장하지 않아야 아이를 제대로 관찰할 수 있다. TV를 보거나 소꿉놀이를 한다고 해서 잘못된 것은 아니기 때문에 있는 그대로 솔직하게 기록하여 우리 아이가 좋아하는 활동을 알아보는 것부터 시작하자.

🐝 우리 아이 관찰 기록표

	학습 관련 활동			학습 외 활동		
	활동내용	지속시간	흥미도 (5점 만점)	활동내용	지속시간	흥미도 (5점 만점)
1일차	독서, 스도쿠 등			TV 시청, 역할놀이 등		
2일차						
3일차						
4일차						
5일차						
6일차						
7일차						
합계						

관찰 결과, 학습 관련 활동이 거의 없거나 있어도 지속 시간이 학습 외 활동보다 부족하다고 해서 아이가 공부를 못하는 것이 아닌가, 공부에 대해 관심이 없는 것은 아닌가 하고 걱정하지 않아도 된다. 여가 시간이 생겼을 때, 학습 외 활동이라도 아이가 스스로 선택하고, 그 활동에 집중했다면 그것만으로도 추후 학습 관련 활동으로 확장될 수 있는 가능성이 충분하다. 여가 시간에 무엇을 할지 스스로 선택하지 못해서 "엄마 숙제 끝났는데 나 뭐 해요?", "엄마 나 심심해요. 뭐 해요?", "뭘 하고 놀아야 하는지 모르겠어요."라고 말하는 것을 더욱 경계해야 한다. 놀이든 학습이든 아이가 스스로 선택하여 시간을 보낼 수 있다면 자기 주도로 활동이 가능하기 때문이다. 아이가 학습 외 활동에서 TV 시청 시간이나 게임 시간이 여가 시간의 절반 이상을 차지한다면, 학습과 멀어지는 상황이 생각보다 빨리 찾아올 수 있다. 초등 저학년 때에는 마음껏 놀게 해주어야 한다는 말은 맞지만, 적어도 매일 30분은 학습 시간으로 쓸 수 있도록 환경을 마련해 주어야 한다. 하루 30분 규칙적인 학습은 공부 습관을 기를 수 있는 좋은 방법이다.

다음으로 해야 할 것은 아이가 좋아하는 과목을 순위를 매겨 적어 보게 하는 것이다. 아이가 좋아하는 과목과 잘하는 과목을 조합하면 아이가 수월하게 배울 수 있는 과목을 알 수 있다.

예를 들어 좋아하는 과목에 국어가 있고, 잘하는 과목에 국어가 있다면 힘들게 공부하지 않아도 즐겁게 학습이 가능하고, 좋은 결과

순위	좋아하는 과목	잘하는 과목	순위	좋아하는 과목	잘하는 과목
1	체육	국어	6	미술	사회
2	국어	음악	7	중국어	중국어
3	과학	체육	8	사회	미술
4	음악	영어	9	영어	컴퓨터
5	컴퓨터	수학	10	수학	과학

가 나올 것이다. 과학 과목은 좋아하지만, 잘하는 과목에 속하지 않는다면, 독서와 체험을 통해 과학 학습에도 도움이 되도록 이끌어 주면 잘할 수 있는 과목이 되기 쉽다. 보통 좋아하지만 잘하지 않는 과목은, 공부하기 싫어하지만 잘하는 과목보다는 더욱 더 쉽게 받아들이고 결과도 좋은 경우가 많다. 아이들은 아직 어느 특정 분야에서 잘한다고 하기에는 그 경험이 부족하다. 좋아하고 잘하는 과목에 더 관심을 쏟는다면 좋은 결과로 이어질 것이다. 아이가 좋아하는 과목이 있다면 지나치지 말고 경험해 볼 수 있도록 기회를 주자. 아이 스스로도 자신감이 생길 것이다.

꼭 학습과 관련된 것이 아니더라도 아이가 무엇을 하며 시간을 보낼 때 즐거워하는지, 무엇을 좋아하는지 항상 관찰해 본다면 우리 아이가 가지고 있는 재능을 어렵지 않게 발견할 수 있을 것이다. 이는 아이에 대한 관심으로 이어져, 더욱 소통이 잘되는 부모와 아이 사이가 될 것이다.

사교육 정보보다 중요한 학교생활 정보

학교 입학 또는 새 학년 준비를 앞두고, 엄마들은 아이들 보낼 학원을 알아보고, 테스트 일정을 잡고, 학습 스케줄을 정하느라 눈코 뜰 새 없이 바쁘다. 초등학생이 되고, 새 학년이 되는데 교육의 중심은 학교가 아닌 학원에 있다. 학원은 레벨에 따라 반 편성이 되고, 입학 가능한 인원이 한정되어 있기 때문에 발 빠르게 움직이지 않으면, 돈과 시간이 있어도 아이에 맞는 학원을 보낼 수가 없다. 상황이 이러하니 매년 11월부터 다음해 2월까지는 학원을 알아보느라 분주하고, 학교 일정은 학원 선택과 반 편성이 마무리되면 그때부터 알아보기 시작하는 경우가 많다. 하지만 잊지 말아야 할 것은 교육의 기준이 되는 것은 학원이 아니라 학교라는 것이다. 아이들에게도 학원보다 학교생활에 더 충실해야 한다고 가르쳐야 하며, 그 시작은 아이의 시간표를 만드는 일부터 시작된다. 아이의 시간표는 학교의 시정표와 요일별 수업 시수부터 확인한 후, 계획을 해야 차질이 없다. 이는 학교 홈페이지 '공지 사항'란에서 확인이 가능하다. 시정표를 아이에게 알려 주는 것도 학교에서 적응력을 높일 수 있는 방법이다. 시간 관리하는 방법도 배우게 되고, 쉬는 시간, 급식 시간에도 도서관을 이용하거나, 친구들과 놀이 시간을 효율적으로 사용할 수 있다. 아이가 손목시계를 하고 다닐 수 있게 하며, 시계 보는 방법을 가르쳐 주자.

🐝 **예시** 시정표

구분	시간	
	시작	끝
제1교시	09:00	09:40
제2교시	09:50	10:30
중간놀이	10:30	10:50
제3교시	10:50	11:30
제4교시	11:40	12:20
급식지도	12:20	13:00
제5교시	13:00	13:40
제6교시	13:50	14:30

🐝 **예시** 요일별 수업 시수

구분	월요일	화요일	수요일	목요일	금요일
1, 2학년	5교시	5교시	4교시	5교시	4교시

학교와 관련하여 궁금한 점이 있다면 선배 학부모에게 물어보는 것보다 학교 공지 사항을 확인하는 것이 더욱 정확하다. 공지 사항 내용이 이해가 잘 안 되거나, 공지 사항에 없는 내용이 궁금할 경우에는 학교에 직접 문의를 해보는 것도 좋다. 학교에서는 관련 업무 담당자를 통해 정확한 정보를 알려 주려고 하기 때문이다. 학교는 유치원과 달리 학부모에게 개인적으로 공지하는 일은 없다. 학교 홈페이지, E-알리미 서비스, 학급 알림장, 안내장을 통해서 정보를 제공한다. 따라서 학부모가 관심을 가지지 않는다면, 의미 있게 제공된 정보도 흘려버리기 십상이다. 학교 공지 사항을 매번 홈페이지에 들어가서 확인하는 것이 번거롭다면, 등록된 학교의 주요 정보를 알려 주는 '아이엠스쿨' 어플을 활용하길 바란다. 아이가 다니게 될 학교 또는 재학 중인 학교를 등록해 두면, 새로운 공지 사항을 바로 확인할 수 있다는 장점이 있다. 공지 사항뿐만 아니라 가정통신문, 알림장 내용, 학교 급식 정보도 업데이트되기 때문에 유용하게 쓰인다.

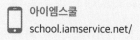
아이엠스쿨
school.iamservice.net/

새 학기를 앞두고 학사 일정을 확인하고, 월별 주요 행사를 정리해 두면 자녀의 학습 관리나 체험 계획을 세울 때 도움이 된다. 공지 사항에서 올해의 학사 일정을 확인하고, 전년도의 월별 행사를 참고하면, 올해 진행될 행사들도 미루어 짐작할 수 있다.

방과 후 학교 프로그램을 적극적으로 활용하면 아이의 시간을 효율적으로 관리할 수 있다. 게다가 새로운 친구들과 사귀게 되어 학교 적응력을 높여 주고, 사교육비도 줄일 수 있다. 하교 후, 학원 가는 시간과 맞지 않아서 방과 후 학교를 이용하지 못하는 아이들이 많은데, 가능한 시간이 있다면 사교육의 대안이 될 수 있다. 방과 후 학교 프로그램 과목은 아이들에게 인기 있는 과목을 신청하기보다는 아이에게 새로운 경험을 심어 주거나, 학습과 정서에 도움이 되는 과목을 우선적으로 신청하기를 바란다. 과학 관련 과목은 집에서 엄마표로 실험을 해주기 어렵거나, 아이가 과학에 흥미가 없거나 과학 학원을 바로 다니기엔 기초적인 지식조차 경험을 하지 않은 경우에 도움이 된다. 과학 방과 후 프로그램을 통해서 1, 2학년 때에는 과학에 대한 흥미를 깨워 주자. 다양한 실험 경험은 3학년부터 배우는 과학 교과와 영재원 선발에도 좋은 영향을 줄 수 있다. 줄넘기, 우쿨렐레와 같은 예체능 활동은 친구들과 함께 어울려 즐겁게 수업할 수 있고, 학예회를 하는 학교라면 방과 후 학교에서 배우는 내용을 학예회에서 하는 경우가 많아 부담을 줄일 수 있다. 한글, 파워포인트와 같은 컴퓨터 기초 실무를 배우는 과목은 방과 후 수업만으로도 학원에서 배우는 수준과 비슷하게 익힐 수 있다. 컴퓨터 기초를 배워 두면 학교 과제물에 대한 자료 조사 및 정리를 스스로 할 수 있

시기	주요 행사
3월	입학식, 시업식, 학부모 공개수업, 학부모 총회, 전교 및 학급 임원 선출 자녀교육 상담주간, 학교 폭력 예방교육
4월	학생정서행동특성검사, 과학 체험 활동, 현장학습, 언어 문화 개선 대회
5월	자율휴업(단기방학), 체육대회, 신체검사, 구강 보건 교육
6월	글짓기 대회, 개교기념일
7월	여름방학
8월	개학식, 자유탐구대회 학습예선
9월	현장학습, 학급 임원 선출, 독서대회, 자녀교육 상담주간
10월	자율휴업(단기방학), 교내 체험 학습
11월	학급별 학예회, 체력인증제
12월	겨울방학, 오케스트라 신입 오디션, 한자인증제
1월	개학식, 영재학급 선발, 독서인증제
2월	종업식, 학년말 방학

기 때문에 부모가 매번 아이의 숙제를 거들지 않아도 된다. 또한 5
학년부터 배우게 되는 코딩을 미리 배워야 하는 것은 아니지만, 컴
퓨터 프로그램 몇 가지 정도를 다룰 줄 알면, 추후 배우게 되는 컴퓨
터 과정에서 크게 어려움을 느끼진 않을 것이다.

초등 학부모라면 꼭 알아야 할 포털 서비스는 '나이스'다. 온라인
으로 학교 교육의 다양한 행정 서비스를 열람할 수 있어 학업과 진
학에 관련된 자녀의 정보를 편리하게 제공받을 수 있다는 것이 장점

이다. 뿐만 아니라 학사 일정과 생활 기록부도 1년 내내 언제든 열람이 가능하다. 생활 기록부와 학업 성취도 기록을 통해 아이가 부족한 과목이나 영역을 챙길 수 있어 자녀 지도에도 도움이 된다. 창의적 체험활동이나 봉사활동 등 생활기록부에 기재되는 모든 사항이 기록되기 때문에 아이의 학교생활 자료를 한눈에 파악할 수 있다. 한 학기가 끝나면 학교에서는 생활 통지표를 나누어 준다. 학기말 종합 의견을 중점적으로 보겠지만, 각 과목의 영역별 평가를 반드시 확인해 보길 바란다. 통지표에 나와 있지 않은 경우에는 앞서 말한 '나이스' 사이트에서 '성적 〉 교과평가'에 들어가면 영역별 평가 결과를 확인할 수 있다. 잘함과 보통이 몇 개인지 개수를 살피기보다 교과별로 '잘함' 점수가 나오지 않은 영역은 부모가 평소에 알지 못했던 내 아이의 부족한 부분일 수 있으니, 다음 학기가 시작하기 전에 반드시 확인하고 방학 때, 관련 과목을 보충해 주면 결손 영역을 메울 수 있다.

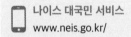
나이스 대국민 서비스
www.neis.go.kr/

🐝 **예시** 나이스 평가교과

○ 국어

평가 영역	듣기, 말하기1	듣기, 말하기2	읽기, 문학	쓰기, 문법	듣기, 말하기3
평가 등급	잘함	잘함	잘함	잘함	잘함

○ 수학

평가 영역	규칙성	도형	측정	확률과 통계	수와 연산
평가 등급	잘함	잘함	잘함	보통	잘함

○ 바른생활/슬기로운생활/즐거운생활

평가 영역	학교 1	학교 2	학교 3	봄 1	봄 2	봄 3	가족 1	가족 2	가족 3	여름 1	여름 2	여름 3
평가 등급	잘함	잘함	잘함	잘함	잘함	잘함	잘함	잘함	잘함	잘함	잘함	잘함

1% 부모가
선택하는
국어 학습법

제대로 쓰지는 못해도 읽기는 꼭 해야 한다

책만 읽으면 국어 실력이 좋아질까

영역별 학습도 필요하다

상위 1%는 국어 교과서로 공부한다

제대로 쓰지는 못해도 읽기는 꼭 해야 한다

10년 전만 하더라도 한글 조기 교육이 붐인 때가 있었다. 하루라도 한글을 빨리 익혀 스스로 책을 읽게 만들려는 엄마들의 열풍이 대단했다. 스스로 글을 읽게 되면, 부모가 책을 읽어 주지 않아도 책을 통해 많은 것을 배우리라 생각했던 것이다. 두 돌, 세 돌에 한글을 뗀 주변의 아이들을 보면, 우리 아이도 그렇게 해야 학교에 가서 공부가 뒤처지지 않을 것이라고 생각했던 부모들이 많았다. 심지어 책을 많이 읽는다는 '독서 영재'라는 말까지 등장했다. 5년 정도 시간이 흐르니, 방송 매체에서 한글 조기 교육의 문제점 등을 지적하면서 유아에게 지나친 문자 교육은 뇌 발달 과정에 맞지 않으며, 유익한 점이 크게 없다고 보도했다. 자녀 교육에 관심이 많은 부모들은 그 정보를 빠르게 수용하며, 한글도 천천히 자연스럽게 가르치려는 방향으로 전향하기 시작했다. 더불어 학교에서 한글을 배우는 시간도 늘었다고 하니, 유아 때 한글을 다 읽지 못해도 때가 되면 읽겠지, 학교 가면 다 읽을 것이라는 생각에 한글 교육에 방관적인 태도를 보이는 부모들도 늘었다. 한글은 원래 다 익히고, 학교에 입학을 해야 한다는 공식이 깨지게 되었다.

글을 자연스럽게 배우게 하려면 알아서 터득하길 기다리는 것이 아니라 유치원에서 한글을 접하고, 집에서는 한글 학습지 또는 문제집이나 책을 읽어 주는 환경을 조성해 주어야 한다. 만약, 유아 영어 학원(영어 유치원)이나 숲 유치원을 다녀 기관에서 한글을 접하지 못하고, 집에서도 부모가 책조차 읽어 주지 않는다면, 한글에 대한 노출이 현저히 줄기 때문에 읽기는 더 늦어질 수 있다.

한글은 일찍 떼었으나, 그 이후로 부모가 책을 읽어 주지 않았다면 아이는 글자는 읽을 수 있지만, 글이 의미하는 바를 마음대로 해석하고, 모르는 어휘는 거의 문맥상 유추하는 게 전부기 때문에 어휘 수준은 자신이 말할 수 있는 수준에 머무를 수 있다.

취학 전부터 2학년까지 자녀의 읽기 학습을 위해 어떻게 해야 할까? 1, 2학년 국어 교과 교육 과정에서 말하는 목표와 성취 기준을 우선 살펴보자.

취학 전의 국어 경험을 발전시켜 일상생활과 학습에 필요한 기초 문식성을 갖추고, 말과 글(또는 책)에 흥미를 가진다.

'문식성'이란 글을 읽고 쓸 수 있는 능력이라고 하나, 독해를 기반으로 생활 속에서 읽기와 쓰기에 대한 태도와 기대, 읽기와 쓰기 행동이 갖는 의미와 가치까지를 포함한다.[*] 1학년 국어 교과는 한글의 원리를 배우고 익히는 시간이 포함되어 있다. 2015 교육 개정으로 한글 교육은 2학년까지 학기당 45차시 이상을 배우게 된다.

취학 전에 한글을 익히지 않고 학교에 입학하게 된다면 어떤 일이 벌어질까? 한글을 배우는 시수는 늘었지만, 시간을 따져 본다면 1학년부터 한글 읽기를 배우기 시작한 아이들이 1학년 1학기 국어 마지막 단원에 나오는 그림일기 쓰기까지 하기에는 어려움이 있다. 읽기가 잘 되어야 쓰기도 가능하기 때문이다. 1, 2학년의 교과서에는 학습할 내용이 대부분 그림으로 되어 있으므로 이해하는 데에 크게 어려움은 없지만, 한글을 제대로 읽지 않으면 국어를 제외한 나머지 과목에서 읽기 능력이 뒷받침되지 않아서 수업 내용을 오로지 선생님 설명에 의지해야 한다. 교실에서는 1:1 수업을 하는 환경이 아니기 때문에 아이가 궁금한 것이나, 잘 모르는 것을 질문해도 선생님이 개인에 맞춰서 모두 가르쳐 주는 것은 어렵다. 수업에서 선생님의 설명을 들으며 스스로 교과서를 읽을 수 있을 때 학습 내용을 이해할 수 있다. 이해는 곧 표현의 기초가 되므로 이해력이 좋으면 수업의 참여도가 높아져 학업 성취에도 도움이 된다. 특히, 호기

---

[*] 한국교육심리학회 저, 《교육심리학 용어사전》, 학지사, 2000

심이 많거나 모르는 것은 꼭 물어봐야 하는 성향의 아이들에게 읽기는 더욱 중요하다. 교과서에서 학습 목표나 부연 설명과 같은 문장 읽기를 통해 스스로 이해하는 습관을 기를 수 있으며, 이해가 되지 않을 때는 질문을 통해 궁금증을 해결할 수 있다. 또한 글을 읽을 수 있거나, 쓰기까지 충분히 가능한 아이들은 학습 내용 이해를 넘어서 사고하는 힘을 스스로 깨우치기도 한다.

1, 2학년 때, 해야 할 읽기의 방법은 크게 두 가지가 있다. 첫 번째는 책을 바르게 소리 내어 읽는 것이다. 이 시기는 한글을 읽고, 글의 의미를 스스로 이해하기 어려운 시기다. 책은 스스로 보지만, 교과 문제집이나 독해 문제집을 풀어 보라고 하면, 무슨 말인지 모르겠다는 경우가 종종 생긴다. 띄어 읽기를 제대로 하지 않거나, 모르는 어휘가 쌓여서 글의 의미를 엉뚱하게 해석하는 일도 있다. 부모가 해야 할 일 중 하나는 하루에 단 10분이라도 좋으니, 아이에게 책을 읽어 주는 것이다. 읽기가 익숙하지 않은 아이들은 내용을 들으면 이해하기가 훨씬 쉬워진다. 이것은 아이가 소리 내어 읽기를 하는 데에 기초 공사 역할을 한다. 부모가 읽어 주는 음성을 통해 바르게 읽는 법을 배우기 때문이다. 아이에게 책을 읽어 줄 때에는 띄어 읽어야 하는 곳은 정확히 쉬어 주고, 올바른 표준 발음으로 읽어 주려고 노력해야 한다. 부모의 이런 노력 없이 아이가 정확하게 소리 내어 읽기를 바란다면 그것은 욕심에 불과하다. 소리 내어 읽기 연습을 할 때에는 아이가 책의 한 페이지를 읽게 하고, 틀린 부분을 정

정해 주는 것은 올바른 방법이 아니다. 아이가 읽어야 할 부분을 부모가 먼저 읽어 주고, 아이가 그 부분을 그대로 따라 하게 하는 편이 더 좋은 방법이다. 아이들은 모방성이 뛰어나기 때문에 부모가 읽어 준 그대로 읽으려고 노력한다. 따라서 부모는 평소에는 편안하게 책을 읽어 주어도 되지만, 이때만큼은 목적이 분명하기 때문에 바르게 읽어 주는 시간을 가져 보자. 부모도 헷갈리는 발음은 국어사전이나 '우리말 배움터'라는 사이트를 통해서 아이에게 표준 발음을 알려 주면 된다. 표준 발음법에서 몇 가지 규칙만 알아도 아이들에게 어려운 단어를 읽는 방법을 쉽게 알려 줄 수 있다. 저학년은 문법의 용어를 아는 것보다는 활용 예시를 책 읽기를 통해 반복적으로 접하도록 하는 것이 자연스럽게 읽기가 쉬워지는 방법이다. 하루 10분 투자로 내 아이가 책을 제대로 읽을 수 있다면 충분히 해볼 가치가 있다고 생각되지 않는가?

 우리말 배움터
urimal.cs.pusan.ac.kr/urimal_new/

매일 아이에게 책을 읽어 주는 상황이 여의치 않는다면, 구연동화 CD나 전자펜을 활용해 보자. 아이가 스스로 읽기 쉬운 수준의 전래나 명작을 선택하여 잠자기 전에 이야기를 듣게 하고, 다음 날 책에서 가장 재미있었던 부분을 읽어 보게 하는 것도 아이가 자신

읽기가 쉬워지는 발음 규칙

구분	설명	예제
구개 음화	음절의 끝 'ㄷ, ㅌ'이 'ㅣ'로 시작하는 조사나 접사를 만나 [ㅈ], [ㅊ]로 바뀌어 소리 나는 현상	같이→[가치], 걷히다→[거치다] 굳이→[구지]
겹받침	끝에 자음을 가진 형태소가 모음으로 시작되는 형식 형태소와 만나면, 그 끝 자음은 다음 음절의 첫소리가 나는 현상	닦아→[달마], 밟으면→[발브면] 핥아→[할타], 읽어→[일거]
	뒤에 오는 형태소가 실질 형태소이면 발음되는 소리는 음절의 끝소리 규칙에 따른다. • 앞 자음으로 나는 소리 (ㄳ, ㄵ, ㄶ, ㄼ, ㄾ, ㅀ, ㅄ) • 뒤 자음으로 나는 소리(ㄻ, ㄿ) • 경우에 따라 다르게 나는 소리(ㄺ, ㄼ)	삯→[삭], 앉다→[안따] 많다→[만타], 외곬→[외골] 핥다→[할따], 싫다→[실타] 없다→[업따] 삶다→[삼따], 읊다→[읍따] 읽지→[익찌], 읽기→[일끼] 밝다→[박따], 밝고→[발꼬]
연음 법칙	자음으로 끝나는 음절에 모음으로 시작되는 형식형태소가 이어질 때 앞 음절의 끝소리가 뒷 음절의 첫소리가 되는 음운현상	바람이→[바라미] 꽃에→[꼬체] 옷이→[오시] 깨끗이→[깨끄시]
사잇 소리	합성어에서 결합하는 뒷말의 예사소리가 된소리로 바뀌거나 소리가 덧나는 현상	여름방학
자음 동화	앞 음절의 끝 자음이 뒤 음절의 첫 자음과 만날 때, 발음하기 쉽게 한쪽 또는 양쪽이 비슷한 소리가 나는 현상	개학식, 자유탐구대회 학습예선
경음화	두 개의 안울림소리가 서로 만나면 뒤의 소리가 된소리로 발음되는 현상 (된소리되기)	국밥→[국빱], 역도→[역또] 입고→[입꼬], 젖소→[젇쏘]

있게 소리 내어 읽게 하는 방법이다. 스스로 소리 내어 읽어 보았을 때, 눈으로 읽는 것에 비해 이해가 더 잘 된다는 것을 아이가 경험한다면, 소리 내어 읽는 활동에 대한 거부감이 많이 줄어든다. 아이가 귀찮아하거나 싫어한다는 이유가 왜 생겼는지 먼저 생각해 보자. 잘 읽지 못했을 때, 잔소리와 같은 부정적인 경험이 쌓이거나, 잘 읽었을 때에도 부모의 관심을 받지 못한다면 음독 활동은 꾸준히 이어가기 어려워진다. 부모가 모범 예시를 제시하고, 아이가 소리 내어 읽는 활동을 했을 때 긍정적인 피드백을 꼭 해야 한다.

1, 2학년 때 해야 할 읽기의 두 번째 방법은 '생각하며 읽기'다. 한글을 뗀 지 얼마 되지 않은 아이들은 글의 의미를 알아내려고 하기 이전에 글자 하나하나 읽는데 급급하다. 글을 소리 내어 읽을 수는 있지만, 그 의미까지 이해하기 위해서는 읽기의 충분한 경험이 필요하다. 다음 예시 글을 살펴보자.

> 마릴리 아줌마를 처음 봤을 때는 대학생처럼 싱그러웠는데 며칠 사이에 얼굴이 수척해졌다.
>
> - 한영연 저, 《우리 동네 마릴리 아줌마》, 킨더주니어, 2012

아이들이 이 문장을 생각하며 읽는다면, '수척하다'라는 어휘의 뜻을 정확하지는 모르지만, 앞의 내용의 맥락을 보면 싱그럽다와 반대된다는 것쯤은 충분히 짐작이 가능하다. 생각하지 않고 읽게 되면, 왜 마릴리 아줌마가 얼굴이 수척하게 된 것인지 앞뒤 내용을 파악하지 못할 수 있다. 생각하며 글을 읽을 때에는 두 가지 태도로 나눌 수 있다. 글의 내용을 그대로 받아들이면서 읽는 수용적인 방법이 있고, 글의 내용이 사실인지 아닌지 생각하며 읽는 비판적인 읽기 방법이 있다. 다양한 글을 접했던 아이들이라면 글 내용에 따라 수용을 할 것인지 비판을 하며 읽어야 하는지 적절한 선택을 하여 읽는다. 보통 일기, 편지글, 설명서와 같은 글은 수용적으로 읽는 글이다. 1, 2학년은 대부분의 글의 내용을 그대로 받아들일 것이라고 생각하지만, 사실 아이들에겐 그런 훈련이 되어 있지 않다. 자신이 알고 경험한 범위 내에서 옳다고 생각하는 것을 받아들이는 시기이기 때문에 글을 읽을 때 작가의 의도나 중심 내용을 파악하기보다는 글을 읽으며 재미나 흥미 또는 나의 느낌이 더 중요하다고 생각한다. 생각하며 읽는 방법을 알려 주고자 한다면, 우선 글의 내용을 있는 그대로 받아들여야 한다. 그러기 위해서는 줄거리를 파악하는 훈련이 필요하다. 아이에게 글을 읽고 간단하게 시간의 흐름에 따라 이야기하게 해보자. 어느새 줄거리 하나가 완성된다. 이때에는 아이의 생각과 느낌보다는 알게 된 사실이 중심이 된다. 그 다음이 비판적으로 읽을 수 있는 시각을 가질 수 있도록 아이 자신의 생각과 느낌을 글의 내용과 견주어 보는 훈련이 필요하다. 글을 읽으면서 문장 하나마다 내 생각을 적어 보거나 그림으로 그려 보는 활동을 하는 것이 도움 된다. 또는 등장인물의 장점과 단점에 대한 나의 생각과 느낌을 정리해 보는 것도 좋다. 틀리는 것을 두려워하는 성향의 아이들은 머릿속으로 떠올린 생각을 글이나 그림으로 잘 나타내지 못할 수도 있다. 이럴 때에는 부모가 예시를 보여 주기보다는 아이의 이야기를 경청하는 태도를 보이며, 아이가 생각을 표현할 때 녹음하거나 받아 적고, 아이와 함께 그림이나 글로 표현해 보는 것도 좋은 방법이 된다.

글의 내용을 머릿속으로 그림을 그리듯 생각하며 읽는 방법을 알게 되면, 학교에서 배우는 교과서 내용도 그냥 지나치지 않게 된다. 단원명과 학습 목표가 오늘 배울 수업 내용의 핵심을 담고 있다는 것쯤은 자연스럽게 알게 된다. 이때, 국어 교과에 수록된 도서를 우선하여 읽는 연습을 하면 아이 수준에 맞추어 이해력을 높이는 데 도움이 될 것이다. 교과서를 미리 읽게 되면 수업에 대한 흥미가 떨어질 수 있기 때문에 수록 도서로 읽는 연습을 하게 하자.

1학년 입학할 때에는 쓰기는 잘하지 못하더라도, 1학년 교과서 수준의 글을 바르게 소리 내어 읽고, 학습 목표를 이해할 수 있도록 생각하며 읽기를 하면 초등 공부는 순조롭게 시작할 수 있다.

책만 읽으면
국어 실력이 좋아질까

　한국직업능력개발원은 2016년에 고등학교 2학년 재학생 1만558
명을 대상으로 독서 활동 실태 분석을 실시했다. 학업성취도를 보
면 독서를 하는 학생의 학업성취도가 그렇지 않은 학생들 보다 높게
나타났다. 그럼에도 불구하고 전체 독서량은 점점 줄고 있는 추세
라 2019년 제3차 독서문화진흥기본계획(2019~2023)은 독서 교육 활
성화를 위해 독서문화조성과 독서 교육을 교육 과정에 연계하기 위
한 교육이 필요하다고 말하고 있다. 독서를 하고 싶어도 진로, 학습
의 이유로 책을 읽는 시간은 아이의 학년이 올라갈수록 줄어드는 것
이 현실이다. 공부 잘하는 아이들은 책을 잘 읽는 경우가 많다 보니,
책을 많이 읽으면 공부를 잘하게 된다든지 적어도 국어 공부는 하지
않아도 국어 시험은 기본으로 잘 본다는 말이 나온 것 같다. 책만 읽
으면 국어 실력이 좋아질까?

국어는 생각하며 글을 읽고 문제를 해결해야 하는 과목이다. 처음 보는 글이라도 스스로 읽어 내는 힘을 길러야 한다. 매일 책을 읽는다는 것은 매일 새로운 글을 본다는 말과 같다. 처음 보는 글을 이해하는 힘은 어디서 올까? 바로 배경지식, 어휘, 독해력에서 출발한다. 이 세 가지는 책 읽기를 통해 얻을 수 있는 강력한 효과다. 그래서 독서는 국어의 기초 체력이 되는 것이다. 책을 읽으면 국어 실력이 좋아지는 것이 아니라 책을 통해 국어 실력의 기초를 탄탄하게 쌓을 수 있다. 국어를 잘하는 아이들 중에는 책을 읽은 아이들이 많다는 것은 충분히 짐작할 수 있는 일이다.

1, 2학년의 국어 실력을 높이려면 어떻게 책을 읽어야 할까? 첫번째, 다독多讀이 우선이다. 다양한 분야의 책을 많이 접해 봐야 한다. 1, 2학년은 주로 창작 문고관에 치우쳐 독서하는 경향이 있는데, 폭넓은 지식이 쌓일 수 있도록 시, 사회, 과학, 역사, 인물, 문화 등 다양한 분야의 책을 읽히자. 아는 것이 많아지고, 다양한 글을 접하면서 어휘력과 독해력은 저절로 올라가게 된다. 이때 부모는 아이가 모르는 내용이 많고, 어려운 내용이 있어도 포기하지 않도록 도와주어야 한다. 자신의 관심시기 아닌 분야는 부모가 책을 읽어 주거나 설명을 해주되, 필요시 영상 학습을 이용하거나 잡지나 지식만화의 일부를 이용해도 좋다. 단, 아이가 스스로 보면서 지식을 쌓는다는 이유로 만화책을 아이에게 혼자 쥐어 주어서는 안 된다. 편하게 배경지식을 쌓게 한다는 안일한 생각으로 그동안 쌓아온 책 읽

기의 흐름이 무너지는 것을 경험하고 싶지 않다면 말이다. 가능하다면 체험 위주의 경험도 쌓을 수 있게 한다. 책을 읽으면서 그 내용에 경험이 더해지면 관련 지식은 자신의 것으로 만들 수 있다.

두 번째, 긴 글도 끝까지 읽는 완독^{玩讀} 경험을 한다. 유아와 달리 초등 저학년 때에는 선택한 책을 재미가 없어도 끝까지 생각하며 읽어 내어 성취감을 맛봐야 한다. 책 읽기에도 끈기가 필요하다. 한 권의 책을 끝까지 읽지 못하는 아이가 있다면, 앞부분의 일부를 부모가 읽어 줘도 좋다. 이야기를 이해하는 과정에서 힘을 실어줄 수 있다. 1, 2학년이라면 한 번에 50쪽 정도의 그림책이나 문고판은 한 자리에 앉아서 쭉 읽어 보도록 해야 한다. 책 내용과 아이의 독해 수준에 따라 15분에서 30분 정도 소요된다. 그 시간만큼은 책에 집중하여 끝까지 읽게 한다면 점점 호흡이 긴 글도 거뜬히 읽어 낼 것이다. 처음부터 어려운 내용의 문고판을 선택하기보다는 아이가 쉽고 재미있게 읽을 수 있는 만만한 책으로 시작하자. 그리고 도서관에서 대출해 온 책보다는 아이의 관심사에 맞추어 구입한 책으로 시작하는 것이 좋다. 책을 구입한 날짜, 읽기 시작한 날짜, 읽은 날짜, 아이 이름을 책의 마지막 페이지에 적어 두자. 그리고 다시 읽은 책이라면 반복 횟수만큼 스티커를 붙이거나 숫자로 기록해 두자. 이는 아이에게 성취감을 안겨 주고, 또 다른 책을 읽고 싶어 하는 힘이 된다. 한 권을 완독했을 때는 반드시 칭찬해 주어야 한다. 부모의 칭찬은 아이에겐 강력한 보상이 된다. 단, 유념할 것이 하나 있다. 아이가 책을 한 번에 빠르게 끝까지 읽어 내지 못한다고 해서 채근해서는 안 된다. 한 권을 끝까지 읽기 위해 필요한 것은 아이의 집중력이 아니라 독서 시간이다. 사교육이나 숙제 뒤로 밀리기 쉬운 것이 독서다 보니, 시간이 부족하여 책 한 권 진득하게 볼 수 있는 여유가 없다. 독서 시간도 학원처럼 아이 시간표에 일과로 추가한다. 그래야 긴 글을 읽어낼 수 있는 여유가 생긴다. 아이들이 왜 호흡이 짧은 만화책을 주로 보는지 아는가? 긴 글을 읽으려면 충분한 시간이 필요한데, 글을 읽을 시간이 많지 않아서 짧은 시간에 쉽게 이해할 수 있는 만화책으로 점점 손이 가는 것이다. 독서 시간이 충분하지 않다면 '레미제라블'을 읽는다고 했을 때, 문고판을 보겠는가? 만화책을 보겠는가? 이야기를 끝까지 보고 싶다면 줄글로 되어 있는 문고판을 선택하기보다는 만화책을 선택하는 편이 오히려 성취감은 더 높을 것이다. 아이에게 독서 시간을 충분히 준 다음, 긴 글을 읽을 수 있도록 환경을 만들어 주자.

세 번째, 글을 꼼꼼하고 자세히 읽어 본다. 정독精讀이란 말은 익히 들어서 알고 있을 것이다. 평소 아이들은 책을 보고 시간이 흐르면 제목이나 주인공 이름은 기억하지만, 줄거리를 잘못 기억하는 경우도 있고, 책 제목과 내용이 뒤죽박죽 섞이는 경우도 있다. 다양하고 많은 책을 읽는 것이 1, 2학년에겐 더 우선시되지만, 한 달에 한 권 정도는 책을 꼼꼼하게 볼 필요가 있다. 글을 대충대충 읽는 습관이 자리 잡으면 국어 지문에서 중심 생각을 찾는 것을 어려워하게 된다. 글의 핵심은 저자가 의도하는 바인 중심 생각을 찾는 것인데, 핵심을 놓치고 다른 부수적인 것을 기억한다면 올바른 책 읽기가 되지 않는다. 한 달에 한 권이면 충분하다. 이 달의 책을 하나 선정하고, 그 책을 부모와 함께 꼼꼼히 읽어 나가는 것이다. 이때 한 번에 끝까지 읽기 어려운 책은 주제별로 나누어 읽어 이야기의 흐름이 끊기지 않도록 한다. 중요하다고 생각하거나 기억하고 싶은 구절이 있다면 색연필로 밑줄도 그어 보고, 모르는 어휘가 나왔을 경우에는 표시를 해두고, 국어사전을 찾아보는 것도 도움이 된다. 책을 다 읽은 후에는 독서기록장에 자신의 생각과 느낌을 정리해 본다. 꼼꼼히 본 책들의 기록을 보면 기존에 아이가 썼던 글에 비하여 더 자세하게 적었다는 것을 부모나 아이 스스로도 알 수 있다.

🔊 1, 2학년이 읽어야 할 대표 전집, 단행본 시리즈

분야	책명
창작	좋은책 어린이 저학년 문고 시리즈, 병아리 도서관 시리즈 난 책 읽기가 좋아 1, 2단계(비룡소), 사계절 저학년 문고 시리즈(사계절) 비룡소의 그림 동화 시리즈(비룡소), 네버랜드 옛이야기 그림책 시리즈 소년한길 동화 시리즈(소년한길), 청어람 주니어 저학년 문고(청어람) 네버랜드 세계의 걸작 시리즈(시공주니어), 3D 애니메이션 명작(교원) 책 먹는 여우 시리즈(주니어 김영사), 한국대표 순수창작동화(통큰세상)
지식	개념씨 수학나무(그레이트북스), 솔루토이 과학(교원) 한솔어린이과학(한솔수북), 솔루토이 정치/경제(교원) 쫑알이 세계문화(연두비), 큰바위얼굴(스마일북스), 일과 사람 시리즈(사계절) 선생님도 놀란 초등 과학 뒤집기(성우) 참똑똑한 사회씨(아람), 인물세미나(아람) 사회와 친해지는 책 시리즈(창비) 소년한길 과학 그림책 시리즈(소년한길)

책 읽기로 국어 실력이 좋아지고 있는지는 어떻게 알 수 있을까? 국어 시험은 주어진 시간 내에 많은 정보 속에서 핵심을 파악하고 정확하게 문제를 해결해야 좋은 점수를 받는다. 초등 저학년 때에 보는 국어 시험은 주로 논술형 평가로 진행되며, 교과 시간에 충실했다면 따로 공부를 하지 않아도 충분히 문제를 해결할 수 있다. 학교 시험은 수업 시간에 이미 접한 문제들이기 때문에 이것으로 아이가 국어 실력의 정도를 가늠하기는 어렵다. 시험을 치를 수 있는 기본적인 태도를 갖춘 아이라면, '책과 함께, KBS 한국어능력시험'과 같은 국어 시험을 봐도 좋다. 시험이니 준비를 철저히 해야 하고, 좋은 점수를 받아야 한다는 생각에서 벗어나, 아이의 실력을 점검해 본다는 생각으로 임하면 도움이 된다. 시험 시간도 길지 않고, 학년별로 난이도도 적절하기 때문에 시험을 치르고 난 아이들의 표정도 밝다. 국어를 잘한다는 자신감을 키워 줄 수 있는 계기가 되기도 한다.

영역별 학습도
필요하다

국어는 모든 교과 학습의 기본이 되는 중요한 과목이다. 1, 2학년 때에는 주로 읽기 영역에 치우치기 쉬운데, 아이의 국어 실력을 높이고 싶다면 국어도 영역별로 균형을 맞추어 가며 학습하는 것이 효과적이다. 국어는 어려운 과목이 아니라는 생각에 자칫 저학년 때에는 소홀할 수 있는 과목이다. 평소 공부를 열심히 하는 아이를 키운다면 국어는 당연히 잘한다고 생각하는 경우가 많다. 그러나 생각하는 바와 달리 학교에서는 좋지 않은 점수를 받을 수 있다. 듣기, 말하기, 읽기는 잘하지만, 쓰기가 부족하면 국어과에서는 좋은 평가를 받기 어려울 수 있기 때문이다. 국어도 영역별로 공부를 해야 좋은 평가를 받을 수 있을뿐더러 기본 실력을 탄탄하게 쌓을 수 있게 된다.

1, 2학년을 위한 영역별 국어 학습을 어떻게 해야 할까? 첫째, 듣

기와 말하기는 다른 사람과의 상호작용하기 위한 기초 능력을 갖추는 것이 중요하다. 즉, 말하고 듣는 태도를 바르게 익힐 수 있도록 평소 생활에서 지도하는 것이 바람직하다. 아이들은 보통 부모의 말하고 듣는 습관에서 배우기 때문에 모범적인 모습을 보여 주도록 노력해야 한다. 아이들이 엄마나 아빠한테 할 얘기가 있어서 달려올 때가 있다.

"엄마, 있잖아. 내가 오늘 친구랑 점심시간에 회사 운영하는 놀이를 했어. 그런데"라고 아이가 말하는 상황이라면, "엄마 바쁘니까 이따 얘기할래? 중요한 거 아니면 이따가 말해 줘." 또는 "잠깐만, 이것만 하고 나서 들어줄게."로 답을 하는 경우가 생각보다 많을 것이다. 국어 영역에서 듣기와 말하기를 먼저 배우는 이유는 무엇일까? 언어는 상호작용으로 시작되는데 그 시작이 바로 듣기와 말하기 태도에서 비롯되는 것이다. 위의 엄마와 딸은 분명 대화는 했지만, 엄마의 태도는 객관적으로 보기에 바람직하다고 보기 어렵다. 일상에서 아이가 부모와 대화하기를 원한다면, 지금 당장하지 않으면 위험한 일을 제외하고는 아이의 말에 우선적으로 귀를 기울여 주자. 아이와 눈높이를 맞추고, 아이의 눈을 비라보면서 아이의 말을 끝까지 들어주자. 생각보다 이 일은 굉장히 어려울 것이다. 원래 말을 하는 액션Action보다는 상황에 맞게 눈을 맞추거나 고개를 끄덕이고, 대답을 해주는 리액션Reaction이 더 중요하고, 어려운 일이다. 듣기와 말하기에 바른 태도를 길러 주고 싶다면, 리액션에 강한 아이로 키울 수 있도록 모범 사례를 보여 주자. 말꼬리를 자르거나, 쓸데없는 이야기라고 판단하여 말하는 아이에게 핀잔을 준다면 바른 듣기와 말하기 습관을 기르기가 어려워진다. 부모가 아이와 눈을 맞추고 말을 끝까지 들어주기 시작한다면, 아이는 다른 사람의 말에 경청하는 태도를 자연스럽게 배우게 된다.

듣기와 말하기 실력을 동시에 올리고 싶다면 언어 전달 또는 심부름을 시켜 보자. 가정에서도 아이가 할머니 할아버지께 집안 주요 행사를 알리거나, 안부를 묻는 일 등 언어 전달 훈련을 하게 되면, 부모님 이야기를 귀담아 들어야 하고, 중요한 내용을 기억해 두었다가 할머니 할아버지께 바른 높임말을 사용하여 이야기를 전해야 한다. 이 과정을 통해 듣기와 말하기 능력을 자연스럽게 향상시킬 수 있다.

전래와 명작 동화책을 구연동화 CD나 음원을 통해 듣도록 한다. 그리고 줄거리를 가족에게 이야기하는 시간을 갖는 것도 좋다. 자신 없게 말하거나, 또박또박 발음을 못한다고 하여 스피치 학원을 알아보는 경우도 있는데, 누군가에게 말을 하는 일은 생각보다 쉽지 않다. 학원에 다니면 쉽게 교정이 될 수도 있지만, 말하기는 평소에 습관이 더 중요하다. 아이가 말을 조리 있게 하지 못한다고 지적하기보다는 이야기하는 모습을 동영상으로 담아서 아이에게 다시 보여 주도록 한다. 아이는 자신의 모습을 보면서 말할 때 좋지 않은 습관을 스스로 찾을 수 있고, 고치려고 노력하는 모습을 볼 수 있을

깔주아가 추천하는 **도서**

① 너무 재치 있어서 말이 술술 나오는 저학년 속담(알음 글, 키움)
② 속담이 백 개라도 꿰어야 국어왕(강효미 글, 상상의집)
③ 알쏭달쏭 창의력 100점 OK 수수께끼(HR기획, 효리원)
④ 교과서 옹기종기 우리세계전래동화 전집(한국헤르만헤세)
⑤ 3D 애니메이션 세계명작동화 전집(교원)

것이다. 이야깃거리가 충분치 않을 때에는 수수께끼나 속담 교재를
활용하여 아이가 퀴즈를 내고 부모가 답을 하는 방식으로 말하기 훈
련을 해도 좋다.

둘째, 읽기와 문학 분야는 글의 내용을 이해하고, 스스로 글을 읽
는 태도를 기르고 문학에 대한 흥미를 가지도록 하는 데에 목표가
있다. 다양한 장르의 글을 정확하게 소리 내어 읽는 훈련이 필요하
다. 국어 교과 수록 도서를 우선적으로 음독하는 것을 권장하고, 그
다음으로 비룡소에서 나온 《난 책 읽기가 좋아 1, 2단계》와 같은 아
이 스스로 읽기 쉬운 수준의 책을 선정하여 읽게 한다. 부모의 욕심
에 책의 난도를 너무 높일 경우, 읽기에 대한 두려움이 생길 수 있
기 때문에 아이 수준에 맞추어 읽게 한다. 그리고 알맞게 띄어 읽기
를 통해 글의 내용을 파악하도록 한다. 기계적으로 읽거나 띄어 읽
기를 어려워하는 경우, 주어부와 서술어부를 나누어 /(사선)으로 표
기해 준다. 또한 문장 부호에 맞춰 읽기를 하면, 자연스럽게 글의 의

미를 이해할 수 있다. 문장 부호란 글에서 문장의 구조를 드러내거나 글쓴이의 의도를 전달하기 위하여 사용하는 기호를 말한다. 즉, 문장의 종류에 따라서 여러 가지 문장 부호가 쓰이는데, 글을 읽으면서 물음표나 느낌표 등의 문장 부호가 나오면 용법을 설명해 주고 난 다음, 다시 글을 읽게 한다. 같은 문장이라도 어떤 문장 부호를 쓰느냐에 따라 뜻이 달라지는 경우를 설명해 주자. "내일 학교 가요?"와 "내일 학교 가요."는 다른 의미를 갖는다. 쓰임에 맞추어 실

🐝 1, 2학년이 알아야 할 문장 부호

부호	이름	용법
.	마침표	서술, 명령, 청유 등을 나타내는 문장의 끝에 쓴다. 연월일을 표시하거나 특정한 의미가 있는 날을 나타낼 때 쓴다.
,	쉼표	어구를 나열하거나 문장의 연결 관계를 나타낼 때 쓴다. 문장에서 끊어 읽을 부분임을 나타낼 때 쓴다.
?	물음표	의문문이나 물음을 나타내는 어구의 끝에 쓴다. 적절한 말을 쓰기 어렵거나 모르는 내용을 나타낼 때 쓴다.
!	느낌표	감탄문이나 강한 느낌을 나타내는 어구의 끝에 쓴다.
" "	큰 따옴표	대화를 표시하거나 직접 인용한 문장임을 나타낼 때 쓴다.
' '	작은 따옴표	마음속으로 한 말이거나 인용문 속의 인용문임을 나타낼 때 쓴다. 문장 내용 중에서 특정한 부분을 특별히 드러내 보일 때 쓴다.
… …	줄임표	할 말을 줄이거나 말이 없음을 나타낼 때 쓴다.

출처 : 국립 국어원

감 나게 읽는 연습을 하다 보면, 글의 의미 파악도 명확해지기 때문에 문장 부호의 중요성을 알려 주자. 1, 2학년이 알아야 할 문장 부호는 다음과 같다.

모든 문장을 소리 내어 읽을 수는 없기 때문에 눈으로 글을 읽으며, 사고하는 연습도 필요하다. 아이가 얼마나 글을 이해했는지 읽기 활동만으로는 가늠하기가 어렵다. 학습지와 같은 문제를 평소에 접하지 않는 아이라면 1년에 1~2권 정도의 독해 문제집을 풀어 보는 것도 글을 제대로 이해하는지 스스로 점검해 볼 수 있는 기회가 된다. 특히, 다양한 분야의 책 읽기가 잘 안 되는 경우는 문제집 안의 여러 글을 접해 보면서 읽기의 영역을 확장할 수 있다. 설명문, 논설문, 시, 수필, 소설 등 다양한 글의 일부가 실려 있다. 독해 문제집을 처음 접할 경우에는 스스로 읽기에 쉽고 만만한 수준으로 시작하는 것이 읽기에 대한 자신감을 심어 줄 수 있다. 지문에서 모르는 어휘가 나온 경우에는 국어사전을 통해 의미를 찾아보는 것도 독해력을 기를 수 있는 좋은 방법이다. 비문학 지문의 경우, 한 번도 접해 보지 못한 내용의 지문이라면 이해하는 데 큰 어려움이 있을 것

🧑 깔루아가 추천하는 **독해를 위한 추천 교재** ·····························

① 세 마리 토끼 잡는 논술(NE능률)
② 초능력 국어 독해(동아출판)
③ 초등국어 독해력 비타민(시서례)

이다. 이때에는 지문과 관련된 내용의 책을 먼저 보여 주고, 문제를 풀게 해도 좋다. 독해력도 기르고, 배경지식도 함께 쌓을 수 있다.

셋째, 1, 2학년에서는 쓰기와 문법에 크게 부담을 갖지 않아도 된다. 글자를 바르게 쓰고, 자신의 생각을 문장으로 표현할 줄 알며, 인상 깊었던 일이나 겪은 일에 대한 생각과 느낌을 적는 활동이 주로 많다. 아이가 책을 읽고 한 줄 느낌 쓰는 것조차 어렵다고 호소하는 부모들도 꽤 많다. 1학년이면, 한글은 일찍 떼었을지언정 글쓰기를 해본 경험은 많지 않을 것이다. 한글을 부모가 가르쳐서 배운 아이도 있고, 스스로 터득한 아이도 있다. 아이가 한글을 읽을 수 있다고 해도 그 원리에 대해서 한 번은 다시 정리해 줄 필요가 있다. 초등 1학년 1학기 국어 교과서는 한글에 대한 원리부터 다시 시작한다. '우리'라는 글자는 읽을 수 있지만, 자음자나 모음자를 찾아보라고 하면 생소하게 느껴질 수 있다. 학교 입학 전후로 한글의 원리를 설명하는 교재를 훑어 보면 국어 문법과 쓰기에 도움이 된다. 쓰기는 어떤 비법이 있기보다는 흥미를 가지고 즐겨 쓰다 보면 어느새 실력이 많이 늘어 있는 것을 알게 된다. 쓰기 이전에는 반드시 '생각하며 읽기'의 활동이 동반되어야 한다. 인풋이 있어야 아웃풋도 있는 법이다. 읽기의 과정이 충분히 이루어진 다음에 써도 늦지 않다. 요즘 1학년은 받아쓰기나 일기 쓰기에 대한 숙제로 부담을 주지 않기 때문에, 서두르지 않아도 큰 문제는 없다. 글쓰기를 빨리 시작하지 않아도 된다는 말이지, 안 해도 된다는 말은 아니다. 독서기록장

쓰기를 통하여, 나의 생각과 느낌을 써보는 경험은 쓰기 실력 향상에 도움이 된다.

쓰기를 어려워하는 이유는 크게 두 가지인데, 소근육을 많이 써본 경험이 부족하여 쓰기 활동이 원활하지 않은 경우(글씨 쓰기의 어려움)와 어떤 내용을 어떻게 써야 할지 모르는 경우(글쓰기의 어려움)가 있다. 초등학교 입학 전에 색칠 공부, 선긋기가 포함된 그림 그리기, 미로 찾기, 가위질과 풀칠이 포함된 만들기와 같은 활동은 소근육 발달에 도움이 되며, 초등 입학 후에는 글씨 따라 쓰기가 효과적이다. 글씨 쓰기 활동이 수월하도록 크레파스나 색연필로 먼저 도구 쓰기를 익숙하게 만든 다음 진하고 부드러운 연필에서 단단한 연필로 바꾸어 가며 쓰기 활동을 한다. 1학년 국어 과정에서는 연필 바로 잡는 법, 바른 자세, 획순에 맞추어 글씨 쓰는 방법 등을 배우는 것을 시작으로 쓰기의 기초 활동을 배우게 된다. 아이들 학년이 올라갈수록 쓰기에 대한 비중은 조금씩 늘기 때문에 글씨 쓰기 기술은 점점 좋아진다. 문제는 자신이 생각하고 있는 것을 글쓰기로 표

 깔루아가 추천하는 쓰기와 문법을 위한 추천 교재

① 기적의 받아쓰기(길벗스쿨)
② 기적의 맞춤법 띄어쓰기(길벗스쿨)
③ 어린이 훈민정음(시서례)
④ 기탄 국어(기탄 교육)

현해 내는 것이다. 독서록, 일기 쓰기와 같은 내용이 들어 있는 책을 예시로 보여 줘도 좋고, 생각하는 것을 주제나 시간의 흐름에 따라 키워드를 적으면 글쓰기는 훨씬 쉬워진다. 또한 책에서 감동을 받거나 기억에 남는 문장을 적어 보는 활동도 도움이 된다.

{ 상위 1%는 국어 교과서로 공부한다 }

매년 수능 만점자들에게 만점 비결을 물으면 '교과서 중심으로 공부했습니다.'라는 진부한 대답 1순위인 답변을 들을 수 있다. 교과서로만 공부했다는 것이 아니라 '교과서 중심'이라는 것에 핵심이 있다. 학교 내신 시험은 수업 시간에 선생님이 설명한 것이 위주로 나오기 때문에 수업 내용에 집중하고, 교과서 내용을 충실히 공부한 아이들에게 유리한 시험이다. 시험 범위는 배운 교과서 내용에 국한되기 때문이다. 이것이 교과서를 중심으로 공부를 해야 하는 이유다. 특히 타 과목에 비해서 국어는 교과서로 공부를 한다면, 독해와 어휘를 탄탄하게 다질 수 있어 이해력이 높아지고, 문제 해결을 통하여 사고력도 좋아진다. 어떤 과목이든지 평가는 주어진 문제를 이해하고 해결하는 능력을 통해 이루어진다.

1, 2학년은 국어 시험에 대해 따로 대비를 하지 않아도 수업시간

에 충실하면 좋은 점수를 받을 수 있는 것은 사실이나, 학교나 선생님 재량에 따라 문제의 난도가 쉬울 수도, 어려울 수도 있다. 대부분 교과서를 학교에 두고 다니기 때문에 처음 교과서를 받으면 국어 교과서의 활용 방법을 복사하여 아이 책상에 붙여 두고, 교과서 보는 방법에 대해 설명을 해주자. 교과서의 구성과 활용법을 알게 되면, 수업 시간에 선생님 설명을 들으면서 무엇이 중요한 내용인지 쉽게 파악이 가능하다. 초등학교 저학년부터 교과서 공부하는 방법을 습득하게 되면, 중학교와 고등학교에 진학해서도 교과서 중심으로 공부하는 습관이 자리 잡게 된다. 많은 아이들이 교과서 대신 문제집이나 전과를 선택해서 공부를 하는 경향이 있는데, 선생님께 배운

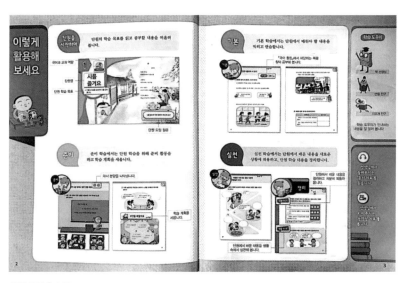

초등 국어 2-1 가

것보다 방대한 내용이 들어 있어 국어 시험은 교과서 중심으로 먼저 공부하는 것이 바람직하다.

국어 교과서 도입 부분을 살펴보자. 총 4단계의 학습법으로 진행이 된다. 1단계 새로운 단원이 시작하게 되면, 단원의 학습 목표를 읽고 공부할 내용을 떠올려 보라고 제시되어 있다. 단원 학습 목표는 그 단원의 핵심이 담겨 있다. 교과서에서 단원 목표의 위치를 반드시 알려 주고, 색연필로 밑줄 또는 박스 모양으로 표시하도록 하여 눈에 띄게 한다. 2단계 준비 학습에서는 단원 학습을 위해 준비 활동을 하고 학습 계획을 세우게 되는데, '무엇을 배울까요?'를 주목해서 봐야 한다. 학습에 대한 계획이 분명하게 나와 있고, 이 단원명을 배우는 목표와 활동에 대해 구체적으로 설명되어 있다. 3단계 기본 학습에서는 배워야 할 내용을 익히고 연습하는 단계인데, 이때 국어 활동에 해당하는 내용을 확인하고, 수록 도서가 있는 경우는 책을 읽어 두면 자연스럽게 예습이 되어 자신 있게 수업 시간에 참여할 수 있다. 교과서 학습 도우미 아이콘은 새로 등장한 어휘의 개념 설명 및 보조 설명이 들어 있어 놓치지 않고 꼼꼼하게 보도록 해야 한다. 4단계 실천 학습에서는 배운 내용을 새로운 상황에 적용하고, 단원 학습 내용을 정리하게 된다. 생활 속에서 실천하는 방법을 찾는 것을 어려워하는 아이들이 많기 때문에 수업에서 배우는 내용을 가정에서도 활용하는 방법을 부모와 아이가 함께 찾아본다면, 학교에서도 적극적으로 배우고 활동하는 모습을 볼 수 있을 것이다.

과목	국어	단원명	1.시를 즐겨요
단원 학습 목표			인물의 마음을 상상하며 시를 읽어 봅시다
무엇을 배울까요?			장면을 떠올리며 시 읽기 시 속 인물의 마음 상상하기 시 속 인물의 마음을 상상하며 시 읽기 좋아하는 시 낭송하기
기본 내용			국어 활동 6쪽 읽기 학습 도우미 내용 확인 - 경험이란? 낭송이란?
실천			고마웠던 일을 떠올려 짝에게 쪽지를 준다

교과서 중심 공부에서 가장 중요한 것은 바로 학교와 가정 학습의 연계라는 점을 꼭 기억해 두길 바란다.

평소 국어 교과서를 보고 내용을 정리를 한다면, 국어 교과 평가는 자연스럽게 준비가 될 것이다. 그런데 평가 즉, 시험이라는 것은 준비를 해야 한다. 보통 논술형 평가가 진행될 경우에는 선생님께서 미리 공지해 주는 경우가 많다. 준비하지 않으면 문제를 읽고 해결하는 경험이 없는 아이들은 어떤 식으로 답을 써야 하는지 조차 모를 수 있기 때문에 국어 문제에 대한 답을 쓰는 방법 정도는 연습해야 한다. 이때 교과 문제집이 도움이 될 수 있다. 학교생활이 처음인 부모도 초등학교 문제가 어떤 유형으로 출제가 되는지 모르고, 어느 부분이 중요한지 파악이 잘 안 될 수도 있기 때문에 국어 교과 문제집 한 권 정도는 풀어 보는 것이 좋다. 가장 좋은 방법은 학교 진도에 맞추어 평소에 국어 문제집도 풀게 하는 것이다. 국어 학습지도 좋은 교재이나, 국어 교과 문제집을 더 우선하여 공부한다면 교과 시험 대비도 할 수 있고, 국어 실력도 높일 수 있는 일석이조의 효과를 누릴 수 있다. 학습지와 문제집의 차이는 커리큘럼이다. 학습지는 각 학습지 회사마다 커리큘럼이 다르고, 이는 교과 진도와는 다르다. 대신 아이의 실력에 맞는 국어 문제를 접할 수 있다는 것이 장점이다. 학교 공부에 직접적인 도움이 되는 것은 교과 문제집이다. 학교 시험 비중이 줄었다는 이유로 또는 문제집을 사봤자 문제 풀 시간이 없다는 이유로 교과 문제집을 구매하지 않는 부모도 늘고 있다. 교과서도 학교에 두고 다니는데, 국어 문제집조차 집에 없다면 교과서 중심의 학습은 어렵다고 볼 수 있다. 평가도 곧 경험이다. 단원 평가의 경우, 객관식과 주관식이 혼합되어 있고, 교과서 내용을 충분히 이해했다면 누구나 풀 수 있다. 하지만 논술형 평가는 다르다. 어떤 유형으로 문제가 나오는지 정도는 알아야 아이가 시험 문제를 보았을 때 어렵다고 생각하지 않는다. 문제집 구매가 부담스럽다면, 교과서의 내용을 꼼꼼히 보고, 배운 내용을 서술하는 연습을 하면 되지만, 가급적이면 교과 문제집 한 권 정도는 풀어 보는 것이 시험 대비에 도움이 될 것이다. 교과 문제집 한 권을 꼼꼼하게 푸는 것이 부담스럽다면, 학교 국어 진도의 각 단원이 끝날 때마다 단원 평가 또는 논술형 문제들을 우선 풀게 하자. 그 다음 오답이 나온 문제들은 문제집에서 기본 내용을 다시 살펴보게 하면 개념을 익히는 데에 도움이 된다. 평소에 책을 잘 읽어서 국어는 잘하는 줄 알았는데 막상 시험을 보면 점수가 잘 안 나오는 아이들에게는 국어도 오답 관리가 필요하다. 또한 자신의 수준에 맞는 심화 학습을 할 수 있도록 국어 문제 중에서도 논술형 문제들은 꼭 풀어 보게 하길 바란다.

🐝 **예시** 국어 논술형 평가 2학년

○ 다음 제시된 글을 읽어 보고 보기와 관련된 주요 내용을 서술해 보세요.

│본문│ 물 없이 살 수 없어요.

우리는 물 없이 살 수 없습니다. 물은 우리에게 많은 도움을 줍니다. 물은 우리에게 어떤 도움을 줄까요? 물은 우리 생활을 편리하게 해줍니다. (이하 생략)

│보기│ 물이 주는 도움, 아껴야 하는 까닭, 아끼는 습관

문제 1 이 글의 주요 내용 서술하기

문제 2 이 글에 대한 나의 생각을 써보세요.

○ 시간을 나타내는 말을 사용하여 자신이 겪은 일을 쓰시오.

│조건│ 시간을 나타내는 말 3개 이상, 3문장 이상

○ 소개하고 싶은 물건을 떠올려 보고, 짝에게 소개할 내용을 써보시오.

문제 1 소개하고 싶은 물건

문제 2 소개하고 싶은 까닭

문제 3 물건의 특징

문제 4 1, 2, 3의 내용을 포함하여, 짝에게 소개할 물건을 설명하는 글을 쓰시오.

초등 1, 2학년의 교과 문제집은 출판사별로 구성과 난도에 차이가 있기 때문에 아이의 국어 실력에 따라 자신 있게 풀 수 있는 문제집을 선택해야 한다. 아이와 함께 국어 문제집을 살펴보고, 가급적 부모의 지도 없이 학교 수업을 하고 스스로 복습 가능한 문제집을 선택하는 것이 바람직하다. 평가에 유리한 문제집이 따로 있는 것이 아니라, 교과 내용에 따른 다양한 문제 유형이 있는 교재를 선택하는 것이 저학년의 국어 실력을 높일 수 있는 방법이다. 문제집을 조금 더 효과적으로 활용하고 싶다면, 방학마다 다음 학기의 문제집을 구매하여 지문이라도 읽게 하여, 모르는 어휘를 정리하면 학기 중 국어 학습에 자신감을 갖게 된다. 문제를 미리 풀어 보는 것은

🐝 국어 교과 문제집

문제집 이름	특징
EBS 초등 기본서 만점왕 국어	국어의 기초가 부족한 아이에게 적합하며, 동영상 강좌가 있어, 교과 진도에 따라 복습을 하면 효과적이다.
신사고 우공비 초등 국어	전과 수준으로 지문을 꼼꼼하게 분석하여 부모도 아이에게 쉽게 설명이 가능하다.
동아 백점 초등 국어	교과서와 가장 유사한 내용으로 구성되어 있으며, 동영상 강의와 추가 단원평가가 제공된다.
우등생 해법 국어	국어 교과서 학습 단계를 적용하여 교과 학습 목표와 국어 활동 연계가 쉬운 교재다. 다양한 난이도의 문제로 구성되어 있다.
완자 초등 국어	어려운 문제도 구성을 쉽게 하여, 아이 스스로 풀 수 있도록 하였다. 5단계 학습으로 학교 평가에 철저한 대비가 가능하다.

수업에 대한 흥미가 떨어질 수 있기 때문에 어휘 정도만 체크하는 것을 추천한다. 서술 문제를 유난히 어려워한다면 문제집에서 국어 활동 관련 문제 중 서술형만 미리 공부하여, 문제 유형에 익숙하게 하는 것도 도움이 된다. 각 문제집의 특징을 알고, 실제 교재를 보고 아이에 맞게 선택하길 바란다.

초등1, 2 국어 수록 도서 목록

학년	제목	지은이	출판사
1-1	라면 맛있게 먹는 법	권오삼	문학동네
	숨바꼭질 ㄱㄴㄷ	김재영	현북스
	표정으로 배우는 ㄱㄴㄷ	솔트앤페퍼	애플비
	소리치자 가나다	백은희	비룡소
	동물 친구 ㄱㄴㄷ	김경미	웅진주니어
	한글의 꿈 포스터	-	리틀애나
	생각하는 ㄱㄴㄷ	이보나 흐미엘레프스카	논장
	손으로 몸으로 ㄱㄴㄷ	전금하	문학동네
	말놀이 동요집 1	최승호	비룡소
	우리 동요 - 랄랄라 신나는 인기 동요 60곡	-	애플비북스
	깊은 산속 옹달샘 누가 와서 먹나요	윤석중	예림당
	어머니 무명 치마	김종상	창비
	이가 아파서 치과에 가요	한규호	받침없는동화
	어린이 명품 동요 100곡 1	박화목	태광음반
	인사할까, 말까?	허은미	웅진다책
	꿀 독에 빠진 여우	안선모	보물창고
	구름 놀이	한태희	아이세움
	동동 아기 오리	권태응	다섯수레
	글자 동물원	이안	문학동네
	아가 입은 앵두	서정숙	보물창고
	강아지 복실이	한미호	국민서관
1-2	솔이의 추석 이야기	이억배	길벗어린이
	책이 꼼지락 꼼지락	김성범	미래아이

학년	제목	지은이	출판사
1-2	난 책이 좋아요	앤서니 브라운	웅진주니어
	엄마 까투리	권정생	낮은산
	몰라쟁이 엄마	이태준	우리교육
	별을 삼킨 괴물	민트래빗	민트래빗
	초코파이 자전거	신현림	비룡소
	숲 속 재봉사	최향랑	창비
	관혼상제, 재미있는 옛날 풍습	우리누리	주니어중앙
	1학년 동시 교실	김종상	주니어김영사
	붉은 여우 아저씨	송정화	시공주니어
	나는 자라요	김희경	창비
	가을 운동회	임광희	사계절
	아빠가 아플 때	한라경	리틀씨앤톡
	까르르 깔깔	이상교	미세기
	소금을 만드는 맷돌	홍윤희	예림아이
	도토리 삼형제의 안녕하세요	이현주	길벗어린이
	내 마음의 동시 1학년	신현득	계림
	콩 한 알과 송아지	한해숙	애플트리태일즈
	역사를 바꾼 위대한 알갱이, 씨앗	서경석	미래아이
	딴 생각하지 말고 귀 기울여 들어요	서보현	상상스쿨
	표지판이 말을 해요	장석봉	웅진다책
2-1	윤동주 시집	윤동주	범우사
	우산 쓴 지렁이	오은영	현암사
	내 별 잘 있나요	이화주	상상의 힘
	아니, 방귀 뽕나무	김은영	사계절
	아빠 얼굴이 더 빨갛다	김시민	리젬
	딱지 따먹기	강원식	보리
	아주 무서운 날	탕무니우	찰리북

학년	제목	지은이	출판사
2-1	으악, 도깨비다!	손정원	느림보
	기분을 말해 봐요	디디에 레비	다림
	오늘 내 기분은…	메리앤 코카-레플러	키즈엠
	내 꿈은 방울토마토 엄마	허윤	키위북스
	우당탕탕 아이쿠	마로 스튜디오	애플비
	께롱께롱 놀이 노래	편해문 엮음	보리
	어린이가 정말 알아야 할 우리 전래 동요	신현득 엮음	현암사
	작은 집 이야기	버지니아 리 버튼	시공주니어
	까만 아기 양	엘리자베스 쇼	푸른그림책
	큰턱 사슴벌레 vs 큰 뿔 장수풍뎅이	장영철	스콜라
	선생님, 바보 의사 선생님	이상희	웅진주니어
	욕심쟁이 딸기 아저씨	김유경	노란돼지
	치과 의사 드소토 선생님	윌리엄 스타이그	비룡소
	7년 동안의 잠	박완서	어린이작가정신
	42가지 마음의 색깔	크리스티나 누녜스 페레이라 외	레드스톤
	내가 도와줄게	테드 오닐 외	비룡소
	내가 조금 불편하면 세상은 초록이 돼요	김소희	토토북
	동무 동무 씨동무	편해문	창비
	머리가 좋아지는 그림책: 창의력	우리누리	길벗스쿨
	우리 동네 이야기	정두리	푸른책들
	짝 바꾸는 날	이일숙	도토리숲
2-2	수박씨	최명란	창비
	참 좋은 짝	손동연	푸른책들
	나무는 즐거워	이기철	비룡소
	훨훨 간다	권정생	국민서관

학년	제목	지은이	출판사
2-2	김용택 선생님이 챙겨 주신 1학년 책가방 동화	이규희 외	파랑새
	바람 부는 날	정순희	비룡소
	의좋은 형제	신원	한국헤르만헤세
	아홉 살 마음사전	박성우	창비
	신발 신은 강아지	고상미	스콜라
	크록텔레 가족	파트리샤 베르비	함께자람
	산새알 물새알	박목월	푸른책들
	저 풀도 춥겠다	박선미 엮음	보리
	호주머니 속 알사탕	이송현	문학과 지성사
	엄마를 잠깐 잃어버렸어요	크리스 호튼	보림
	소가 된 게으름뱅이	김기택	비룡소
	원숭이 오누이	채인선	한림출판사
	감기 걸린 날	김동수	보림
	종이 봉지 공주	로버트 문치	비룡소
	팥죽 할멈과 호랑이	박윤규	시공주니어
	개구리와 두꺼비는 친구	아놀드 로벨	비룡소
	언제나 칭찬	류호선	사계절
	콩이네 옆집이 수상하다!	천효정	문학동네어린이
	신발 속에 사는 악어	위기철	사계절
	나무들이 재잘거리는 숲 이야기	김남길	풀과바람
	불가사리를 기억해	유영소	사계절

자신감으로 출발하는 수학 학습법

{ 예비 초등학생부터 시작하는 연산 }

　초등 수학에서 가장 많은 비중을 차지하고 있는 영역은 바로 연산이다. 연산만 잘해도 4학년까지는 수학 꽤나 잘한다는 소리를 듣게 될 정도로 수와 연산에 강한 아이들이 교과 과정상 유리할 수밖에 없다. 하지만 연산은 초등 수학과 교육 과정에서 '수와 연산, 도형, 측정, 규칙성, 자료와 기능성'의 5개 영역 중 한 분야라는 것을 알고 있어야 한다. 수학을 잘하기 위해서는 연산 이외의 다른 영역과의 연계성도 중요하며, 수학의 지식 이해와 기능 습득, 문제 해결, 창의 융합, 추론, 의사소통, 정보 처리, 태도 및 실천 등의 교과 역량을 길러야 한다. 그중 수학의 기초가 되는 연산은 예비 초등학생 때부터 공부를 해두는 것이 자신감을 기를 수 있고, 수학적 사고력을 요하는 학습에 디딤돌 역할을 해줄 수 있다.

　연산 학습의 목표는 무엇일까? 아이에게 가장 수월한 방법으로 신속, 정확하게 정답에 이르게 하는 것이 아닐까? 1, 2학년 수학 교과에서는 덧셈과 뺄셈을 여러 가지 방법으로 계산하는 활동을 통하여 연산 감각을 기르게 하고, 한 가지 상황을 덧셈식과 뺄셈식으로 나타내는 활동을 통하여 덧셈과 뺄셈의 관계를 이해하게 하는 과정이 포함되어 있다. 그렇다 보니, 다양한 연산 방법을 알아야 하고, 큰 수도 빠르게 연산하기 위해 연산 전문 학원의 문을 두드리는 경우가 더러 있다. 교육 과정이 변화하고 있다고 해서 수학 교수법이 본질적으로 변화하는 것은 아니며, 수학 문제 풀이 방법이 기존 방식에 비해 획기적으로 변화한 부분은 없다. 전체 과목으로 따져 보면 수학 영역 중에서도 수와 연산 부분은 교육 방향에서 변화가 크지 않다고 볼 수 있다.

수학의 주춧돌이 되는 연산을 어떻게 접근하면 좋을까? 기계적 계산을 통한 문제 유형을 외우는 학습 방식보다는 실생활과 연관 지어 연산 학습이 왜 필요한지 알게 하고, 연산 원리 이해를 통하여, 수의 크기가 커져도 계산이 가능하도록 지도하면 도움이 될 것이다. 우리 아이의 연산을 가장 잘 지도할 수 있는 사람은 바로 부모다. 일주일에 한두 번 전문 선생님에게 연산을 배우는 것도 의미가 있지만, 수와 연산은 실생활에서 자주 경험하게 하여, 직관적으로 이해하게 하는 것이 교육 과정에도 잘 맞는 방법이 된다. 1, 2학년은 생활 속 수학이 강조되고 있어, 덧셈과 뺄셈 문제들은 친근한 실생활 상황을 이용하여 관련 문제를 만들어 해결하게 한다.

효과적인 연산 학습을 위해 크게 3가지로 나누어 설명하고자 한다.

첫째, 수 개념 학습을 위한 교구와 연산을 위한 게임 교구를 활용한다. 수 세기를 정확히 할 수 있고, 두 자리 수를 10개씩 묶음과 낱개로 표현하는 연습을 통해 위치적 기수법의 기초 개념을 가르쳐 준다.

1학년 수학 교과서 중-개념 : 10개씩 묶음2개와 낱개4개를 24라고 합니다.

이때 수학 교과서나 수학 문제집 중 기본 난이도를 선택하여 개념 설명을 어떻게 했는지 살펴보도록 하자. 대표적으로 연결 큐브 또는 연결 수막대 교구를 활용하면 교과서 그림 그대로 설명이 가능하다.

출처 : 조이매스 연결큐브

교구를 이용하여, 수를 분해하고 합성하는 활동을 통해 덧셈과 뺄셈의 원리를 습득하게 하고, '더한다, 합한다, 뺀다, 덜어 낸다, 합, 차, ~보다 큰 수, ~보다 작은 수'등의 일상생활 용어를 사용하여 연산의 의미를 친근하게 느끼도록 한다. 또한 짝수, 홀수의 개념을 알려 주고 '배'의 개념과 동수누가를 통하여 곱셈의 원리도 알 수 있도록 교구를 활용한다.

 수의 체계를 어느 정도 이해했다면, 연산을 위한 게임 교구를 활용한다. 사실 실생활에서 연산의 필요성을 느끼게 해줄 수는 있으나, 아이들이 체감하기에는 게임 교구만한 것이 없다. 게임에서 이기기 위한 방법을 스스로 고안해 봐도 연산을 정확하고 빠르게 하는 방법밖에 없기 때문이다. 연산 게임은 처음엔 5 만들기로 시작하여, 10 만들기로 진행한 이후, 한 자릿수 덧셈 뺄셈이 가능할 때부터 게임을 진행할 수 있다. 연산 보드 게임은 직관력뿐만 아니라 지면으로 문제 풀기 싫어하는 아이들이 재미있게 연산 훈련을 할 수 있는 대안이 된다.

둘째, 원리 중심 설명의 연산 교재를 풀어 본다. 보통 연산 문제집을 풀릴 때에 아이에게 문제집만 제공하고, 하루 몇 장이라는 기준으로 원리 설명 없이 다짜고짜 문제 읽고 풀라고 하는 부모들이 생각보다 많다. 아이 입장에서는 배우지도 않은 것을 풀라고 하고, 답이 틀리면 야단만 맞으니 뭔가 억울하다는 느낌을 받을 수 있다. 이것은 제대로 된 학습이 아니다. 연산은 교구를 이용하여, 아이에게 원리를 설명해 주고, 아이가 원리를 이해할 때까지 문제를 함께 풀어 보면서 유형에 익숙하게 해야 한다. 처음 연산을 시작하는 아이에게 적합한 교재로 연령에 관계없이 《기적의 유아 수학》(길벗스쿨)을 권하고 싶다. 교과에서 요구되는 수준의 수와 연산 원리 학습이 가능하며, 실생활에서 적용하는 범위부터 연산 문제 풀이까지 가능하기 때문이다. 아이가 개념을 어느 정도 파악한다고 생각된다면, '원리셈'이나 '소마셈' 문제를 이용하여 교구 활동과 지면 활동을

기적의 유아수학 예시

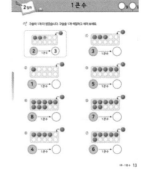

원리셈 예시

연계하도록 한다. 이때, 보기 문제에 대한 설명은 반드시 반구체물을 이용해서 하길 권장한다. 아이들은 아직 그림이나 기호를 보는 것에 익숙하지 않기 때문이다. 보기 설명과 예시를 함께 몇 문제 풀어 보고, 아이 스스로 문제를 풀 수 있도록 격려를 해준다면 연산이 그리 재미없게 느껴지진 않을 것이다.

셋째, 꾸준한 훈련이 필요하다. 연산은 원리만 알면 되는 것이 아니다. 학년이 올라갈수록 속도와 정확성이 중요해진다. 대표적으로 2학년 수학에서 다루는 곱셈 영역이다. 원리는 알고 있으나, 훈련이 되지 않으면 '7×8=56'이라는 답을 도출해 내는데 7을 8번 더하는 시간만큼 걸릴 수 있다. 사고력 문제를 푸는데 곱셈이 필요할 경우, 문제 해결 방법을 찾는 데에는 1분도 걸리지 않았지만, 연산에서 5분 정도가 걸린다고 한다면 수학적 사고력을 키우기 위해 문제를 해결하는 목적이 연산 문제 풀기로 바뀐 것과 다름이 없다. 하루아침에 계산 능력이 좋아지는 것이 아니기 때문에 매일 10분 문제집에서 1일차에 해당하는 분량만큼 꾸준한 훈련이 필요하다. 아이의 사고력 수학이나 교과 수학 진도보다 앞서 진행되어야 수학 학습이 지연되지 않는다. 연산 훈련이 제대로 되어 있지 않으면, 아무리 사고력 수학 문제를 잘 해결한다고 하더라도 마지막 계산에서 실수가 나올 수 있다. 가능하면 아이가 할 수 있는 범위 내에서 지속적인 학습이 이루어지도록 하자. 연산 학습은 수학 영역에서 성취감을 충분히 느낄 수 있어 수학의 재미를 알 수 있는 계기가 되기도 한다. 수와 연산에서 원리를 이해하고, 일반화된 지식까지 깨달을 수 있도록 하는 것이 초등 저학년 연산의 목표라고 할 수 있다.

교과 과정으로 선행과
복습을 결정하라

초등 수학은 중고교 수학의 기초가 되고, 자연과학, 공학, 경제, 경영, 인문학, 예술, 체육 분야 지식 이해와 관련성이 있으며 수학 교과 역량을 기르는 기본 태도와 실천이 중요한 시기다. 수학은 각 영역별로 연계성이 강한 학문으로 초등 수학이 무너지면, 중·고등 수학도 무너지는 것은 당연지사다. 현재 1, 2학년 학부모에게 묻고 싶다. 아이들이 학교에서 오늘 수학 어느 단원을 배우고 왔는지 알고 있는지에 대해서 말이다. 수학 공부를 꽤 시킨다고 하는 부모들을 보면 교과 과정보다는 사교육 진도에 중심을 두는 경우가 많다. 보통 교과목은 교과서를 중심에 두라고 하지만, 수학만큼은 다르다. 우리 아이의 현재 수학 실력을 중심에 두고, 교과 과정과 사교육 진도 또는 엄마표 수학 진도를 함께 고려해야 한다. 보통 다음날부터 한 학기 정도까지의 진도를 미리 공부하는 것을 예습이라고 하며, 그 이상의 진도를 공부하는 것을 선행이라고 말한다. '선행학습 금지법'이라는 말이 나올 정도로 선행에 대한 인식이 좋지 않은 것은 현실이다. 그러나 아이마다 수학 능력의 개인차가 있으며, 선행을 무조건 나쁘다고 생각하기보다는 그 개념을 달리 이해하는 것이 필요하다. 선행은 진도를 빨리 나가는 것이 아니라 수학에 대한 경험치를 늘려 주는 것을 목표로 해야 하며, 개인차가 존재한다는 것이다. 예를 들면 1학년인데 3학년 심화 문제를 쉽게 풀어내는 경우, 1학년 교과 진도에 맞추어 공부를 한다면 아이는 수학에 대한 흥미가 떨어질 수 있고, 갖고 있는 수학적 재능을 발현하지 못하게 된다. 1학년이 풀 수 있는 사고력 문제나 심화 문제에 오답이 거의 없다면, 다음 학년의 진도를 공부하는 것이 아이의 수학적 흥미를 이끌어 낼 수 있는 방법이 될 수 있다. 수학은 아이의 학년에 맞게 공부하는 것이 아니라 아이의 실력에 맞게 공부를 해야 한다.

1년 선행을 했다고 하면, 1학년 아이가 2학년이 되었을 때, 2학년 수학을 재미없게 생각하게 될까? 학교 수업 시간에 딴 생각을 하면서 지루해할까? 저학년 때, 수업에 집중을 못하는 아이들은 선행한 아이들이 아니라 아직 공부 습관이 잡혀 있지 않거나, 수학뿐만 아니라 다른 과목도 집중을 잘 못하는 아이들이 대다수다. 많은 상담 경험을 통해서 알게 된 사실은 "우리 아이는 미리 공부를 하면 학교 시간에 재미가 없다고 해요."라고 말하는 부모들의 대부분은 한 학년 이상 선행을 하기보다는 한 학기 정도 미리 앞서 수학 교과서와 수학 익힘책으로 문제풀이를 한 경우가 많았다는 것이다. 선행 공부를 할 경우에는 수학 교과서의 개념을 학습하되, 수학 익힘책 문제를 풀게 하기보다는 비슷한 수준의 수학 문제집으로 개념을 확인하고 응용문제로 이어질 수 있도록 하는 것이 흥미를 떨어뜨리지 않는 방법이다.

교과 과정을 살펴보면 초등 수학은 '수와 연산', '도형', '측정', '규칙성', '자료와 가능성'의 5개 영역으로 구성된다. 아이들마다 잘하는 영역에 있고 어려워하는 영역이 있으니, 현재 아이 학년의 수학을 전반적으로 잘한다고 생각하기보다 각 영역별로 아이가 어려워하는 부분이 있는지를 먼저 파악해야 한다. 수학은 학년별로 연계성이 짙은 과목이다. 예습이나 선행을 할 때 주의할 점은 문제집만 풀고 오답에 대한 확실한 정리 없이 진도만 나가는 것이다. 문제 풀이 위주의 선행은 큰 의미가 없다. 개념에 대한 이해와 개념을 이용한 유형 문제들도 제대로 풀 수 있어야 한다. 그래야 우리 아이에 맞는 진도로 수학 학습이 가능하다.

학년별 내용 요소를 알아야 하는 이유는 수학은 복습도 중요한 과목이기 때문이다. 학년에 구애받지 않고, 필요시 자신의 학년보다 낮은 학년 개념과 심화 문제들을 다시 다뤄야 될 수도 있다. 3학년 때, 세 자릿수의 덧셈이 제대로 되지 않는다고 한다면, 3학년 수학 문제집 중에서 가장 기본서를 다루는 것보다는 2학년으로 내려가 두 자릿수 범위의 덧셈의 원리를 다시 익히고, 개념 유형의 문제들에 이어 심화 문제까지 해결하고 3학년 세 자릿수 덧셈 문제를 풀어 본다면 원리는 같고 숫자만 커졌다는 사실을 쉽게 알 수 있게 된다. 수의 크기만 달라졌지 문제 유형이 유사한 경우도 많다.

수학 영역 중에서도 '수와 연산' 파트를 잘한다면, 이해할 수 있는 범위만큼 진도를 나가도 좋다. 보통 1, 2학년 때에는 연산보다는 도형을 상대적으로 쉽다고 생각하는 아이들이 많다. 수학 공부 시간을 영역별로 배분해 보면 초등 4학년까지는 연산에 할애하는 시간이 많기 때문에 원리 학습과 연산 훈련은 여유가 있는 1, 2학년부터 꾸준히 공부하면, 사고력이나 교과 수학에서 연산이 발목을 잡는 상황은 오지 않을 것이다. 오히려 문제 풀이의 정확도를 높여 줄 수 있게 된다. 수학의 다른 영역이나 다음 학년 수학 학습이 어려워 예습 또는 선행이 어려울 경우는 초등 저학년 때, '수와 연산'만이라도 제대로 다지고 진도를 나가는 편이 공부에 유리하다.

우리 아이 실력에 맞는 진도로 수학 공부를 하는 것에 초점을 맞추자. 학교 수학 공부를 충실히 하면 완전 학습의 복습 효과를 얻을 수 있고, 아이 수준에 맞는 적절한 선행 공부는 수학 공부에 대한 흥미와 자신감을 키워 줄 수 있으며, 무엇보다 고학년이 되었을 때 심화 문제를 쉽게 풀 수 있는 심리적 여유를 확보할 수 있다.

🐝 초등 수학의 교과 내용 체계(2015 개정 교육 과정의 수학 교과 내용 체계 중 일부)

영역	핵심 개념	학년(군)별 내용 요소		
		1~2학년	3~4학년	5~6학년
수와 연산	수의 체계	네 자리 이하의 수	다섯 자리 이상의 수 분수 소수	약수와 배수 약분과 통분 분수와 소수의 관계
	수의 연산	두 자리 수 범위의 덧셈과 뺄셈 곱셈	세 자릿수의 덧셈과 뺄셈 자연수의 곱셈과 나눗셈 분모가 같은 분수의 덧셈과 뺄셈 소수의 덧셈과 뺄셈	자연수의 혼합계산 분모가 다른 분수의 덧셈과 뺄셈 분수의 곱셈과 나눗셈 소수의 곱셈과 나눗셈
도형	평면 도형	평면도형의 모양 평면도형과 그 구성 요소	도형의 기초 원의 구성 요소 여러 가지 삼각형 여러 가지 사각형 다각형 평면 도형의 이동	합동 대칭
	입체 도형	입체도형의 모양		직육면체, 정육면체 각기둥, 각뿔 원기둥, 원뿔, 구 입체도형의 공간 감각
측정	양의 측정	양의 비교 시각과 시간 길이(cm, m)	시간, 길이(mm, km), 들이, 무게, 각도	원주율 평면도형의 둘레, 넓이 입체도형의 겉넓이, 부피
	어림 하기			수의 범위 어림하기(올림,버림,반올림)
규칙성	규칙성과 대응	규칙 찾기	규칙을 수나 식으로 나타내기	규칙과 대응 비와 비율 비례식과 비례배분
자료와 가능성	자료 처리	분류하기 표 O,X,/를 이용한 그래프	간단한 그림그래프 막대그래프 꺾은선그래프	평균 그림그래프 띠그래프 원그래프
	가능성			가능성

수학 동화로
사고력 키우기

'초등 저학년 때에는 사고력 수학을 해야 한다던데.'라는 이야기는 어디에서부터 출발했을까? 교육 과정 변화의 흐름에 맞춰 스토리텔링, 융합, 창의 수학 등 다양하게 쏟아져 나오고 있다. 예전에는 그저 배우고 익히는 수학을 했다면 이제는 배운 지식을 토대로 통합적으로 활용하는 수학으로 바뀌고 있다. 지식을 아는 데 그치는 것이 아니라 스스로 고민해 보고, 활용해 보는 경험이 중요해진 것이다. 이는 '생각하는 힘'이라고 하는 사고력에서 출발하기에 단순 연산이 아닌 문장제 문제를 읽고, 생각하고 해결하는 수학적 과정을 통틀어 사고력 수학이라고 보통 이해를 한다. 문장제 문제나 교과서에서 볼 수 없는 창의 문제라면 사고력 수학이라 생각하는 경우가 많아졌다. 하지만 교과 문제집 단원 평가에서 두 자릿수 덧셈 뺄셈을 할 때, 아이가 생각을 하고 원리를 이해하여 풀었다면 사고력 수학에 속할 수 있다. 또한 개념을 다루는 교과 문제들도 수학적 사고력이 필요한 것은 마찬가지다. 사고력 수학을 특정 학원이나 교재만을 칭해서는 안 될 일이다.

수학 문제를 해결하려면 일단 문제를 읽어야 한다. 여기에서 읽는다는 의미는 글자를 읽는다는 것이 아니라 독해가 되어야 한다는 뜻이다. 교과서의 개념으로 논리적 사고를 통해 기호를 사용하여 식을 만들고, 연산 과정을 거쳐 결론에 도출하게 되는 것이 바로 문제 해결의 과정이다. 사고력 수학의 기본은 읽기 능력에서 출발한다. 한글을 늦게 읽게 되면 가장 손해를 보는 과목은 사실 국어가 아니라 수학이다. 독해가 기본적으로 되어야 문제를 이해할 수 있고, 생각하고 있는 풀이 과정을 그림과 식, 글로 옮길 수 있기 때문이다. 그렇다고 책을 일찍 읽기 시작했거나 많이 읽는다고 모든 아이들의 수학적 사고력이 높아지는 것은 아니다.

기본적인 수학 개념이 없는 상태에서 수학 동화를 보게 된다면 수학적 문제 해결 과정보다는 이야기 전개에 더 관심이 많을 것이다. 반면에 관련 주제의 수학적 개념이 있고, 적극적으로 수학 동화에 나오는 문제를 해결하면서 책을 읽으면, 문제집에서 문제를 풀었던 것보다 개념 이해 면에서는 큰 효과를 발휘할 수 있다. 교과서나 문제집에 나오는 개념 설명은 간단하게 나열되어 있으며, 그 개념이 등장한 배경에 대한 설명은 어떤 아이들에게는 부족하게 느낄 수 있다. 역으로 잘 이해가 되지 않는 개념은 수학 동화를 이용하면 쉽게 이해하고 적용할 수 있다. 아이가 수학 동화를 읽을 때에는 연습장과 연필을 준비하여 책을 읽으면서 주인공과 함께 문제를 해결해 가는 과정을 그림이나 식으로 표현하게 해보자. 수학책에 나오는 개념을 적극적인 태도로 받아들일 수 있을 것이다. 또한 책에 포함된 활동지가 있다면, 연계해서 풀어 보거나 활동해도 이해에 도움이 될 수 있다. 시간은 오래 걸릴 수 있지만, 그만큼 이야기로 읽고 생각에 대한 활동도 했기 때문에 교과서에서 본 개념보다 기억에 오래 남을 수 있다.

🐝 1, 2학년을 위한 수학 동화

전집	느낌표 수학동화(을파소) 개념씨 수학나무(그레이트북스) 선생님도 놀란 초등수학뒤집기 기본편(성우)
단행본	100층짜리 집 시리즈(북뱅크) 신통방통 수학 시리즈(좋은책어린이) 초등1, 2학년 수학동화 시리즈(동아사이언스(과학동아북스)) 병아리도서관 수학 시험 100점 비법 시리즈(파란정원) 수학 교과서가 쉬워지는 시리즈(아이세움) 돼지학교 수학 시리즈(내인생의책)

초등 저학년은
교구 수학의 골든타임

수학 잘하는 아이는 어느 부모나 부러워하는 대상이다. 우리 아이가 수학을 잘했으면 좋겠고, 이왕이면 남들보다 훨씬 뛰어나서 영재고나 과학고에 척척 합격할 정도를 꿈꾸는 초등 저학년 부모들이 많다. 수학은 단기간에 승부를 볼 수 없는 과목임에도 불구하고, 유아부터 초등 저학년까지 수학에 목을 매다가 정말 공부할 시기인 초등 고학년부터는 우리 아이는 수학적 감각이 없다며, 부모부터 수학에 대해 포기하고 다른 진로를 찾아보자고 하는 경우도 적지 않다. 왜 이런 현상이 나타나는 것일까? 부모의 높은 기대치와 결과에 대한 조바심이 가장 큰 이유라고 볼 수 있다. 아이가 어릴 때에는 모든 분야에서 잘할 것 같은 기대와 희망이 있었는데, 수학 교육은 하면 할수록 우리 아이에게는 어려운 과목이라는 것을 알게 되면서 수학에 대한 관심이 멀어지기도 한다. 수학 공부법에 대해서 유아부터 많은 검색을 해보기도 하고, 다양한 학습법 책도 읽어 봤을 것이다. 유아부터 초등 저학년부터가 하는 실수 중 하나가 중고등 학습법을 아직 어린 우리 아이들에게 적용하려 하는 것이다. 대부분 학습서는 수학 공부하는 방법을 1)개념 학습, 원리 이해 2)기본 예시 문제 풀이 3)유형 연습 4)응용·심화 단계로 설명하고 있다. 이는 문제 해결 즉, 문제 풀이를 통한 과정이라고 볼 수 있다. 물론 초등 단계에서도 문제집 풀이 순서는 다르지 않다. 하지만 유아부터 초등 저학년 단계에서는 문제집으로만 수학을 가르친다면 수학의 재미는커녕 개념조차 이해하기 힘들어하는 상황이 온다. 수학 잘하는 아이로 키우고 싶다면 연산, 사고력, 교과수학 이 세 마리 토끼를 잡아야 한다. 자녀가 어릴수록 이것을 가르치는 방법이 문제집 풀이에만 국한되어서는 안 된다는 것이다.

그렇다면 수학을 시작하기 좋은 시기는 언제일까? 글자에 관심이 생기는 그 시점부터 수학의 개념을 알려 주면 하나씩 이해하기 시작할 것이다. 아이마다 그 시기는 다르기 때문에 보통은 6세 전후를 기점으로 수의 개념부터 시작하는 것이 좋다. 현재 교과 과정은 실생활과 연계된 수학을 통해 수학적 사고력을 기르고, 알게 된 개념을 통해 일반화할 수 있는 목표를 가지고 있다. 어린 자녀를 키우고 있다면, 매일 타고 다니는 엘리베이터나 계단을 오르고 내릴 때, 지나가는 버스나 차를 볼 때 수를 세어 보며 숫자를 자연스럽게 알려 주려고 노력할 것이다. 물론 좋은 방법이나, 수 이외에 다른 영역도 함께 생활 속에서 접하게 해주자. 신발장에 신발 바르게 정리하기, 집에서 학교까지 가는 길을 지도로 만들어 보기, 빨래를 색상별로 분류하기 등을 해볼 수 있다. 앞서 설명한 수학 영역을 참고로 하여, 생활 속에서도 얼마든지 응용이 가능할 것이라 본다.

생활 속에서 수학적 개념을 찾고 응용하는 것이 어렵다면 가장 쉬운 방법은 수학 교구를 활용하는 것이다. 어릴 때부터 장난감보다 교구를 주로 가지고 논 아이들은 공간 지각 능력을 발달시킬 수 있는 기회가 많았기 때문에 점, 선, 면을 활용하는 데에 두려움이 없다. 자동차 장난감을 갖고 논 아이와 블록을 이용하여 자동차를 만들어서 가지고 노는 아이는 사물을 이용하는 방법에 대한 경험치가 다를 수밖에 없다. 손재주가 있어야 만들기를 잘하는 것이 아니라 머릿속으로 구조적 설계의 과정이 이루어져야 만들기도 잘할 수 있다. 다양한 재료를 통해서 크기와 무게감도 익힐 수 있기 때문에 감각이 예민해지고, 거리, 위치 등의 이해가 빠를 수밖에 없다. 어렸을 때부터 좋다고 하는 교구 수업을 해봤는데 초등학교 들어가니 쓸모가 없다고 말하는 부모도 상당수 있다. 아이가 어릴수록 쓸모없는 배움이란 없다. 다만 배운 것이 완성되지 않은 퍼즐 조각과 같아 아이들의 감각 안에 여기저기 흩어져 있을 뿐이다. 여기에 개념과 학습이 어우러진다면 퍼즐 조각이 하나씩 맞춰지면서 사고력을 키워

나갈 수 있다. 은물*이나 가베** 교육은 공간 지각 능력을 기르는 데 효과가 있다고 익히 알려져 있다. 학습 교구뿐만 아니라 재활용품을 활용한 생활 교구에서도 얼마든지 교구 교육의 장점을 얻을 수 있으니, 고학년이 되어서도 도형 파트에 자신 있는 아이로 키우고 싶다면 초등 저학년까지는 교구 교육에도 관심을 기울여 보자. 아직은 경험이 지식이 되는 때다. 수학은 기호화되어 있어, 가지고 있는 경험을 통해 추상화하고 단순화할 수 있는 능력이 필요하다. 이는 문제집 풀이만으로는 어렵기 때문에 직접적으로 교구를 만져 보고 활용해 보는 기회를 주는 것이 필요하다.

아이들의 수학 실력 향상을 위해서는 어떻게 교구 교육을 해야 할까? 교구 전문 학원을 보내고 그들의 커리큘럼만 따라 가면 도움이 될까? 교구 교육은 피아노 배우는 것과 다르지 않다. 일주일에 한 번 피아노 레슨을 받고, 나머지 6일은 피아노 근처에 가지도 않는다면 실력이 늘 수 있을까? 교구도 마찬가지다. 아무리 좋은 선생님이라도 일주일 한 번 받은 교육으로는 그 효과를 이끌어 낼 수 없다. 교구는 정리하기 힘들 수 있지만, 아이 손에 닿을 수 있고, 꺼내기 쉬운 위치에 보관하여 아이들이 자주 마음껏 놀도록 하는 것이 효과적이다. 교구를 꺼낼 때마다 수학적 개념을 가르쳐 주려고 한다면 스스로 깨우치는 과정의 경험이 부족해지므로 교구도 아이 스

---

* 독일의 교육학자 프뢰벨이 1837년에 아이들을 위하여 고안하고 창작한 교재 및 교구들의 총칭.
** 점, 선, 면, 입체로 구성된 조각을 이용하여 다양한 모양을 만들어 보는 놀이.

스로 활용 방법을 생각해 낼 수 있도록 충분한 시간과 공간을 제공하자. 아이가 1학년 수학 과정을 진행할 때부터 교구와 지면 학습을 연계한다면 교구에서 수학적 개념을 이끄는 데 크게 어려움이 없을 것이다. 보통 초등 저학년까지는 도형을 쉽다고 생각하는 아이들이 많지만, 4학년 2학기 삼각형, 사각형의 종류와 개념이 본격적으로 나오면서부터는 도형을 어려워하는 아이들이 급격하게 늘어난다. 교구는 어릴 때 반짝 활용하고 끝낼 수 있는 것이 아니다. 초등 고학년이 되면 개념 확인이나 유형 문제를 풀이하기 위해 다시 필요하게 되니, 갖고 있으면서 초등 기간 동안은 계속해서 활용하자.

🐝 대표 교과 연계 교구

칠교놀이

지오보드

분수놀이

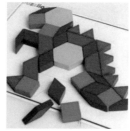

모형시계

패턴블록

쌓기나무

시중에 나와 있는 값비싼 교구를 모두 구매하기에는 부담이 되기 때문에, 교과 활용에도 도움이 되는 교구 몇 가지를 소개하고자 한다. 교구를 계획적으로 학습하게 할 필요는 없다. 평소에 아이가 가지고 놀고 싶어 할 때에는 마음껏 놀도록 하고, 교과 진도 나갈 때에 개념을 설명하면서 교구를 활용한다면, 이해도를 높일 수 있는 장점이 있다.

수학에 대한 흥미가 없는 경우, 왜 연산을 해야 하고, 사고력을 키워야 하는지 필요성을 잘 느끼지 못하는 아이들에게는 수학 보드 게임 교구가 효과적이다. 요즘 학교 교실에서는 점심시간에 보드게임

🐝 수학 보드게임

러시아워

루미큐브

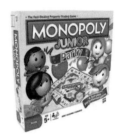
모노폴리

블로커스

치킨차차

다빈치코드

을 함께 하는 아이들이 늘고 있다. 그만큼 보드게임을 경험할 수 있는 기회가 예전보다 많아졌고, 수업 모델을 통해 게임 교구와 효과가 입증되면서 다양한 교육 매체로 많이 활용되게 되었다. 수학 보드 게임은 1:1 교육에서는 집중도를 높이는 데 도움이 되고, 그룹 수업에서는 인성적인 측면도 기를 수 있기 때문에 장점이 많다. 게임의 난이도보다는 어떤 규칙을 가지고 게임을 진행하는지가 중요하다. 아이의 연산과 사고하는 힘에 따라 게임의 난이도 조절이 가능하고, 쉬운 게임이라도 어떻게 규칙을 만드는지에 따라 전략이 요구되는 게임을 선택하기도 한다.

○○○○○

{ 아이의 수학 실력! 문제집 선택과 활용이 좌우한다 }

아이의 수학 실력을 어떻게 하면 올릴 수 있을지는 모든 학부모의 고민이다. 대체적으로 공부를 잘한다고 하는 아이들은 수학 과목을 잘하고, 수학 성적이 좋은 아이들이 좋은 대학을 간다고 생각하기 때문이다. 그러니 남들보다 조금 더 일찍 수학 문제를 풀게 하고 싶은 마음이 들 것이다. 시작이 빠르면 그만큼 수학에 대한 경험치를 늘려 줄 수 있다는 믿음 때문이다. 1, 2학년 수학을 아이에게 코칭할 때, 부모가 고등학교 시절을 떠올리며 공부를 시키게 되면 탈이 난다. 부모들은 자신이 초등학교 때에 공부를 어떻게 했는지 자세히 기억을 못한다. 그저 부모님은 나한테 공부하라는 소리도 안 했는데, 스스로 열심히 공부를 했던 기억만 남아 있을 뿐이다. 그러나 지금은 그때보다 공부 환경도 좋아졌고, 우수한 교재와 학원이 즐비하다. 어려운 환경에서 스스로 공부했던 자신의 경험을 무기

삼아 아이에게 의지와 태도 탓을 하는 대표적인 과목이 바로 수학이다. 수학 잘하는 아이로 키우고 싶다면 부모의 경험과 현재 우리 아이를 견주어 보지 마라. 견주어 보기 시작하는 그 순간부터 우리 아이는 수학과 멀어지게 된다. 대신 수학 문제집을 분석하고, 우리 아이에게 맞는 교재와 활용 방법을 찾아보는 것이 훨씬 도움 된다. 꼭 게임 교구나 수학 체험을 통해 수학적 즐거움을 맛볼 수 있는 것은 아니다. 진정한 즐거움은 스스로 어려운 문제를 해결했을 때 느낀 성취감에서 온다.

기초 공사가 튼튼해야 하는 과목이 바로 수학이다. 한글을 떼고 문장을 스스로 읽을 수 있는 정도가 되면 교과 과정에 맞는 수학 공부를 할 기본 준비는 되어 있다고 볼 수 있다. 한글을 읽을 수 없다고 하여 수학을 안 하는 것이 아니라, 교구를 가지고 직접 만져 보면서 수학을 경험하게 하자. 여기서 말하는 교과 과정 수학은 우리가 흔히 말하는 지면 학습을 말한다. 또한 교과 수학의 개념을 이해할 수 있는 힘이 이제는 생겼다고 볼 수 있다. 그래서 한글을 늦게 떼면 수학에서 손해를 본다는 말이 여기에서 나온다. 그만큼 더 일찍 지면 학습을 하기 어렵기 때문이다. 단순히 숫자 1, 2, 3…을 따라 쓰는 학습을 말하는 것이 아니다. 스스로 문제를 읽고 풀이를 써서 해결해야 한다. 현재 6, 7세인 예비 초등학생 아이들이 가능하냐고 묻는다면 가능한 아이들이 있고, 어쩌면 당신의 아이도 충분히 가능하다고 이야기하고 싶다. 한글을 일찍 뗀 아이라면 그럴 가능성은 더 높아진다. 예비 초등학생 때에는 마지막 유아 시기이니 마음껏 놀게 하고 싶은 마음도 이해하지만, 만약 학교 입학해서 다른 아이들과 비교하며, 공부가 늦었다며 채근하느니 우리 아이를 잘 관찰하고 준비가 되었다면 수학은 언제든 시작해도 좋다.

부모 욕심에 의한 과도한 교육이 문제지 수학을 일찍 시작하는 것은 문제되지 않는다. 학습서나 육아서에서 천천히 가르쳐라, 지금 하지 않아도 나중에 다 한다, 처음부터 너무 힘을 빼면 진짜 공부할 때 힘 빠져서 못한다는 그 달콤한 말들을 언제까지 믿을 것인가? 공부에는 적기가 있는 것이 맞다. 하지만 가능성이 있고, 이해 수준이 높은 아이이게는 수학적 호기심이 생길 수 있도록 어느 정도의 자극은 필요하다. 아이가 한글을 떼고 스스로 책을 읽을 수 있다면, 그 시기를 놓치지 마라. 이때가 바로 수학 문제집을 시작할 수 있는 시기다. 한글도 제대로 읽지 못하는 아이를 책상에 앉혀 놓고, 부모가 수학 문제를 옆에서 읽어 주어 아이가 숫자를 써서 문제를 맞혔다면 수학 공부를 제대로 한 것일까? 초등 시기까지는 스스로 읽는 것보다 들어서 이해하는 능력이 더 높다. 이 아이가 한글을 읽게 되어 스스로 문제를 읽어도 지금과 같이 풀 수 있을까? 아이 스스로 문제를 읽고 풀어야 제대로 공부가 되는 것을 명심하길 바란다. 부모의 도움을 받았다면, 그 문제는 나중에도 또 모를 가능성이 매우 높다.

요즘은 사고력 수학을 많이 한다고 하니, 우리 아이도 사고력 문제를 일단 풀려 봐야겠다고 생각하는 부모가 많다. 그래서 가장 많이 풀린다고 하는 매스티안의 《팩토》 문제집을 구입해서 아이와 공부를 시작했다고 했을 때, 아이가 술술 문제를 풀면서 따라오면 별 걱정 없이 사고력 문제집 진도를 계속해서 나갈 것이다. 하지만 수 연산 영역부터 시작했는데, 시작부터 아이가 힘들어하면 어떻게 해야 할까? 어려워하니 포기해야 할까? 가르치면서 진도를 나가야 할지, 다른 문제집을 풀어야 할지 고민이 될 것이다. 자! 지금 수학에 첫 발을 내딛었다. 아이에게 수학에 대한 즐거운 경험과 성취감을 안겨 주어야 할 때다. 이때는 남들이 많이 한다는 문제집 대신에 수학의 기초부터 다질 수 있는 교재가 필요하다. 《기적의 유아수학》 (길벗스쿨)과 같이 수의 양을 가르쳐 주는 기초 개념서를 먼저 시작한다면 재미있게 수학 공부를 할 수 있을 것이다. 제목은 유아 수학이나 사실 초등 1학년 때 배우는 교과 개념들이 들어 있다고 볼 수 있다. 아이가 풀게 되는 첫 번째 문제집에서는 재미와 성취감 이 두 마리의 토끼를 꼭 잡기를 바란다.

앞선 내용에서 수학은 아이가 잘하는 영역이 있고 어려워하는 영역이 있다고 했다. 초등 저학년 때, 수 감각이 좋은 편이 아니라 수에 대한 이해를 하는 데에 시간이 걸리고 연산도 부족하다면 적어도 4학년 때까지는 매번 수학 1단원에서 고생하게 될 것이다. 교과 과정상 1단원은 수의 개념에 대해 나오기 때문이다. 수의 크기가 커질 뿐이지 사실 개념만 제대로 습득한다면 어려울 것이 없는 단원이 또 수라고 볼 수 있다. 4학년까지는 수와 연산 관련 단원이 많다 보니,

이 영역이 부족하다면 아이 입장에서 '나는 수학이 어려워.'라는 생각을 하게 될 수 있다. 또한 사고력 문제를 좋아하는 아이라도 연산 때문에 오답이 나오는 경우가 많다면, 나중엔 사고력 문제도 어려워할 수 있다. 초등 저학년 기간에는 생각하는 힘을 기를 수 있는 사고력 수학이 필요하다. 연산이 교과나 사고력 수학에 발목을 잡는다면 수학은 점점 어려운 과목이라고 인식하게 될 수밖에 없다. 예비 초등학생 기간부터 초등 저학년 때까지는 연산 훈련도 중요하기 때문에 교과 진도보다 한 학기 앞서서 예습을 하면 도움이 된다. 수학에서 교과, 사고력, 연산의 균형을 맞추는 것은 중요하다는 것을 꼭 기억하자.

문제집을 어떻게 선택해야 하고, 활용해야 하는지 그 방법에 대해 알아보도록 하자. 서점에서 수학 문제집 코너를 가본 적이 있는가? 학년별로 문제집이 구분되어 있는 것도 있고, 영역별로 문제집이 나뉜 것도 있다. 종류가 너무 많다 보니 무엇을 선택해야 할지 고민이 될 것이다. 수학 문제집의 대표적인 출판사로는 디딤돌, 신사고, 비상, 동아출판, 천재교육 등이 있다. 교과 과정 중심으로 단계별로 출판되는 곳이라 학부모 입장에서 문제집을 선택하기 수월하다는 장점이 있다. 그 외에 사고력이나 연산 전문 교재들도 있다. 이렇게 다양한 문제집의 홍수 속에서 우리 아이에게 맞는 문제집은 무엇일까? 누군가 콕 집어서 알려 주면 좋겠지만, 처음에는 누구나 시행착오가 필요하다. 수학도 영어와 마찬가지도 현재 실력을 테스트

하여 그 단계부터 공부를 하게 하면 될까? 수학은 다르다. 각 영역별, 과정별로 연결이 되는 과목이기 때문에 현재 아이가 알고 있다고 하더라도 기본 개념은 재확인이 필요하다. 1, 2학년의 경우, 우선 현재 학년에 맞는 발전·응용 문제집을 하나 구입하여, 1단원부터 단원 마무리 평가를 먼저 풀게 하자. 정답률이 90%가 나왔다면, 잘했다고 다음 단원으로 넘어가는 것이 아니라 그 문제집에서 같은 단원 어려운 난이도 문제를 풀게 한다. 정답률이 90%이상 나왔다면 다음 단원으로 넘어가 같은 과정을 반복한다. 만약 정답률이 90% 이하가 나온 단원이 있다면, 그 단원부터는 기본 단계부터 꼼꼼하게 진도를 나가면 된다. 예를 들어 만약 현재 학년에 맞는 문제집을 풀게 했는데, 학교 진도는 3단원을 나가고 있으나 1단원 단원 마무리 평가에서 정답률이 90% 이하가 나온다면 학교 진도보다는 늦겠지만, 1단원부터 재확인하는 편이 도움 된다. 1단원에서 어려워하는 부분이 많다면 기본·개념 문제집을 구입하여 추가적으로 1단원 문제를 해결한다. 이 문제집에서 정답률이 80%이상 나온다면 그대로 이 문제집으로 진행한다. 그 이하라면 아래 학년 같은 영역의 발전·응용 문제집을 찾아 학습 결손이 생기지 않도록 개념을 다시 정리하고, 현재 학년으로 올라오면 된다. 수학은 아이 학년의 응용문제 해결을 목표로 두고, 심화가 가능한 경우는 예습 또는 선행을 병행한다면 수학을 부담 없이, 자신의 실력에 맞게 공부할 수 있다. 1, 2학년이지만 경시 준비나 한두 학년 앞서 선행을 하는 경우에는 발전·응용 교재와 심화 교재로 진도를 나갈 수 있다. 이때, 선행 심화 교재의 정답률이 70%이하라면 현재 선행 심화를 하는 것은 무리가 될 수 있다. 그럴 때에는 자신의 학년에 맞는 심화 문제를 꼼꼼하게 챙기고 선행의 속도를 늦추는 방법을 선택하길 권장한다. 기준은 옆집 아이나 사교육 커리큘럼이 아니다. 우리 아이에 맞는 진도와 학습량을 적절히 조절해야 한다.

수학 문제집을 몇 권 풀어야 하고, 어떤 교재를 해야 하는지 정답은 없다. 1, 2학년의 경우 교과 수학에서 다루는 개념은 사고력 교재에서도 다루고 있어, 연산과 사고력 문제집을 진행하며, 학교 진도에 맞춰 교과 문제집으로 복습을 하고, 필요시 예습이나 선행을 하면 된다. 다음 예시를 참고로 하여, 아이 학교 진도와 실제 수준을 고려하여 한 학기에 풀어야 할 교재에 대한 계획을 세워 보길 바란다.

문제집을 다 풀고 나면, 각 단원별로 정답률을 계산해야 한다. 전체 수학 점수가 높으면 잘하는 것이고, 낮으면 못하는 것이 아니다. 수학은 아이마다 잘하는 영역이 있고, 부족한 영역이 있다. 각 단원별로 채점 결과를 적어 두면 부족한 영역을 알 수 있다. 다음 진도를 나가기 전에 부족한 영역을 보완할 수 있는 시간적 여유를 가져야 한다. 수학의 전 영역을 고르게 잘하기 위해서는 영역간의 균형도 중요하다. 그중에서도 초등 저학년은 수 연산 영역으로 정답의 실수 여부가 결정되기 때문에 실수하지 않도록 충분히 유형을 익히

예시 ① 현재 초등 1학년 2학기 6개월 과정 (수준 : 3학년 1학기 발전 · 응용)

분야	교재
연산	소마셈 C3 → C4 → C5 → C6 → C7 → C8
교과 현행	쎈 1-2(학교 진도에 맞추어 C형 문제 및 단원평가)
교과 선행	디딤돌 응용 3-1 → 디딤돌 최상위 3-1
사고력	영재 사고력 1031 입문(수 연산 → 도형 측정)

예시 ② 현재 초등 1학년 2학기 6개월 과정 (수준 : 1학년 2학기 발전 · 응용)

분야	교재
연산	빅터연산 1C → 1D → 2A
교과 현행	쎈 1-2 → 디딤돌 최상위S 1-2
교과 예습(방학)	디딤돌 기본 2-1
사고력	초등 팩토 1 탐구

예시 ③ 현재 초등 1학년 2학기 6개월 과정 (수준 : 1학년 2학기 기본 · 개념)

분야	교재
연산	빅터연산 1C → 1D
교과 현행	우공비 1-2
교과 예습(방학)	교과서 개념잡기 2-1
사고력	1학년에는 즐깨감 수학

고 연습 문제를 풀어야 한다. 방학은 우리 아이의 부족한 영역을 채우는 시기라고 생각하고, 학기 중 풀었던 문제 중에서 오답이 많았던 영역은 방학 기간 동안 연습이 이루어지도록 해야 한다.

난이도별 수학 문제집

| 출판사 | 연산 | 교과 | | | 경시 | 사고력 |
		기본/개념	발전/응용	심화		
디딤돌	최상위 연산	원리, 기본	응용, 문제유형	최상위S 최상위	3% 올림피아드	최상위 사고력
신사고	쎈연산	우공비	쎈	최상위쎈		
비상		교과서 개념잡기, 유형잡기	완자 개념+유형	최상위탑		
동아출판	초능력 수학연산	큐브수학S 개념	큐브수학S 실력 동아 백점 초등 수학	큐브수학S 심화		
천재교육	빅터연산	개념클릭, 기초수학	우등생 해법, 셀파수학	최고수준 일등수학		노크 최강TOT
에듀왕		포인트	점프	응용	올림피아드 왕수학	
시매쓰	빨강연산 상위권 연산	개념이 쉬워지는 생각수학	유형이 편해지는 생각수학	생각수학 최상급		영재사고력 1031
EBS	계산왕	만점왕	수학의 자신감			창의사고력 수학UP
미래엔	하루한장 쏙셈	수학중심	유형맞짱 문해길 원리	문해길 심화		
길벗스쿨	기적의 계산법	기적의 초등수학	기적의 수학문장제			
기탄	기탄수학					기탄사고력
매스티안	팩토 연산					팩토 원리/탐구

출판사	연산	교과			경시	사고력
		기본/개념	발전/응용	심화		
와이즈만	계산력 마스터					즐깨감
소마사 고력	소마셈					
천종현 수학연구소	원리셈					TOP 사고력
중국 사천대학					영재수학의 지름길	
매쓰러닝					필즈수학	

{ 스스로 문제를 해결하는 아이로 키워라 }

"엄마, 아빠! 이 문제 어려워요. 어떻게 푸는지 알려 주세요."

수학 문제를 풀다가 아이가 물어보는 상황이 있을 때, 부모들은 어떻게 할까? 크게 두 유형이 있다. 초등 저학년까지는 아이가 모르는 것이 많을 것이고, 어리다고 생각하기 때문에 아이가 질문할 때에 바로 문제 풀이 방법을 알려 주는 부모가 있는 반면에 모르는 문제는 별표 하고 나중에 다시 물어보라고 하거나, 학원 선생님한테 물어보라고 하고 그 상황을 회피하는 부모들이 있다.

예비 초등학생부터 모르는 수학 문제가 나올 때마다 물어보고, 부모는 그 즉시 문제 풀이방법을 가르쳐 줬던 아이는 스스로 문제를 해결하는 경험을 제대로 해보지도 못한 채, 고학년을 맞이하게 될 것이다. 또한 모르는 문제를 별표 하라는 부모님 말에 조금만 더 생각하면 풀리는 문제도 귀찮거나 어렵다는 이유로 쉽게 포기를 하고 다음 문제로 넘어가는 일도 발생하기 쉽다. 전자와 후자 중 무엇이 나을까? 둘 중 하나를 고르라고 한다면 전자다. 대신 문제 풀이 방법을 가르쳐 주며 답을 내는 데까지 도달해서는 안 된다. 아이가 문제의 의미 파악을 제대로 하지 못해서 모르는 것인지 어떤 수학적 개념을 이용해서 풀어야 하는지 모르는 것인지 파악하고 적절하게 설명해 주어야 한다. 모르는 문제에 별표 하라는 것은 아이에게 도전해 보지도 않은 채 포기하라는 말과 같다. 부모가 아이의 질문이 귀찮아서 별표하고 나중에 물어보라고 하는 것은 아이에게 일단 모르는 것은 생각할 필요도 없고 별표하고 나중에 해결해야겠다고 공부를 미루는 방법을 가르쳐 주는 것과 다를 바가 없기 때문에 사실상 문제 해결을 포기한 것이나 마찬가지라고 볼 수 있다. 왜 부모는 아이가 모르는 수학 문제가 있을 때, 즉시 가르쳐 주거나 별표를 하라고 하게 된 것일까? 학교 진도에 맞춰 수학을 공부한다면 이런 일들이 일어날 확률은 그리 높지 않을 것이다. 수학 성적으로 대학을 간다느니, 3학년부터 수학 포기자가 발생한다느니 하는 뉴스 기사를 접하면서 알게 모르게 수학 공부에 대한 불안감으로 선행 학습을 하게 된다. 그에 따라 우리 아이가 뒤처지지 않기 위해 아이의 실력을 제대로 파악하지 못한 채, 사교육 커리큘럼을 맹목적으로 따라가곤 한다. 하루에 공부가 가능한 시간은 많지도 않은데 많은 양의 수학 문제를 풀게 해야 하다 보니 아이에게 문제 풀이 방법을 알려 주거나, 포기하고 다음으로 미루게 하는 선택을 할 수밖에 없게 된 것이다.

1, 2학년은 연산이나 교과의 진도 또는 사고력 문제의 난이도가 중요한 때가 아니다. 가장 중요한 것은 수학 문제를 대하는 태도와 문제 해결 과정 경험을 통해 바른 공부 습관을 기르는 것이다. 수학 과목에서 말하는 바른 공부 습관이란 스스로 수학 문제를 해결하는 과정을 일컫는다. 그렇다면 스스로 문제를 해결하는 아이로 키우기 위해서 부모는 무엇을 해야 할까? 우리는 이미 정답을 알고 있다. 물고기를 잡아 주는 것이 아니라, 잡는 방법을 알려 주는 것이다. 흔하디흔한 말이지만 실천은 아주 어렵다. 왜냐하면 부모의 인내심과 아이가 생각할 수 있는 시간적 여유가 충분히 필요하기 때문이다. 사실 아이가 모르는 문제에 대한 질문을 했을 때, 풀이 방법을 알려 주고 함께 답을 구하는 것은 많은 시간을 요하지 않는다. 단순히 답을 구하는 것이 목적이었다면, 부모들은 이런 고민을 하지도 않을 것이다. 아이에게 수학 공부를 시키는 목적을 잘 생각해 보길 바란다. 지금 당장 이 문제를 해결하여 정답을 맞히는 것이 목적인지, 어려운 문제를 해결하기 위해 필요한 사고력을 기르고자 하는 것인지, 문제 풀이를 통해 아이가 개념을 잘 파악했는지 알아보고자 하는 것인지, 정답의 유무보다는 공부하는 습관을 길러 주고자 하는 것인지 등에 따라 수학을 배우고, 익히는 시간이 많이 필요할 수도 있다는 것을 부모 스스로 인지하고 있어야 한다. 또한 수학 학습에 대해서는 아이에게 높은 기대치를 갖지 않는 게 더욱 현명하다.

기대치가 높다면 아이가 잘했을 때에는 칭찬을 하게 되지만, 못했을 때에는 실망하게 된다. 아이들은 실망하는 부모의 모습을 보면 자신감을 쉽게 잃을 수 있다. 수학은 타고난 감도 어느 정도 중요하지만, 문제를 해결할 능력이 나에게 있다는 자신감에서 출발하는 과목이다. 우리 아이가 너무 똑똑해서 한 번만 설명해도 다 알 것이라는 착각은 금물이다. "이 문제 지난번에도 가르쳐 줬는데 왜 모르니? 학원에서 배운 문제인제 왜 모르니?"라는 말은 앞으로는 하지 말자. 원래 아이들은 한 번에 배울 수 없고, 모르는 문제를 부모가 가르쳐 줬다면, 다음에도 또 틀릴 확률이 매우 높을 수밖에 없다. 수학은 과목 특성상 개념을 한 번 가르쳐 주었다고 해서 모든 문제를 완벽히 풀기에는 어려운 과목이다. 응용과 심화 과정을 통하여 배우고 익히는 연습을 충분히 했을 때, 나만의 것이 될 수 있다는 것을 꼭 알아 두자.

그렇다면 아이가 스스로 문제를 해결하게 하려면 어떻게 해야 할까? 첫째, 모르는 문제가 나온 경우, 아이에게 정답 풀이 방법을 알려 주지 않는다. 왜 그 문제를 모르는지 아이가 원인을 파악할 수 있도록 유도하자. 국어 독해 능력이 부족하여 문제 뜻을 제대로 이해하기가 어려운 것인지, 문제 풀이를 할 때 어떤 수학적 개념을 사용해야 하는지를 모르는 것인지부터 파악해 보자. 원인을 알면 해결은 쉬워진다. 문제 이해가 어려운 경우에는 각 문장을 소리 내어 읽게 하고, 읽은 문장 하나하나마다 그림으로 표현하거나, 식으로 표현하게 한다. 그래도 스스로 해결이 어렵다면 문제집 수준을 조금 낮추어 스스로 해결 가능한 범위의 문제가 많은 교재로 선택하는 것이 중요하다. 수학은 개념을 명확하게 아는 것이 중요하기 때문에, 개념을 어떻게 응용해야 하는지 모른다면 그 문제 해결 과정에 필요한 수학 개념이 나와 있는 교과서나 기본 난이도의 교재를 제공하여 스스로 개념을 다시 파악하고 문제를 풀도록 하면 도움이 된다. 특히, 저학년이 경험하는 수학은 주로 문제풀이 위주로 진행되기 때문에 문제만 풀다 보면 스스로 고민해 보는 경험이 적어지고, 타 과목에 비해 의존적으로 공부하게 되는 상황이 오기도 하니, 생각할 수 있는 충분한 시간을 주는 것이 좋다.

둘째, 모르는 문제가 나왔을 때, 바로 별표를 하라고 하기보다는 세 번 이상 생각해 보는 연습을 하도록 지도한다. 부모는 아이가 수학 문제를 포기하게 내버려 두어서는 안 된다. 단, 1, 2학년 아이들은 수학을 눈과 머리로 푸는 아이들이 있는데, 모르는 문제에 대해서는 수학적 사고의 방향과 흐름이 중요하므로 문제를 읽고 생각한 부분에 대해 해결 과정을 그림이나 식으로 흔적을 남기도록 해야 한다. 그 방법들이 정답이 아니면 어떠한가? 흔히 실수할 수 있는 몇 가지의 방법을 알아낸 것과 같기 때문에 앞으로 문제에 대해 실수나 포기를 하지 않도록 풀이 과정을 적는 연습을 해야 한다. 세 번 이상 생각해 봐도 잘 풀리지 않는 문제에 대해서는 부모가 힌트를 주거나, 부모도 풀이 과정은 보지 않은 채, 함께 풀어 보는 것도 좋은 방법이다. 함께 문제를 풀면 어느 부분에서 아이가 어려워하는지 이해가 가고, 어느 과정 이상부터는 아이가 문제에 함정이 있음을 예측할 수 있기 때문에 아이에게 힌트를 주더라도 스스로 문제를 풀수 있는 가능성을 높여 준다.

셋째, 스스로 문제를 해결하고자 하는 마음이 생기도록 문제집 난이도를 조절해 준다. 너무 어려운 문제로만 구성되어 있는 교재는 수학이 어렵다고 생각하게 하여 자신감을 떨어뜨리게 되고, 너무 쉬운 문제가 많은 교재는 도전하려는 마음과 어려운 문제를 해결했다는 성취감을 맛보게 하기 힘들다. 보통 심화서 기준으로 70%의 정답률을 보이는 문제집을 풀게 하여, 수학 문제를 바라보는 아이만의 힘을 기르도록 도와주자.

사교육을 하더라도
엄마표 수학은 필요하다

　엄마표는 사교육의 반대말이 아니다. 집에서 부모가 직접 아이의 수학을 지도하다 보면 아이의 실력이 부모가 아는 범위를 넘어서서 더 이상 개념을 설명하기 어렵거나, 부모와 아이 사이에 문제가 생기거나, 또는 부모가 수학은 전문가에게 배워야 한다는 입장이거나, 맞벌이라 직접 가르치지 못해 학원을 이용하게 된다. 집에서 수학을 가르치다가 처음 학원을 보내거나 학습지를 시작하면 불안한 마음이 해소되고, 부모가 공부를 봐주는 시간이 줄었다고 생각하는데, 사실 이는 오래가지 않는다. 그래서 사교육을 하더라도 엄마표 수학은 반드시 필요하다. 여기서 말하는 엄마표 수학은 채점과 숙제, 오답 관리를 말한다. 특히 1, 2학년 때에는 공부 습관을 길러야 하는 시기라 부모의 도움이 절대적으로 필요하다. 스스로 챙길 때까지 믿고 기다리는 것은 1, 2학년에겐 적합하지 않다. 공부 습관도 생활 습관처럼 배우고 익히도록 해야 고학년이 되었을 때 스스로 할 수 있는 힘이 생긴다. 하루 5분도 책상에 앉아 있지 못했던 아이가 어느 날 갑자기 30분 동안 책상에 앉기란 어렵다. 습관은 하루하루 쌓아 가는 것이다.

문제를 풀고 몇 문제를 맞혔는지는 중요하지 않다. 문제 해결 과정을 통해 자신이 정확히 몰랐던 개념이나 계산 실수 등 문제를 틀린 원인을 파악하는 것이 중요하다. 공부라는 것은 내가 몰랐던 부분을 점점 줄여 가는 과정이라고 보면 된다. 이제 아이와 부모가 쉽게 할 수 있는 엄마표 수학 관리에 대해 생각해 보자.

첫째, 아이에 맞는 효율적인 채점 방법을 찾아보자. 수학을 잘하는 아이를 키우는 부모들은 채점하는 것을 재미있어 하고, 수학을 힘들어하는 아이를 키우는 부모들은 채점만큼 고역인 일이 또 없다. 왜 그럴까? 채점 뒤에 숨어 있는 과정이 힘들기 때문이다. 수학을 잘하는 아이라고 해서 1, 2학년 아이에게 스스로 채점을 하라는 부모도 있는데, 이것만큼은 아이에게 맡겨서는 안 된다. 수학을 잘하는 아이들 중에는 암기력이 좋은 아이들도 많아서 답지를 보는 순간 틀린 문제의 풀이와 정답을 의도하지 않아도 답을 기억하는 경우가 있다. 부모가 아이의 수학 문제 채점을 귀찮아하는 순간, 아이의 수학 실력도 자연스럽게 떨어지게 되어 있다. 문제를 푸는 이유를 잘 생각해 보자. 수학은 모르는 문제를 해결해야 실력이 오르는 과목이다. 문제를 풀기만 하고 그냥 내버려 둔다면, 수학 문제를 풀지 않은 것과 같다. 그렇게 할 거라면 차라리 수학 문제를 풀리지 말고, 수학 동화 한 편을 보게 하는 것이 더 낫다. 왜냐하면 개념적 오류가 없는 정보를 받아들이기 때문에 자신이 잘못 알고 있던 개념을 바로 잡을 수 있는 기회라도 생기기 때문이다. 부모는 아이가 문제를 풀면 반드시 그 즉시 채점해 주는 습관부터 기르자. "문제집 다 풀었으면 그냥 둬, 이따가 채점해 줄게."라는 것은 지금 부모는 아이 수학 채점보다 더 중요한 일을 하고 있다는 것이 되는데, 수학을 잘하는 아이로 키우고 싶다면 아이에게 수학 과목의 중요성을 깨닫게 해줘야 한다. 집안일을 하고 있거나, 스마트폰을 보고 있다가도 아이 수학 문제 풀이가 끝났다고 하면 잠시 다른 일을 그만두고 수학 문제 채점과 오답 관리에 들어가야 한다. 그만큼 이 과정이 중요하다는 것을 아이도 알아야 한다. 문제만 풀면 자유라고 생각하는 아이들에게 오답을 고치는 과정이 얼마나 중요한지 알려 줘야 한다. 수학은 오답 문제를 찾기 위해 공부하는 과목이라고 해도 과언이 아니다. 부모도 아이 수학 문제 풀이가 끝나면 바로 채점해 주는 습관을 길러야 한다.

채점을 할 때, 아이가 수학 문제집을 다 풀면 보통 빨간 색연필로 동그라미를 치고, 틀린 문제에는 빗금을 긋는 경우가 대부분이다. 이 방법이 틀린 것은 아니지만, 틀린 문제에 빗금을 긋는 것을 유난히 싫어하는 아이가 있다면 맞힌 문제만 채점을 해도 된다. 대신 오답 해결에 대한 표시는 분명히 해야 한다. 예를 들이 처음에 틀린 문제는 빗금 표시를 안 했는데, 두 번째 풀었을 때 맞혔다면 파란 색연필로 동그라미 표시를 하거나, 빨간 색연필로 세모 표시하면 된다. 두 번째 풀었을 때도 문제가 틀렸을 경우에는 별표 표시를 통해서 두 번 오답이 나왔다는 표시를 하면 된다. 앞선 경우를 제외한 일반적인 채점 방법은 빨간 색연필로 정답은 동그라미, 오답은 빗금으로 표시할 것이다. 이때, 동그라미는 기분 좋게 크게 그려도 좋지만, 오답 표시는 문제에 작게 표시를 한다. 오답 풀이를 할 때, 오답 빗금 표시가 너무 커서 문제 위를 덮게 되면, 아이들이 풀기도 싫을 뿐더러 오답 노트를 만들 때에도 복사를 하는 경우, 깔끔하지 않게 되어 문제 읽는 데 방해가 될 뿐이다. 틀린 문제를 두 번째 풀었을 때, 정답일 경우에는 빗금을 세모 모양으로 바꿔 준다. 세 번째 풀었을 때, 정답일 경우에는 나중에 또 틀릴 확률이 높은 문제이므로 파란 색연필로 동그라미나 세모 표시를 해주는 것이 좋다. 이렇게 다양하게 표시를 하면 문제집을 다 풀고 나서 오답을 확인할 때 우리 아이가 어려워하는 문제를 시각적으로 한눈에 볼 수 있기 때문에 편리하게 관리할 수 있다. 세 번째도 오답일 경우에는 문제에 하트 표시를 하게 한다. 이 문제들은 특별 관리 대상이다. 채점이 끝난 다음에는 문제집에 아이가 문제를 풀었던 날짜와 오답을 해결한 날짜까지 함께 적어 두자.

둘째, 숙제 관리는 부모와 아이가 함께한다. 1, 2학년 때부터 모든 것을 부모가 다 관리해 줄 수는 없다. 처음에는 부모가 하나하나

챙겨야 하지만, 아이와 함께 이야기를 나누고 하다 보면 아이가 성장하면서 스스로 숙제 관리도 하게 될 것이다. 아이가 스스로 잘한다고 하여, 모든 것을 아이에게만 맡기다 보면, 부모도 깜빡하고 잊을 때가 있듯이 아이들도 바쁘거나 잊을 때도 있기 때문에 부모가 최종 점검은 해야 한다. 오늘 또는 이번 주, 우리 아이가 해결해야 할 숙제가 무엇인지 정확히 알고 있는가? 수많은 학부모 상담을 통해 알게 된 점은 공부를 잘하는 아이의 부모는 대부분 아이의 현재 학교, 학원, 학습지, 문제집의 진도와 부족한 영역과 자신 있어 하는 수학 영역을 알고 있다는 것이다. 그런데 문제는 아이가 공부하고 있는 수학 진도는 아이가 잘 모르는 경우도 많다. 정작 공부를 하는 것은 아이들인데 부모만 숙제와 진도를 안다면 자기 주도 학습을 익히기 어려울 수 있다. 숙제 관리는 반드시 아이와 부모가 함께해야 한다. 수학 문제집의 목차를 복사하거나, 간단하게 표로 정리하여 문제집 표지에 붙여 놓으면 숙제 관리가 쉬워진다. 그리고 진도를 눈으로 확인할 수 있기 때문에 꾸준히 지속할 수 있는 힘이 생긴다. 아이들은 여전히 스티커와 도장으로 보상받는 것을 좋아하기 때문에 문제를 풀고 해결한 날짜 확인 도장을 찍어 주거나, 진도표에 스티커를 붙여 주는 것도 도움이 된다. 오늘 공부해야 할 범위는 색 테이프를 이용하여 시작과 끝의 표시와 함께 붙여 주는 것이 아이 스스로 문제집을 찾아서 풀 수 있게 하는 힘이 된다.

보통 주간 계획표를 이용하여 학습 관리를 하겠지만, 수학만큼은 매일 숙제 관리가 필요한 과목이다. 특히 초등 저학년은 연산 훈련을 해야 하기 때문에 사고력은 매일 할 수 없어도 연산만큼은 월요일에서 금요일까지는 10분 정도의 문제 풀이 시간이 있어야 한다. 이때 효율적인 것이 포스트잇이다. 엄마가 써주는 알림장이나 수첩도 좋지만, 아이가 눈에 띄는 곳에 잘 붙여 두는 것이 더 쉬운 관리법이다. 오늘 해야 할 수학 공부만큼은 따로 포스트잇에 적어 두자. 이때, 오늘 해야 할 다른 공부까지 한 번에 적는 것보다는 수학만 적는 것을 추천한다. 다른 과목도 함께 적으면 아이가 숙제의 양이 많다고 느낄 수 있으며, 다른 과목과의 우선순위를 학습에서 비교하기 때문에 수학을 싫어하는 아이들의 경우, 상대적으로 수학 과목의 숙제는 나중에 하려고 하는 경향이 크다. 간단하게 포스트잇에 한두 가지 문제집을 적어 두어, 수학 숙제를 마치면 포스트잇을 떼어내게끔 하면 오늘의 할 일을 끝냈다고 생각하기 때문에 성취감을 맛보게 할 수 있다.

셋째, 저학년의 오답 관리는 엄마표가 필요하다. 수학 과목에 있어서 부모들은 오답보다는 수학 진도에 관심이 많다.

"같은 반 친구 수현이는 1학년인데 벌써 3학년 수학을 한다더라." 라는 말은 해도 "수현이는 시계 보기 문제를 어려워한대. 너만 어려워하는 것이 아니구나."라는 말은 잘 안 하게 된다. 아이의 수학 실력을 높이고 싶다면, 오답에 관심을 기울여 보자. 아이들에게 수학 문제를 열심히 풀리는 이유를 잘 생각해 보자. 문제집 풀이를 통해

100점 맞는 성취감을 주기 위한 특별한 이유가 아니라면 오답을 줄여 가는 과정을 통해 학년별 해당 단원의 완전 학습이 이루어지도록 하는 것에 수학 공부의 목표가 있다. 수학 문제 풀이를 하는 이유는 우리 아이가 자주 틀리는 오답 유형을 찾기 위해서다. 그렇다면 오답 관리는 아이 스스로 가능할까? 저학년은 자신이 문제를 왜 틀렸는지조차 잘 모르는 경우가 많으며, 유형을 분석하는 것은 더욱 모를 것이다. 학교에서 또는 학원에서 배우는 단원명이라도 알면 다행일 것이다.

아이가 문제집 한 권을 다 풀면 가장 먼저 해야 할 일이 있다. 각 단원별로 정답률을 계산하는 것이다. 그리고 정답률이 가장 낮은 영역을 분석하여 다음 문제집을 풀 때 반영하여 같은 영역이 취약한지, 아니면 그 학년의 특정 단원만 어려워했던 것인지 알아야 한다. 아이가 수학에서 특별히 어려워하는 영역을 알고 있으면, 관련 단원이 나올 때에 기본 단계부터 접근하면 아이가 수학 문제를 이해하기가 더욱 쉬워진다.

1, 2학년도 오답 노트가 필요할까? 필요하다. 그런데 활용 방식에서 차이가 있다. 보통 1, 2학년 과정은 개념적인 오류보다는 계산 실수나 문장제 문제를 제대로 이해하지 못해서 틀리는 경우가 대부분이다. 고등학생들이 흔히 하는 것처럼 오답 문제를 일일이 노트에 쓰게 할 필요는 없다. 수학 문제집 응용 수준의 첫 번째 풀이 정답률이 80%가 넘는 수준이라면 틀린 문제를 다시 풀어 보게 하고, 또 틀

린 문제들은 문제를 복사하여 오답 노트에 붙여 주거나, 오답이 있는 페이지를 뜯어서 파일에 따로 보관하는 것이 편리하다. 첫 번째 풀이 정답률이 80%가 안 되는 수준이라면 오답 노트보다는 같은 문제집을 한 권 더 사서 첫 번째 틀렸던 문제들을 다른 문제집에 표시하고 풀이를 하게 한 다음 두 번째 틀린 문제를 위와 같은 방법으로 한다면 노력을 덜 들이고 오답을 해결하는 방법이 된다. 1, 2학년에게 수학 오답 문제를 모두 손으로 적게 할 필요는 없다. 단, 독해가 제대로 되지 않아 문제를 이해 못한 경우는 아이에게 문제를 직접 써보게 하면서 문장 하나하나의 의미를 생각하게 하는 것도 좋은 방법이다. 한글 쓰기가 익숙하고 부담이 없는 경우에만 해보길 권장하며, 한글 쓰기조차 어려워하는 경우에는 오답 문제는 복사하되, 문장을 읽고 그림으로 표현해 보게 하면 풀이에 도움을 받을 수 있다.

오답 노트는 노트에 틀린 문제를 붙이고, 정답을 보고 풀이 과정을 적는 것이 아니다. 틀린 문제를 다시 풀어야 한다. 그리고 오답 노트 문제를 또 틀렸을 경우에는 바른 풀이 과정을 적고, 그 위를 포스트잇으로 가려서 방학 때 다시 문제를 풀게 하는 것이 좋다. 수학 문제는 지금 당장은 어렵지만 시간이 지나면서 서절로 해결되는 문제들도 상당수 있다는 것을 기억하길 바란다. 지금 이 문제를 못 푼다고 해서 수포자가 될까 노심초사할 필요가 없다. 예습과 선행을 하는 경우라면, 현재 자신의 학년 응용문제를 제대로 풀 수 있다면 잘하고 있는 것이니, 기준을 너무 높게 잡지 않아도 된다. 교과 진도는 아이 발달 수준을 고려하여 만들었다는 것을 잊지 말자. 오답 노트는 1, 2학년 수학을 하는 과정에서 필수로 해야 하는 것은 아니다. 필요시 3학년 수학 진도를 진행할 때부터 오답 노트를 만들면 아이가 어려워하는 영역과 힘들어하는 유형을 파악하기 쉽다는 장점이 있어서 부족한 부분을 보완하기가 쉬워진다. 학교보다 앞선 진도를 공부하는 경우에는 제 학년이 되었을 때에는 오답 노트에 있는 문제 중심으로 먼저 공부를 한다면 제 학년 심화 과정도 꼼꼼하게 공부할 수 있다는 장점이 있다.

교재명(쪽수/번호)		단원명	
문제	틀린 문제를 적거나, 복사해서 활용 단, 문제 이해력 부족으로 오답이 나온 경우에는 아이가 문제를 직접 쓰도록 한다.		
풀이	정답을 보고 풀이하기보다는 새로운 마음으로 풀어 본다. 과정을 상세히 적고, 다시 틀렸을 경우에는 올바른 정답을 적어 두고, 포스트잇을 이용하여 답을 가려 둔다.		

교재명(쪽수/번호)		단원명
문제	틀린 문제를 적거나, 복사해서 활용 단, 문제 이해력 부족으로 오답이 나온 경우에는 아이가 문제를 직접 쓰도록 한다.	
풀이	정답을 보고 풀이하기보다는 새로운 마음으로 풀어 본다. 과정을 상세히 적고, 다시 틀렸을 경우에는 올바른 정답을 적어 두고, 포스트잇을 이용하여 답을 가려 둔다.	

아이 선택에
날개를 달아 줄
영어 학습법

우리 아이
영어 현주소

초등학교 입학을 앞두고 7세 11월부터는 유명 초등 영어 학원은 설명회나 레벨 테스트도 일찌감치 마감이 된다. 아이가 영어를 잘 해도 부모가 학원 정보가 없어서 설명회에 참석을 못하게 되면 레벨 테스트의 기회조차 없다. 초등 저학년까지는 영어 과목에 있어서는 부모의 정보력이 중요하다. 유명 학원이 중요한 것이 아니라 잘 가르치는 선생님이 누구인지, 어떤 교재와 커리큘럼이 좋은지, 숙제 관리는 어떻게 해야 아이가 적은 스트레스로 영어 실력을 높일 수 있는지 알아 두어야 한다. 초등 고학년이 되면 정보력보다는 아이의 실력이 더 중요해진다. 레벨이 높고 잘 가르치는 학원을 알아도 또는 원서로 된 좋은 교재를 알아도 아이의 실력이 부족하면 그림의 떡이 되는 셈이다. 초등 저학년은 영어를 아무리 잘해 봤자 고작 1, 2학년이다. 그들이 영어를 잘한다고 할지언정 학년이 올라갈수록 듣기, 말하기, 읽기, 쓰기, 문법 영역의 균형이 무너지면 그 실력은 쉽게 정체되기 마련이다. 또한 국어 실력이 있어야 영어 실력도 함께 올릴 수 있는데, 점점 책 읽기나 국어에 할애하는 시간을 줄이다 보니 저학년 때, 어떻게 영어를 하느냐에 따라 고학년 때, 영어 실력이 결정된다고 볼 수 있다. 배경지식과 고급 어휘를 통한 읽기, 말하기, 쓰기 능력이 그 성패를 좌우한다. 초등 입학 전에는 영어를 열심히 하다가 초등 저학년 때, 아이가 영어를 잘한다고 등한시하면, 오히려 초등학생부터 영어를 시작하는 것만 못한 효과가 나올 수 있다. 그만큼 1, 2학년은 영어와 친숙해지고 쉽게 익힐 수 있는 시기라는 것을 기억하자. 학교에서는 3학년부터 영어 교과가 시작되는데, 그때 영어를 시작하게 되면 사회나 과학 과목의 학습량도 있다 보니, 영어 듣기의 물리적 시간을 확보하기 어려운 상황이 된다. 다른 건 못 한다고 해도 1, 2학년 때에는 영어 듣기는 반드시 챙겨야 하는 과정이라는 것을 알아두자.

본격적인 영어 공부를 시작하기 전에 부모는 우리 아이의 영어 실력을 객관적으로 파악해야 한다. 공인인증시험이 아니고서야 객관적인 파악은 사실 어렵지만, 학원이나 도서관, 북 레벨 테스트를 통하여 영역별로 아이의 강점과 약점은 파악하고 있어야 영어를 수월하게 지도할 수 있다. 영어를 힘들게 공부하게 되면, 재미가 없어지고, 싫은 과목이 되어 버린다. 아이가 잘하는 영역을 토대로 자신감을 불어 넣어 주고, 부족한 영역은 재미있는 커리큘럼으로 채워 준다면 영어는 어렵지 않게 배우게 된다. 무조건 외워가 아니라 여러 번 보고 듣게 하여 난이도가 높아지더라도 영어라는 언어에 익숙하게 되는 것에 목표를 두자.

가장 먼저 해야 할 일은 아이의 영어 현주소를 파악하는 일이다. 결과에 욕심을 내지 않아야 한다. 특히, 엄마표 영어로 유아 때부터 성실히 다져왔거나, 영어 유치원을 3년 정도 다녔다고 한다면 아이의 좋은 점수를 기대하는 것은 당연한 일이다. 그런데 아직 아이들은 시험에 능숙할 만큼 영글지 않았다. 잠재되어 있는 능력은 많지만, 밖으로 표출한 경험이 부족하고, 더욱이 레벨 테스트라는 상황을 처음 겪게 된다. 순발력이 있고 센스가 있는 아이라면 잘 모르는 문제도 융통성 있게 해결할 수 있지만, 대부분의 경우는 능숙하게 해결하지 못한다는 것을 알고 있어야 한다. 테스트도 경험해 본 아이들의 결과가 좀 더 좋은 편이다. 테스트 결과에 따라 부모가 울기도 하고, 웃기도 하는데 이제 시작이다. 이 결과가 아이의 평생 영어 실력을 좌우하지 않는다는 것을 꼭 명심하길 바란다.

영어책을 진히 읽지 못하거나, 몇 단어만 알고 있다고 하면 파닉스Phonics 교육부터 시작을 하자. 아직은 레벨 테스트가 가능한 실력이 아니다. 평소 아이가 잘 읽는 한글 책을 유심히 살펴봐서 아이의 관심사를 파악해야 한다. 일주일 동안 아이가 스스로 꺼내 읽는 책의 제목을 적어 보자. 평소에 즐겨 보는 DVD나 TV 프로그램, 유튜브 등 영상물도 함께 기록을 한다. 그리고 영상을 보는 시간까지도

	책 (만화, 잡지 포함)	영상 (DVD, TV, 유튜브, 등)	독서 또는 시청 시간
1일			
2일			
3일			
4일			
5일			
6일			
7일			

기록을 하면 관심사 정도는 금방 파악이 가능하다. 영어책을 읽지 못하는 아이들에게는 관심 있는 주제의 듣기와 어휘 학습 중심으로 영어를 시작하면 된다. 재미있게 즐기다 보면 어느새 영어 실력까지 잡을 수 있으니, 늦었다고 조바심 내지 않아도 된다.

영어책을 한 줄이라도 읽을 수 있다면 레벨 테스트가 가능하다. 영어 학원은 듣기, 말하기, 읽기, 쓰기, 어휘, 문법 등 영역별로 진단이 가능하여, 테스트 결과를 통해 어느 부분이 잘 되어 있고, 부족한 영역이 무엇인지 파악이 가능하다. 영어 학원 테스트가 부담스럽다

깔루아가 추천하는 **대표 영어 도서관** ....

와이즈리더, 리드101, 닥터정이클래스, 이챕터스, 리딩비, 북퀸쉽, 센트럴1리딩클럽

📱 **온라인 테스트(온라인 영어 도서관이면서 테스트가 가능한 곳)**
www.readingtownusa.com/

www.readinggate.com/   www.go-elibrary.co.kr/

면 영어 도서관에서 하는 북 레벨 테스트를 하는 것도 영어 학습에 도움이 된다. 아이의 리딩 지수를 알게 되면 아이에게 효과적인 레벨의 영어책을 파악할 수 있으므로 아이 수준에 맞게 교재를 선정할 수 있다는 것이 가장 큰 장점이다. 아이 성향상 다른 곳에서의 레벨 테스트가 어렵다고 판단된다면 온라인 레벨 테스트를 해도 좋다. 집에서 시험 상황과 같은 환경으로 주어진 시간 동안 부모의 개입 없이 아이 스스로 시험을 치르게 하면 된다. 조금 더 편안한 환경에서 시험을 보다 보니, 생각보다 레벨이 좋게 나오는 경우도 많다.

레벨 테스트를 하면 잘하는 영역, 부족한 영역, 북 레벨에 대한 정리가 필요하다. 1, 2학년은 잘하는 영역에 더 집중을 해야 자신감 있게 영어를 배울 수 있다. 듣기를 잘한다면, 듣기의 영역에 더욱 집중하여 더욱 강화시키고, 어휘가 부족하다면 듣기에서 잘 들리지 않는

🐝 **예시** 테스트 결과에 따른 학습 방향 설정 (참고용)

영역	학습 목표					
	Listening	Reading	Speaking	Writing	Vocabulary	Grammar
AR 1점대	흘려듣기 + 에코잉	그림책 + 리더스북	원어민 수업	×	×	×
AR 2점대	흘려듣기 + 집중듣기 + 에코잉 + 받아쓰기			북리포트	×	×
AR 3점대		리더스북+ 챕터북		저널쓰기	학습서	학습서
AR 4점 이상		챕터북 + 소설		에세이 쓰기	학습서	학습서

어휘의 의미를 바르게 파악할 수 있도록 지도하면 된다. 아이의 북
레벨에 맞는 책들을 우선적으로 선택하여 듣고, 읽게 하면 영어는
어렵게 공부하지 않아도 된다. 테스트 결과에 따라 아이 현재 실력
에 맞추어 학습 방향 설정도 달라야 한다. 그 기준은 같은 학년 또래
가 되어서는 안 된다는 점을 꼭 기억하자.

듣기가 무너지면
영어가 무너진다

초등학생이라고 해서 영어를 배우는 과정도 다르다고 생각해선 안 된다. 영어는 언어라는 것을 꼭 기억하자. 언어 습득에 가장 필수 조건은 듣기 활동이다. 듣지 않고, 읽는 것부터 배우게 되면 올바른 발음으로 말하기 어려우며, 우리가 흔히 말하는 콩글리쉬가 되기 쉽다. 발음뿐만 아니라 억양, 어순이 무너지기 때문에 외국인이 듣고 이해하기가 어려워진다. 1, 2학년은 영어 레벨이 아무리 높아도 미국 초등학생 5학년 수준을 넘기 어렵다. 영어의 고급 어휘는 많이 아는 것 같지만, 어휘기 의미하는 바를 정확하게 이해하기에는 아직 어린 나이다. 언어는 정서적 나이도 중요하기 때문에 아이 나이에 맞는 어휘를 제대로 쓰게 하는 것이 더 중요하다. 영어 듣기는 읽기 실력을 높이기 위해 듣는 것이 아니다. 아기들이 엄마라는 말을 하기 위해 1000번 이상의 말을 들었듯이, 영어로 말하기 위한 과정에 필요한 필수 기본 요소다. 영어 듣기를 하지 않고서는 영어로 말을 잘하기는 어렵다. 영어를 배우는 궁극적인 목표가 의사소통이 아닌가? 나 혼자 듣고, 책을 읽고 이해하는 것이 아니라 말과 글을 이용하여 표현할 수 있는 영어를 배워야 한다.

1, 2학년이 할 수 있는 듣기 방법이 따로 있는 것은 아니다. 영어는 나이나 학년이 중요한 것이 아니라 레벨이 중요한 것이다. 영어를 공부한 지 3년이 되었다고 하더라도, 영어책 AR 1점대를 읽고 있다면 그 레벨에 맞는 학습을 하는 것이 바람직하다. 1, 2학년 중에는 이미 듣기 실력이 원어민 초등학교 저학년 이상의 실력을 가지고 있는 아이들도 있다. 아이마다 다르기 때문에 듣기 방법도 아이 수준에 맞게 적절히 선택하는 것이 필요하다.

아이와 함께 영어 듣기를 하는 다양한 방법에 대해 소개하고자 한다. 목표와 방향 설정만 아이에 맞추어 잘 선택한다면, 영어 듣기 실력은 어느새 향상되었음을 자연스럽게 알게 된다. 영어 듣기는 크게 두 가지 목표를 가지고 접근하는 것이 중요하다. 인풋을 위한 듣기와 아웃풋을 위한 듣기를 할 것인지 선택이 필요하다. 영어를 처음 배우고, 익숙하지 않다면, 인풋을 위한 듣기에 더욱 집중해야 할 것이다. 영어 소리에 익숙해져서 단어라도 듣고 따라 할 수 있는 경우라면 인풋과 더불어 아웃풋을 위한 영어도 병행하면 효과적이다. 인풋을 위한 영어는 수용적Receptive 학습 방법의 형태로 듣기와 읽기 능력의 향상을 기대할 수 있으며, 아웃풋을 위한 영어는 보

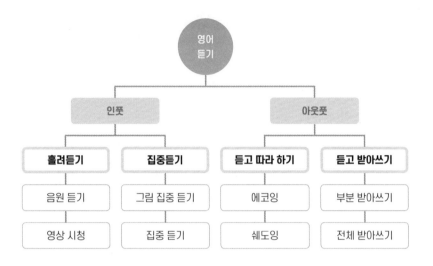

다 적극적이고 생산적인 방법 중심으로 말하기와 쓰기 실력의 향상에 도움이 된다. 영어 학습에서 인풋 과정이 가장 중요하며, 아웃풋을 위한 과정 전에 반드시 충분히 거쳐야 한다. 영어 실력의 향상을 기대한다면, 인풋을 꾸준하게 진행해야 한다는 점을 기억하길 바란다. 영어의 기초인 듣기가 무너지면, 영어를 잘할 수 없게 된다.

인풋을 위한 영어 듣기에는 많이 알려져 있듯이 흘려듣기와 집중듣기가 있다. 첫째, 흘려듣기는 영어가 무슨 말인지는 모르지만, 소리 노출을 통하여 영어라는 언어를 들어도 거부감이 없이 들을 수 있다는 것에 목표가 있다. 광범위한 영역을 편안하게 듣는다고 생각하면 좋다. 영어 소리만 들려준다고 해서 영어 듣기가 제대로 되는 것은 아니기 때문에 어떤 방법으로 소리를 들려줘야 하는지 고민해 봐야 한다. 대표적으로 오디오, mp3를 활용한 음원 듣기와 영상 시청을 하는 방법이 있다. 아이들에게 어린이 영자 신문의 음원을 들려준다고 하자. 단어 하나조차 제대로 의미를 파악하지 못하는 경우는 소귀의 경 읽기가 되기 십상이다. 아이들이 한 번도 본 적이 없는 그림책의 음원을 반복적으로 들려주는 것도 마찬가지다. 그림이나 누군가의 설명조차 없는데, 암호 해독도 아니고, 아이가 무슨 수로 영어의 귀가 뚫리겠는가. 그래서 필요한 것이 영어 동요, 그림책, 영상 콘텐츠다.

영어를 처음 접할 경우에는 마더 구스Mother Goose*와 같은 영어 동요를 들려주면서 리듬과 음에 익숙해지도록 한다. 그림책이나 쉬운 리더스북** 과 함께 음원을 들려주면, 의미는 정확히 모르지만 그림을 보고 내용을 유추하게 된다. 소리만 들었을 때보다 그림을 보면 이해가 쉽기 때문이다. 이때에는 국내 영어 전집을 활용하는 것이 편하게 꾸준히 활용할 수 있는 힘이 된다.

영상 시청을 하면 장면을 통해 내용 파악이 좀 더 쉬워 효과적이다. 대사의 정확한 의미는 몰라도 아이의 관심사나 좋아하는 캐릭터가 나오는 영어 영상을 보여 주면 영어가 친근하게 느껴지고, 좋아하는 캐릭터에 몰입하여 캐릭터가 말하는 것을 따라 하고 싶은 마음이 생기기도 한다. 영화나 드라마를 볼 때, 관심 주제나 좋아하는

---

* 영국에서 전해 내려오는 동요집(Mother Goose's Nursery Rhymes).

** 6~8세 정도의 아이들의 영어 읽기 연습을 도와주는 간단하고 비슷한 구조의 문장이 반복되는 영어책.

난이도	추천 영상
1단계	수퍼와이(Super Why), 립프로그(Leap Frog), 구름빵(Cloud Bread)
2단계	엘로이즈(Eloise), 찰리와 롤라(Charlie and Lola), 아서 시리즈(Arthur), 베렌스타인 베어스(The Berenstain Bears), 바다 탐험대 옥토넛(Octonauts)
3단계	매직 스쿨 버스(The Magic School Bus), 호리드 헨리(Horried Henry), 투모로우 나라의 마일스(Horried Henry), 제로니모의 모험(Geronimo Stilton), 레이디버그(Miraculous:Tales of ladybug & Noir), 빤스맨(Captain Underpants), 소피아(Sofia)

배우가 있으면 보게 되고, 주인공의 대사를 따라 해보기도 하는 것처럼 아이들도 비슷하다. 아이들마다 학습 성향이 다르기 때문에 무조건 자막 없이 시청해야 한다고 강요하기보다는 경우에 따라 한글 자막과 영영 자막을 활용하면 영어 영상 시청에 재미를 붙일 수 있다. 〈신기한 스쿨 버스Magic school bus〉와 같이 지식을 전달하는 내용이 있는 경우에는 처음에 한글 자막을 보여 주는 것도 도움이 된다. 영어를 읽기 시작할 때부터는 영영 자막도 영상 집중듣기로 활용이 가능하니, 자막도 훌륭한 공부 도구가 될 수 있다. 가급적이면 매일 20~30분은 흘려듣기와 같이 편안히게 듣기를 권장한다.

둘째, 집중 듣기Intensive Listening는 글자와 소리를 일치시키면서 듣는 방법인데, 이 과정은 영어의 연음을 자연스럽게 익히고, 듣는 귀를 민감하게 만들어 준다. 보통 연필이나 펜을 손에 쥐어 주거나 손가락으로 영어책의 글자를 짚으며 음원에 맞추어 듣게 한다. 파닉스를 배우는 중이라면 무작정 시도하기보다는 그림 집중 듣기를 하는 것이 더 좋은 방법이다. 그림책이나 삽화가 있는 쉬운 리더스북을 펼치고, 음원을 틀어 주자. 소리에 맞춰서 글자보다는 그 장면의 내용과 일치시킨다고 생각하자. 그림 집중 듣기를 통하여 영어 소리가 익숙해졌다면, 손가락으로 소리에 맞춰 글자를 따라가면서 집중 듣기를 하도록 옆에서 부모가 도와주자. 처음부터 아이 스스로 하기에는 어려움이 많을 것이다. 하지만 몇 번 시도하다 보면 아이도 집중 듣기가 무엇인지 감을 잡게 되고, 영어 학습에 도움이 된다는 것을 스스로 느낄 수 있게 된다. 부모가 보기에는 아이가 이해를 하면서 듣는 것인지, 소리와 글을 제대로 맞춰 가면서 보는지 반신반의할 때가 있는데, 아이를 믿고 지켜봐 주자. 집중 듣기를 통해서 다양한 어휘를 접할 수 있고, 모르는 어휘가 나와도 영어가 두렵게 느껴지는 거부감이 줄어든다. 집중 듣기는 학원을 다니는 아이라면, 학원의 주 교재를 우선적으로 진행하고, 아웃풋을 위한 듣기 과정으로 넘어가도 좋다. 엄마표로 영어를 하는 경우라면, 평소 아이가 보는 영어책 수준보다 약간 높여 보자. 쉬운 책은 아는 표현이 많다 보니, 약간 어려운 책에 비해서 건성으로 보게 되는 경우가 많다. 한 페이지에 모르는 영어 단어가 2~3개인 것을 골라서 듣게 하면 집중도를 높일 수 있다. 아이 성향에 따라 한 교재를 반복해도 좋고, 비슷한 난이도의 다른 교재로 이어서 해도 좋다. 교재 선택은 아이와 함께 주제를 선정하는 것이 지치지 않고, 꾸준히 할 수 있는 방법이다. 다른 사람의 추천보다는 우리 아이의 관심사를 꼭 파악해야 한다.

아웃풋을 위한 듣기에는 듣고 따라 말하기와 듣고 받아쓰는 두 가지 방법이 있다. 영어를 처음 시작하는 아이들에게는 받아쓰기 방법은 적절하지 않다. 초등 저학년은 레벨에 관계없이 듣고 따라 말하기를 하면 영어 듣기와 말하기 실력을 함께 향상시킬 수 있다는 장점이 있다. 챕터북Chapter book*을 읽는 수준의 아이라면 듣고 받아쓰기 훈련이 영어 듣기의 정확도를 높여 줄 수 있다.

첫째, 듣고 따라 하기 방법에는 에코잉Echoing과 쉐도잉Shadowing이 있다. 이 과정은 리더스북과 같은 교재의 본문을 보면서 따라 하다가, 익숙해지면 본문을 보지 않고 듣고 따라하는 연습으로 이어지게 한다. 초등 저학년의 경우는 북 레벨과 관계없이 교재의 본문을 보며 큰 소리로 따라 읽는 것이 연음과 억양을 정확히 배울 수 있는 방법이다. 에코잉은 영어 한 문장을 끝까지 듣고, 바로 따라 하는 학습 방법인데, 마치 메아리 같다고 하여 에코잉이라는 이름이 붙었다. 이때 소리만 따라하는 것은 의미가 없다. 영어 듣기를 훈련하는 목적은 들어서 그 문장을 이해하는 데에 있다. 문장의 의미를 이해하며 소리 내어 따라 해야 한다. 아이가 현재 읽고 있는 영어책보다 한 단계 낮추면 자신감 있게 문장을 따라 할 수 있다. 1, 2학년에게는

---

* 영미권 8~13세 아동을 위한 문학 장르의 책.

쉽고 만만한 리더스북이나 쉬운 영어 전집 그림책부터 에코잉하는 것을 추천한다. 쉐도잉은 처음에 그림자처럼 원어민 음성을 들으며, 한 박자씩 늦게 따라 읽어가는 훈련을 하게 된다. 원어민 속도와 비슷해지고, 자연스럽게 따라갈 수 있으면 그 다음으로는 원어민 음성과 동시에 소리를 들으며, 교재 본문을 보면서 따라 읽게 한다. 이 과정이 반복되면 본문이 외워져 교재 없이, 소리와 동시에 따라 할 수 있게 된다. 쉐도잉의 방법이 좋아 보이지만, 실제로 적용해 보면 저학년에게는 무리가 될 수 있다. 영어의 발음과 억양을 정확하게 익히는 것이 더 중요한 시기기 때문에 오히려 에코잉의 방법이 수월하게 진행하는 방법이 될 수 있다. 쉐도잉은 원어민 음성을 바로 따라가는 방법이기 때문에 원어민 음성도 제대로 듣기 힘들 수 있고, 제대로 따라 하기도 힘든 상황이 많다. 힘도 들지만 정확성도 떨어진다면 지금 단계에는 적합한 방법이 아닐 수 있다.

둘째, 듣고 받아쓰기Dictation의 방법이 있다. 영어를 공부해 본 부모들이라면 누구나 한 번쯤 해봤던 학습법일 것이다. 듣기 중 가장 인내심이 요구되며, 그만큼 효과도 확실히 가져올 수 있다는 점이 특징이다. 단, 받아쓰기 할 때 듣는 내용의 수준과 아이의 운필력 또한 중요하다. 1, 2학년 아이들은 한글 쓰기조차도 버거워하는 아이들도 많기 때문에 3~4 문장으로 영어로 일기 쓰기가 가능한 시점부터 듣고 받아쓰기를 시작하면 수월하게 진행할 수 있다. 처음에는 듣기 교재를 활용하여 문장의 빈 칸을 채워 가는 받아쓰기를 해보

난이도별로 교재가 다양하게 구성되어 있고, 홈페이지에 해당 교재의 자료들은 엄마 표로 학습하기에도 부족하지 않다. (참고용 예시 교재)

고, 익숙해지면 문장 전체를 듣고 받아쓰기해 보는 연습을 하면 평소 잘 들리지 않았던 부분을 알아내고 연습을 할 수 있다.

초등 영어의 핵심은 듣기 훈련에 있다. 유아부터 영어를 꾸준히 해왔더라도 초등 저학년 때, 듣기가 무너지면 영어 실력은 생각보다 쑥쑥 올리기가 힘들다. 영어 학습법 파트에서도 듣기에 가장 중심을 두었다. 영어 학습법은 정답이 없기 때문에 다양한 듣기 방법을 시도해 보고 내 아이에게 가장 적합한 방법을 찾아서 꾸준히 해야 한다. 시도해 보지 않고, 이 방법은 아이에게 맞지 않을 것 같다고 지레 짐작하지 말자. 아이들은 부모와 다르다. 아이에게 맞는 듣고 이해하기 수월한 방법을 찾기를 바란다. 다양한 시도를 해볼 여유가 있는 것도 저학년의 특권이다. 매일 영어 듣기 시간을 확보하는 것부터 시작하자.

영어 말하기도
목표가 중요하다

영어로 말을 할 수 있다는 것과 말을 잘한다는 것은 의미가 다르다. 우리말을 배울 때를 떠올려 보자. 소리 환경 자체가 한국어이기 때문에 한국말을 하게 된 것이지, 한국어를 할 줄 안다고 해서 말을 잘하는 것은 아니다. 초등 저학년 영어에서 말하기의 의미는 크게 두 가지로 나누어 볼 수 있다. 영어를 이제 막 시작한 경우라면 흔히 생활 영어라고 하는 영어로 말하기가 목표가 된다. 반면에 영어 유치원(유아 영어 학원)을 다녔거나 리터니Returnee*인 경우는 토론을 할 수 있는 정도의 말하기 수준을 원하게 된다. 생활 영어 수준의 영어로 말하기는 영어책 읽기 학습과는 다르다. 스토리북Story book을 평소에 자주 읽어서 내용을 다 외울 정도가 되었다고 하더라도 원어

---

* 해외에 거주하다가 귀국한 사람.

민과 대화를 할 때, 어떤 이야기들을 주고받을 수 있을까? 구어체로 된 문장을 듣거나 본 경험이 적다면 자연스러운 회화는 어려워할지도 모른다. 영어로 말하기 위해서는 구어체로 된 기초 영어책들이 필요하다. 스토리북만 읽어서는 회화 능력이 자연스럽게 늘기 어렵다. 여전히 서점에 가면 여행 영어나 생활 영어에 관련된 책들이 많은 것을 보면, 기본적인 생활 어휘와 문장의 기본 패턴을 익히는 것이 필요하다는 것을 알 수 있다. 가장 좋은 방법은 원어민과 만나 대화하는 것이겠지만, 학원이나 화상 영어를 이용한다고 하더라도, 대화하는 시간은 부족하기 그지없다.

초등 저학년 때 생활 영어 회화가 가능하도록 하려면 어떻게 해야 도움이 될까? 대부분의 스피킹 교재는 한국어를 어떻게 영어로 바꿔야 하는지 역으로 문장을 알려 준다. 어휘만 알면 그 패턴을 외워서 대입하여 쓰도록 유도하는 교재들이 많다.

이렇게 배우는 것도 의미가 있겠지만, 아직 초등 저학년 아이들은 귀가 예민하여, 성인과 다르게 듣기에 대한 습득이 빠른 편이다.

그것은 무엇입니까?	What is it?
그것은 ( )입니다.	It is ( ).
그것은 연필입니다.	It is a pencil.
그것은 책입니다.	It is a book.

다양한 영어 문장을 접하면서 자연스럽게 문장을 알게 되고, 그 문장 속에서 패턴이라는 규칙을 스스로 찾아, 필요한 어휘를 사용하여 문장이 만들어지도록 하는 과정을 거치게 하는 것이 더 수월한 방법이 될 것이다. 앞페이지의 박스처럼 국어 문장을 영어로 바꾸라고 하면, 아이들은 영어는 외우는 과목으로 인식하게 되고, 외국어 배우는 것이 재미없게 느껴질 수 있다. 다양한 문장으로 표현할 수 있지만, 자신이 외운 그 한 문장을 고수하며 사용할 수도 있다. 따라서 스피킹 교재를 따로 구입할 필요는 없으며, 국내 영어 전집을 활용하여 기초 구문을 익는 것을 우선 추천한다. 그림을 통해 문장이 무엇을 의미하는지 쉽게 파악이 가능하기 때문이다. 또한 챈트^{Chant}를 이용하여 노래를 부르듯이 즐겁게 문장을 따라 할 수 있다. 기초 문장을 익히기 쉬운 《뉴씽씽영어》(한국헤르만헤세)와 구어체를 만나볼

What color is that? It's **blue**.

Jamie paints
the robot **blue**.

씽씽영어 교재 중

수 있는 'Talk Talk Playtime in English', 문장 패턴을 쉽게 익힐 수 있는 'English Tiger'등이 있다.

아이와 함께 책 구성을 살펴보고, 편집이나 구성이 아이에게 흥미를 줄 수 있는 것을 우선적으로 선택하면 좋겠다. 이미 구입한 책인데, 아이가 잘 보지 않는다며 어떻게 활용해야 할지 모르겠다고 하는 부모들도 있다. 영어는 부모가 아이에게 인풋해 주는 과정이 귀찮다고 여겨질 때부터 멀어지게 되어 있다. 하물며 어른인 우리도 새해가 되면 영어 회화 공부를 다짐하고도 작심삼일로 끝나고 만다. 적어도 우리 아이만큼은 귀찮더라도 매일 영어 소리에 노출되게 하고, 따라 할 수 있도록 환경을 꼭 만들어 주자. 오늘부터 아이 수준에 맞는 영어책 한 권을 선정하여 음원을 함께 듣고, 함께 따라 읽고, 아이가 스스로 따라하는 모습을 당연하게 여기지 말고 칭찬과 응원의 피드백을 꼭 해주도록 하자. 적어도 아이가 자신의 생각을 영어로 말할 수 있는 그날까지다. 노력 없이 얻어지는 것은 없다.

아이의 영어 회화 실력을 높여 주는 방법으로 부모가 아이와 함께 영어로 이야기를 해보는 것도 있는데, 제대로 한다면 긍정적인 효과가 있다. 그런데 일상생활에서 갑자기 영어로 말을 하는 것이 서로 어색할 수 있다. 그럴 때에는 어떤 상황에서는 영어를 쓰게 하면 도움이 되는데, 적극 추천하고 싶은 것이 바로 보드게임이다. 수학적인 개념을 설명하기 위한 목적의 게임이 아니라면 보드게임 할 때만큼은 영어를 쓰는 것도 좋다. 게임 중에 쓰는 문장은 크게 어려울 것이 없기 때문에 이제 막 영어를 배우기 시작한 아이들도 금방 따라 할 수 있다. 또한 부모가 영어 실력이 좋지 않은 경우, 우리말과 영어를 섞어서 쓰는 경우가 있는데, 이제 영어 회화를 배우는 아이에게는 좋지 않은 습관이 생길 수 있으므로 가급적 영어 문장으로 표현해 주는 것이 바람직하다.

영어 토론이나 프레젠테이션을 목표로 하는 아이들의 경우는 1학년 때 챕터북을 읽거나, 미국 교과서 2.2 이상을 읽는 수준의 아이들이 대부분이다. 유아 때부터 영어로 대화하는 것에 익숙해져 있기 때문이다. 지금부터 말하기 수준을 올릴 수 있는 방법은 우선 좋은 글을 많이 읽게 하고, 직접 글을 써보게 하고, 글을 다듬게 하고, 그 내용을 암기하여 말할 수 있는 연습하는 것이 필요하다. 학원을 다니는 경우에는 커리큘럼상 프레젠테이션을 하는 곳이 있어서 영어 공부를 하러 다니면서 자연스럽게 준비할 수 있다. 사실 말하기라는 것이 꼭 해야 한다는 필요성을 아이들이 느끼기 어렵기 때문에 때로는 말하기 대회에 참여하여 준비하는 과정을 통해 경험치를 늘리는 것도 좋은 방법이 될 수 있다. 영어 말하기 대회의 경우, 즉석에서 주제에 대해 곧바로 이야기하는 것이 아니다. 사전에 시나리오를 작성하고, 충분한 연습 후에 대회에 나가게 된다. 이 과정을 준비하면서 아이들은 발표할 때의 발성과 태도, 설득력 있는 말하기에 대한 연습이 자연스럽게 이루어진다.

아이들이 앞으로 살면서 공식화된 형식에 맞춘 글을 써야 하고,

말하기를 해야 하는 상황을 맞이할 날이 있기 마련이다. 영어 영재원, 말하기 대회, 모의 유엔, 디베이트 등 모든 아이들이 경험하진 않겠지만, 꿈과 진로에 따라 공식적인 형식의 말하기가 필요할 때가 있다. 우리 아이는 학창 시절에 경험하지 않아도 될 일이니 나는 신경 쓰지 말아야겠다는 생각은 금물이다. 중학교, 고등학교 수행평가에도 말하기 영역이 점차 늘고 있고, 영어 모의 법정과 교내 영자 기사 쓰기 동아리와 같이 학교생활에서도 영어 말하기를 할 기회가 점점 늘어나고 있다. 어느 날 갑자기 영어로 말하기를 해야겠다고 해서 하루아침에 영어 토론이 자연스럽게 되는 것은 아니다. 말하기 역시 훈련이 필요한데, 이때 도움이 되는 것은 바로 '영자 신문'이다. 아이가 스피킹이 부족하면 대부분 화상 영어를 해야 한다고 생각한다. 여기에서 말하는 스피킹은 일반적인 평소 대화와는 다르기 때문에 화상 영어보다는 배경지식을 넓히고, 고급 어휘 습득하고, 논리적인 생각을 구조화하여 글을 쓰고 말하는 일련의 스피치 과정을 경험하는 것이 더 좋은 방법이다. 영자 신문을 통하여 최근 이슈가 있는 글로벌 기사도 접하고, 다양한 정보를 습득하여, 시나리오를 쓰거나 말하기를 할 때, 근거 있는 소재로 이용할 수 있는 장점이 있다. 영자 신문에 있는 기사를 그대로 소리 내어 읽으면 리딩 훈련이 되지만, 그 기사를 암기하여, 보지 않고 말을 하면 그것은 읽기라기보다 스피킹 훈련에 가깝다고 볼 수 있다. 마치 CNN의 앵커가 된 것처럼 영어 말하기 훈련을 할 수 있도록 지적보다는 지지해 주는 부모가 되자.

대표적인 어린이 영자 신문으로는 《Kids Times》, 《NE Times》, 《Time for kids》 등이 있는데, 샘플 신문을 인터넷으로 보거나, 직접 받아 볼 수 있기 때문에 아이와 함께 선택하도록 한다. 영자 신문의 경우 색감이나 사진의 구성, 활자의 크기 등을 고려해 아이들이 보기 편한 것으로 선택하자. 《Kids Times》는 정보성이 강한 신문으로 새로운 어휘와 지식을 습득하기 좋은 구성이며, 《NE Times》는 영어 학습에 도움 되는 내용으로 구성되어 있다. 《Time for kids》는 영어 잡지 형태이며, 고급 어휘와 문장을 익히는 데 도움이 된다. 스피킹을 위한 영자 신문을 선택한다면, 현재 아이의 리딩 수준보다 한 단

《Kids Times》 예시

계 낮춰서 구독하기를 권장한다. 정확하게 읽고, 이해하고, 외워서 말하기까지 순차적으로 이어져야 하기 때문에 자칫 어렵게 시작하면 쉽게 포기하게 된다. 스피킹은 영어의 영역 중에서도 최고의 성취감을 얻게 해줄 수 있다는 점을 꼭 기억하자.

1학년부터
시작하는 영어

파닉스, 사이트 워드, 영어책 읽기는 동시에 하자

요즘은 유아 때부터 영어를 접하는 것을 당연하게 여기고 있어서 그런지 몰라도 초등 1학년부터 영어를 시작한다고 하면 늦었다고 생각하는 부모들이 많다. 어디서부터 시작해야 하는지, 어떤 교재를 써야 하는지 막막하게 느껴질 수 있다. 대부분 영어책을 읽기 위해서 가장 먼저 생각나는 학습법은 '파닉스'를 익혀야 한다고 생각할 것이다. 다양한 영어 학습법을 찾아본 부모들은 파닉스를 굳이 하지 않아도 영어책을 읽을 수 있다고 말하기도 한다. 물론 맞는 말이다. 영어 소리에 대한 경험을 늘려 주고, 많은 책을 접하다 보면 자연스럽게 배울 수 있다. 그러나 초등학생은 영어에만 쏟을 시간이 부족할 수 있다. 따라서 파닉스와 영어책 읽기를 병행한다면 훨씬 더 수월하게 영어를 읽을 수 있다. 영어를 읽는다는 것은 한글을 깨우치고 읽는 것과 크게 다르지 않다. 단어를 통 글자로 익히거나,

한글 조합 원리로 깨우치는 것처럼 영어에는 파닉스와 사이트 워드 Sight words*가 존재한다. 영어 철자 읽기 규칙이 반영된 파닉스 교육은 일정 기간 이상 반복적으로 학습하는 것이 중요하다. 파닉스부터 해야겠다고 마음먹었다면 6개월 정도를 목표로 파닉스 책 시리즈 중 하나를 듣고 따라 읽고, 따라서 쓰는 과정을 통해 워크북을 완성하는 경험을 하게 해보자. 영어 알파벳 26개가 어떻게 소리 나는지 알고 단어와 문장을 읽게 하기 위해 만든 규칙을 파닉스라고 하는데, 'Cat'이라는 단어를 배울 때, 바로 [캣]이라고 읽게 하는 것은 한글에 비유하면 통 글자 그대로 인식하게 하는 방식이고, 'C[크], a[애], t[트]'처럼 발음 하나하나를 연결하여 [캣]이라는 단어로 읽게 하는 방법으로 한글에서 자음과 모음 조합 원리로 배우는 것과 유사하다. 파닉스를 잘 모른다고 해서 반복에 반복을 거듭할 필요는 없다. 한 번쯤 경험하여 음가를 알고, 규칙을 적용하여 모르는 영어 단어와 문장도 읽게 하는 기초적인 토대를 만드는 것 정도면 충분하다. 영단어는 파닉스 규칙에 어긋나는 경우도 많기 때문에 파닉스 학습을 하면 모든 영어를 술술 읽게 되는 것은 아니다. 파닉스도 소리와 발음을 익히는 방법 중 하나일 뿐이지, 이것이 절대적으로 필요한 학습법이라고 말하기는 어렵다. 하지만 규칙을 익혀 두면 단어를 익힐 때, 쉽게 읽고 쓸 수 있다는 장점이 있으니 파닉스 책은

---

* 　미국 어린이 도서를 분석했을 때 50~70% 빈도수를 차지하는 단어들로 'Dolch Words 220'을 발표하여 영어를 배우는 아이들이 한눈에 보고 읽을 수 있는 단어를 지칭한다.

경험해 보되, 지나치게 학습하지는 않아도 된다.

파닉스 교재를 고를 때에는 아이가 선호하는 책으로 고르게 한다면, 아이도 부모가 하라니까 하는 것이 아니라 선택하여 공부하는 느낌을 받을 수 있다. 초등 아이들에게 적합한 난이도로는 《스마트 파닉스Smart Phonics》와 《EFL 파닉스》 두 가지를 추천한다.

파닉스 교재

파닉스 교재를 할 때에는 가급적 교재에 나오는 영단어를 아이들이 인지할 수 있게 음원을 듣고 따라 읽는 연습이 도움 된다. 아이가 알파벳 음가를 어느 정도 익히게 되었다면, 사이트 워드와 영어책 읽기를 함께 진행해도 좋다. 영어책은 쉬운 난이도의 그림책부터 리더스북까지 다양하게 읽어 줘도 좋다. 지금은 아이가 스스로 읽는 시기가 아니기 때문에 소리의 노출이 중요하다. 많이 들었던 경험은 읽고 말하는 데 자신감을 줄 수 있기 때문이다.

사이트 워드는 인터넷 검색을 통해서 어떤 단어들이 있는지 알아볼 수는 없지만, 사이트 워드를 이용하여 간단하게 스토리북으로 만든 책들을 활용하면 효과적이다. 대표적으로 스콜라스틱사의 사이트 워드 교재와 노부영 사이트워드 교재가 있다. 전자의 책으로 예를 들어 활용 방법을 알려 주고자 한다.

이 책 안에는 'I, Help, At, The'라는 네 가지의 사이트 워드가 포함되어 있다. 아이가 스스로 이 문장을 읽을 수 있게 하기 위해 다음과 같은 방법을 사용하면 효과적이다. 음원을 틀고, 부모가 손가락으로 글을 짚어 가면서 영어책 한 권을 가볍게 본다. 다음으로 같은 방법으로 아이에게 알려 주어 아이 스스로 손가락으로 문장을 짚으면서 음원을 듣도록 한다. 단어를 하나씩 읽어 주면서 따라 하게 한다. 부모가 'I'라고 말하면 아이가 바로 'I'라고 따라 하도록 한다. 이렇게 한 권을 다 읽으면 아이에게 읽을 수 있는 단어가 있는지 물어본다. 만약 아이가 'I'와 'Help'를 읽을 수 있다고 한다면 부모와 아

I help at the park.

I help at the library.

스콜라스틱 《사이트 워드》 교재 중

이가 함께 책을 읽어 본다. 아이가 'I help'라고 읽으면 이어서 부모가 'at the park'라고 읽는다. 사이트 워드는 아이가 최대한 많이 참여하여 읽게 하는 것을 목표로 두어야 한다. 읽을 수 있는 단어는 자신 있게 소리 내어 읽었을 때, 사이트 워드의 습득 및 영단어의 습득도 빨라질 것이다. 그 다음 해야 할 것은 아이가 배운 사이트 워드를 영어 노트에 5번 정도 쓰게 하는 것이다. 눈으로 보고 익힌 단어보다는 직접 읽고 써본 단어가 기억에 오래 남기 때문이다. 사이트 워드는 크게 어렵지 않기 때문에 아이들도 금방 쓸 수 있다.

사이트 워드를 거의 익혔다면, 리더스북 1단계 정도 되는 책들을 조금씩 읽기 시작할 수 있다. 영어책은 그림책과 리더스북 두 가지 모두 활용을 해야 하는데, 일반적으로 그림책이 리더스북보다 어휘면에서는 풍부하다고 볼 수 있다. 한 줄짜리 영어 그림책이지만, 제법 난도가 높은 단어들이 있는 경우도 많다. 이때에는 미국 초등학교 기준으로 2학년 이하 아이들이 보는 그림책을 자주 접하게 하거나, 국내에서 출시된 영어 그림책을 봐도 좋다. 어떤 영어 그림책을 보여 줘야 할지 선택하기 어렵다면, 각 지역 도서관의 어린이 영어 코너에 가서 일단 어떤 책들이 있는지 훑어본다. 영어책은 일반 대형 서점에서는 많은 원서를 한 번에 보기가 어렵기 때문에 도서관을 이용하는 것이 더욱 효율적이다. 음원이 있는 경우, CD까지도 대출이 된다는 장점이 있다. 영어 서적 전문 사이트에서 어떤 책들이 있는지 둘러보고 구매해도 좋다. 전문 사이트에서는 영어책을 연령이나 레벨별로 구분해서 분류했기 때문에 영어책 정보가 없는 부모들도 쉽게 책을 찾아볼 수 있다. 영어 그림책을 선택할 때에는 아이의 관심사를 먼저 파악한 다음 관련 주제로 확장해 주는 것이 유리하다. 아이가 재미있게 본 한글책이 번역본이라 원서가 있다면, 원서를 구매해서 아이를 보여 주자. 영어에 대한 거부감이 큰 아이일수록 친숙한 그림이 있는 책을 건네주는 것이 도움 된다. 편하게 아이가 영어를 배우는 방법이 없을까 고민하는 것보다는 현재 우리 아이의 관심사를 파악하여 관련 책을 제공해 주는 것이 영어에 대한 흥미를 높일 수 있다. 요즘은 온라인 영어 도서관도 있지만, 영어책을 처음 읽기 시작하는 아이들에게는 전자책보다는 종이책을 주는 것이 더 효율적이다. 전자책은 책을 읽어 주는 시스템이 있는 경우도 있어 아이가 스스로 읽으려고 하기보다는 들으려고 하는 경향이 있다. 지금 영어책을 읽는 목적을 잘 생각해 봐야 한다. 많이 듣기 위

 깔주아가 추천하는 **대표 온라인 영어 서점**

① 쑥쑥몰 eshopmall.suksuk.co.kr
② 키즈북세종 www.kidsbooksejong.com
③ 동방북스 www.tongbangbooks.com
④ 애플리스외국어사 eplis.co.kr
⑤ 제이와이북스(노부영) www.jybooks.com
⑥ 웬디북 www.wendybook.com
⑦ 하프프라이스북 www.halfpricebook.co.kr

해 활용하는 것이라면 전자책도 좋지만, 현재 사이트 워드를 거의 익혀서 단어 하나하나, 문장 하나하나 읽어야 하는 이 시기인 만큼은 쉽고 가볍게 볼 수 있는 종이책이 훨씬 좋다는 생각이다.

사이트 워드에 이어서 도움이 되는 영어책은 단연코 리더스북이다. 리더스북은 영어책 읽기를 위해 만든 책이라고 볼 수 있다. 따라서 어휘의 난이도나 어휘량에 따라서 레벨이 구분되어 있다. 초기 리더스북은 쉬운 한 문장으로 구성되어 있다 보니 많은 부모들이 책 구매를 아까워하는 경우가 있다. 영어책은 소장 가치를 생각하는 것보다는 지금 현재 많이 반복해서 봐야 할 책들을 우선적으로 구매하는 것이 필요하다. 특히 읽기를 시작하는 시점에는 쉬운 책들을 집에 어느 정도 보유하고 있어야 읽기 연습을 충분히 할 수 있다. 대표적인 초기 리더스북으로는 옥스퍼드《리딩트리(ORT)》1+에서 2단계, 투판즈《Fun to Read》K단계, 제이와이북스《노부영 런 투 리

Learn to Read 중

드^{Learn to Read}》, 스콜라스틱《Hello Reader》1단계 등이 있다. 사이트 워드와 이 책들을 읽어서 영어 문장에 익숙하게 하는 것이 포인트다. 이 책의 문장들은 보통 그림의 내용을 한두 줄 정도로 간략하게 영어 문장으로 표현하고 있어서 따로 한국어로 해석해 주지 않아도 아이들이 어휘만 안다면 충분히 이해할 수 있다. 리더스북에서 핵심은 쉬운 단어를 반복적 노출을 통해서 습득하는 것이다.

그림만으로도 아이가 내용을 잘 이해하지 못하거나, 부모에게 무슨 뜻이냐고 계속 묻는다면, 현재 보고 있는 책의 수준이 아이에게 어렵지는 않은지 살펴봐야 한다. 아이에게 어렵다고 느껴지는 책이라면 지금 보는 책보다 더 쉬운 단계로 내려와야 한다. 리더스북의 재미를 못 느끼는 아이들은《튼튼영어 주니어 레벨》,《뉴 씽씽영어》,《잉글리쉬에그》,《Talk Talk playtime in English》등과 같은 국내 영어 전집으로 접근하자. 이 영어 전집들은 자주 쓰는 표현들을 중심으로 그림과 문장을 구성했으며, 음원이나 DVD가 함께 제공되기 때문에 영어를 쉽게 이해할 수 있다는 장점이 있다. 그렇다고 해서 이 전집을 보다가 갑자기 챕터북을 읽게 될 수는 없다. 영어책도 한글책처럼 글밥을 서서히 늘려 가야 하고, 그림이 없어도 내용을 이해할 수 있어야 하기 때문이다. 아이가 이해할 수 있는 범위에서 책을 읽게 하면서 아는 어휘가 점진적으로 증가하게 되면 글밥도 자연스럽게 서서히 늘려 갈 수 있다.

초기 리더스북과 국내 영어 전집을 통해서 쉬운 문장을 읽을 수

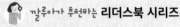
있게 되면, 본격적인 읽기 연습이 진행되어야 한다. 매일 조금이라도 읽는 것이 중요하다. 영어 읽기가 습관이 되면, 영어 공부에 가속도를 붙일 수 있다. 다음 추천하는 리더스북들의 시리즈는 레벨별로 구분되어 있다. 이때부터는 얼마나 많은 경험을 했는지가 중요하다. 한글에서도 읽기 독립과 문고판을 읽기 위해서 쉬운 책들부터 글밥을 늘려 가며 많이 읽듯이 책의 공급이 중요한 시기가 된다. 한 권을 반복해서 읽는 아이들도 있지만, 반복을 좋아하지 않는다면 비슷한 수준의 여러 책을 보여 주는 것도 같은 효과를 발휘할 수 있다.

챕터북의
벽을 넘어라

40~50페이지 정도에 한 페이지 당 7~10 문장으로 구성된 리더스 북을 자연스럽게 읽을 수 있는 수준이 되면, 다음 단계의 책인 챕터 북을 읽도록 한다. 챕터북이란 읽기 훈련을 위한 책이 아니라 영미 권 아동을 위한 문학 장르의 책을 말한다. 300~500쪽 정도 되는 영 어 소설에 비해 내용이나 어휘 수준이 어렵지 않아 아이들이 쉽고 재미있게 이해할 수 있는 책이다. 읽기 훈련보다는 읽기에 재미를 붙여 주어 호흡이 긴 글도 쉽게 읽어 낼 수 있는 힘을 기르기에 적합 하다. 많은 부모들이 아이가 초등학교 졸업 전에는 '해리포터' 원서 를 읽기를 바란다. 그러다 보니 하루라도 빨리 리더스북에서 벗어 나 챕터북을 술술 읽기를 원한다. 하지만 아이들은 작아진 글씨와 어려워 보이는 어휘, 수많은 문장 속에 그림도 별로 없다 보니 읽어 보지도 않은 채, 어렵다고 지레 겁을 먹기도 한다. 아이들에게 알려

줘야 할 것은 챕터북은 넘을 수 없는 벽이 아니라는 것이다. 챕터북은 대부분 6~20개 챕터로 나누어져 있다. 한 챕터는 약 5장 정도로 구성된 책이 많은데, 처음 읽을 때에는 책 한 권을 읽게 하는 것보다는 챕터별로 나누어서 읽도록 하면 아이는 부담을 덜 느낄 것이다. 좋아하는 책을 발견했다면, 대부분 시리즈물로 구성되어 있기 때문에 다음 책으로 이어서 책을 보여 줘도 좋다.

챕터북이라는 벽을 넘기 위해서는 두 가지 방법이 필요하다. 첫째 아이의 관심사에 맞는 책을 선정한다. 부모들이 한글책보다 영

The longest rope ladder Jack had ever seen.

"Wow," he whispered.

The ladder went all the way up to the top of the tree.

There—at the top—was a tree house. It was tucked between two branches.

"That must be the highest tree house in the world," said Annie.

"Who built it?" asked Jack. "I've never seen it before."

"I don't know. But I'm going up," said Annie.

"No. We don't know who it belongs to," said Jack.

"Just for a teeny minute," said Annie. She started up the ladder.

"Annie, come back!"

She kept climbing.

3

Jack sighed. "Annie, it's almost dark. We have to go home."

Annie disappeared inside the tree house. "An-nie!"

Jack waited a moment. He was about to call again when Annie poked her head out of the tree house window.

"Books!" she shouted.

"What?"

"It's filled with books!"

Oh, man! Jack loved books.

He pushed his glasses into place. He gripped the sides of the rope ladder, and up he went.

챕터북 《Magic Tree House》 중

어책은 양질의 책을 읽혀 주고자 노력한다. 아이가 평소에는 한글책은 이것저것 선택해서 보지만, 영어책을 자신이 골라가며 스스로 읽는 횟수는 많지 않다. 몇 권 읽지 않는 영어책이니 이왕이면 수상작이나 추천 도서를 선택하는 경우가 많다. 챕터북에서 만큼은 누군가의 추천도 도움이 되겠지만, 아이의 관심사를 알아내는 데에 노력을 기울여야 한다. 영어책 글밥이 많아져서 가뜩이나 어려운데, 주제 또한 자신이 잘 모르는 이야기가 나온다면, 아이는 영어책 읽기에 대한 즐거움을 느끼지 못한다. 챕터북은 여자아이와 남자아이가 선호하는 장르가 다를 수 있다. 대부분의 여자 아이는 성장, 코믹, 명작, 학교, 친구, 가족에 대한 주제를 선호하며, 남자 아이는 추리, 모험, 과학, 코믹 등과 같은 장르를 재미있어 한다. 책 레벨이 높아서 읽기 힘든 경우라도, 아이가 좋아하는 주제를 보게 되면 그 힘으로 레벨을 극복하며 책을 보려고 한다. 챕터북은 그림책과 같이 이야기 전개가 흥미진진한 내용들이 많아서 책을 한 번 잡고, 이해하기 시작하면 끝까지 읽어 나가게 하는 힘이 있다. 아이의 관심사를 찾는 방법은 평소에 아이가 즐겨 보는 한글책 장르를 먼저 파악하는 것이 도움 된다. 어떤 주제의 책을 좋아하는지, 글밥은 어느 정도 되는지 살펴봐야 한다.

둘째, 아이의 리딩 실력에 맞는 책을 선정한다. 리더스북은 대부분 3.5점대 이하의 책이 많다. 그러나 챕터북은 더 높은 리딩 레벨인 경우가 많다. 챕터북 뒷장에는 책 레벨이 표시되어 있는 경우가 많으니 참고하자. 앞서 내 아이의 현재 영어 실력을 파악해야 한다고 언급했는데, 챕터북을 볼 때에는 리딩 레벨은 아이의 실력을 수월하게 성장하게 하는 데 참고가 될 것이다. 아이의 관심사에 맞는 장르의 책을 리딩 레벨에 맞추어 읽힌다면 큰 어려움 없이 이 단계를 극복할 수 있다. 그렇다면 어떻게 우리 아이의 관심사와 리딩 레벨에 맞는 책을 찾을 수 있을까 고민해 보자.

아이의 렉사일Lexile 지수를 알면 선택은 쉬워진다. 렉사일 지수를 잘 모른다면 AR 지수 변환표를 이용하여 대략적으로 아이가 평소에 읽는 수준의 책 레벨을 파악하면 도움 될 것이다. 참고로 AR은 미국 학교 독서 프로그램 기준으로 AR1.1이라면 미국 초등학교 1학년 1개월이 읽는 수준과 비슷하다고 보면 된다. 아이가 현재 읽고 있는 영어책의 AR 지수가 궁금하다면 'www.arbookfind.com'에서 책 제목을 검색하면 된다.

영어 도서관 테스트나 현재 아이가 읽고 있는 책을 통해서 아이의 렉사일 지수를 파악했다면 렉사일 사이트에서 우리 아이에게 맞는 책을 찾아보도록 하자.

렉사일 사이트
fab.lexile.com

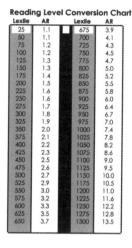

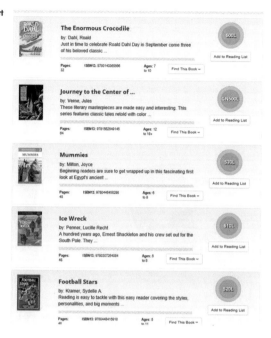

Step1에서 렉사일 지수를 입력하고, Step2에서 관심 있는 주제를 체크한다면, 책의 검색 결과를 한눈에 볼 수 있어서 이 책들을 참고로 아이에게 보여 주면 좋아하는 이야기를 읽으며, 실력도 올릴 수 있는 책을 쉽게 선정할 수 있게 된다.

리더스북에서 챕터북으로 자연스럽게 이어질 수 있도록 삽화가 많거나, 리더스북과 같은 구성을 가지고 있으며, 짧은 챕터로 나누어져 있는 책을 초기 챕터북이라고 한다. 챕터북 진입을 위해 반드시 필요한 과정이며, 쉬운 책들을 충분히 읽고 난 다음에 챕터북을 시작해도 늦지 않다. 초기 챕터북은 대부분 시리즈로 구성되어 있어 아이가 좋아하는 책을 발견했다면, 그 시리즈를 이어서 읽도록 해보자. 어느새 챕터북에 대한 부담감도 줄고, 이야기를 이해하는 힘이 생겼다는 것을 알게 될 날이 올 것이다. 다음 초기 챕터북 목록

My name is Nate the Great.
I am a detective.
I work alone.
Let me tell you about my last case:
I had just eaten breakfast.
It was a good breakfast.

초기 챕터북 예시(Nate the Great 중)

🎧 깔루아가 추천하는 **초기 챕터북**

① 《Comic Rocket》 시리즈
② 《Mr. Putter & Tabby》 시리즈
③ 《Seriously Silly Colour》
④ 《Mercy Watson》
⑤ 《Judy Moody and Friends》
⑥ 《Early reader》 시리즈
⑦ 《Commander toad》 시리즈
⑧ 《Early chapterbook starters》(구: 리딩강 챕터북
⑨ 《Mighty robot》
⑩ 《Nate the Great》 시리즈

은 아이들이 큰 호불호 없이 많이 읽는 책이기 때문에 우선적으로 읽힌다면 읽기 실력이 향상될 것이다.

챕터북을 활용하는 방법은 무작정 눈으로 읽는 것보다는 음원이 있는 교재는 음원을 통해 들으면서 책을 함께 본다. 또한 읽으면서 모르는 어휘가 나올 경우에는 바로 뜻을 찾는 것보다는 표시만 해두었다가 한 챕터 읽기가 완료되면, 그때 어휘의 뜻을 찾아보는 것이 도움이 된다. 모르는 단어를 계속 유추만 하고, 찾아보지 않게 되면 나중에 그 단어가 또 나왔을 때에도 명확한 의미로 이해를 못하고, 앞뒤 문장의 상황을 보면서 계속 유추해야 한다. 그렇게 되면 읽기 속도도 붙지 않고, 몇몇 잘못 유추한 어휘 때문에 내용을 엉뚱하게 이해하는 경우도 있으니, 챕터북 읽을 때에는 어휘도 함께 챙기는 습관을 잊지 말자.

한글을 떼어 스스로 책을 읽게 되면, 부모가 책을 잘 읽어 주지 않게 된다. 영어도 마찬가지로 챕터북을 아이가 읽을 수 있게 되면, 부모는 영어책에 대해 관심이 점점 멀어지며, 글쓰기나 학습서에 관심을 더 갖게 되기도 한다. 저학년 때는 챕터북을 많이 읽는 것이 중요하다. 읽는 경험이 쌓일수록 영어 문장이 익숙해지고, 자연스럽게 이해하는 힘이 생긴다. 주변을 의식하여 책의 수준만 올리는 것은 금물이다. 초기 챕터북처럼 쉬운 책들을 다독하는 것이 독해력을 기를 수 있는 힘이 된다. 챕터북은 한글책 읽는 수준보다 앞서지 못하기 때문에 아이가 현재 읽고 있는 한글책 수준과 비슷하거나 더 쉬운 수준으로 영어책을 선택한다면, 영어책이 쉽고 재미있다는 생각을 하게 된다. 초기 챕터북 이후의 책들은 아이의 리딩 수준에 맞추어 앞서 알려 주었던 렉사일 사이트를 참고로 책을 선택하길 바란다.

깔주아가 추천하는 초기 챕터북 이후, 즐겨 볼 수 있는 챕터북

① 《Junie B. Jones》
② 《Geronimo Stilton》
③ 《The Zack Files》
④ 《A Stepping Stone Book》
⑤ 《Marvin Redpost》
⑥ 《Magic Tree House》
⑦ 《Arthur Chapter Book》
⑧ 《Katie Kazoo》
⑨ 《Stink》
⑩ 《Horrid Henry》
⑪ 《A to Z Mysteries》
⑫ 《Wayside school》
⑬ 《Judy Blume Fudge Series》
⑭ 《My Weirder school》
⑮ 《The Tiara Club》
⑯ 《The Boxcar Children》
⑰ 《Seriously Silly Stories》
⑱ 《Captain Underpants Series》
⑲ 《Franny K. Stein》
⑳ 《Flat Stanley's world wide adventure》

{ **실력에 따른
영어 글쓰기** }

아직 영어책을 읽지 못한다고 해서 영어 글쓰기를 할 수 없는 것은 아니다. 파닉스를 하는 단계부터 알파벳 쓰기가 바로 영어 글쓰기의 시작이다. 아이가 영어 글쓰기를 처음 할 때에는 영어 노트를 쓰는 것이 바람직하다. 알파벳 쓰는 연습을 소홀히 하게 하지 말자. 한글을 쓸 때도 획순에 맞추어 쓰듯이 영어도 획순이 있다. 대문자와 소문자를 따로 쓰는 것이 아니라, 동시에 쓰면서 습득하는 하는 것이 더욱 효율적이다. 영어 노트를 쓰면 글을 쓸 때, 위치에 맞춰서 깔끔하게 쓰는 훈련이 자연스럽게 된다.

파닉스와 사이트 워드를 배울 때에도 단어를 노트에 써보는 연습을 한다. 한 단어 당 3번 정도 반복해서 써도 좋으니, 파닉스 규칙과 발음에 맞추어 써보는 훈련을 한다면 단어를 조금 더 오래 기억하기 쉬울 것이다. 영어 쓰기에 대한 경험을 늘려 주기 위해서 오늘 읽은 영어책을 가볍게 독서 통장처럼 만들어도 좋다. 책 읽은 날짜와 제목과 저자만 간단하게 써도 영어를 쓰는 연습이 되기 때문에 한글책 독서록 쓰듯이 기록해 보자. 5점 만점으로 아이의 흥미도에 따라 점수를 매겨 놓으면 나중에 재미있는 책만 따로 선별하기가 수월해진다.

🐝 **예시** 영어책 독서 통장

번호	읽은 날짜	제목	저자	5점 만점 점수
1단계	12/1	Around the world	Suzanne D. Nimm	5/5
3단계	12/2	Did you see chip?	Wong Herbert Yee	1/5

영어 쓰기가 익숙해지고, 초기 리더스북을 읽는 수준이 된다면 이때부터는 영어책을 필사하는 연습을 하게 해보자. 아직 영어로 말하기도 익숙하지 않은 단계이기 때문에 영작은 더 어렵게 느껴질 수 있다. 책에 나오는 문장을 따라 쓰는 것은 문법적으로 오류가 없기 때문에 바른 문장을 써보는 경험이 자연스럽게 쌓인다. 매일 영어 노트 한 쪽을 쓴다면 더할 나위 없이 좋겠지만, 시간이 부족하다면 일주일에 한 번 정도라도 영어로 글을 쓰는 경험은 반드시 필요하다. 이때에는 아이가 가장 좋아하고, 즐겨 보는 리더스북으로 선택하자. 처음에 영어책을 따라서 쓸 때에는 글씨체도 서툴고 문장을 빨리 쓰지 못할 수도 있다. 쓰다 보면 그 문장을 꼼꼼하게 들여다

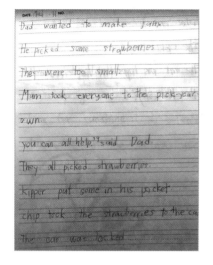

보게 되며, 반복적으로 문장을 기억하며 쓰려고 하기 때문에 자연스럽게 그 문장을 익히게 된다. 따라서 베껴 쓰기가 아닌 자신의 생각을 영어로 쓸 때에도 익히게 된 문장이 저절로 나오게 되는 경험을 하게 될 것이다.

위 과정이 익숙해졌다면, 이제는 자신의 생각을 문장을 만들어 볼 수 있다. 처음부터 영어 일기 쓰는 것에 도전하게 되면 아이는 글쓰기를 어렵다고 느끼게 될 것이다. 이제부터 해야 할 일은 'Book Report'를 써보는 것이다.

구글에서 'Book Report'를 검색하면 수많은 이미지를 볼 수 있다. 다양한 북리포트 양식은 다양한 글쓰기를 유도할 수 있다. 지금 아이는 영어로 무엇을 어떻게 써야 할지 막막한 상태다. 처음부터 자신의 생각과 느낌을 정리하기엔 어려울 수 있기 때문에 책을 읽고 책 내용에 대한 질문에 답을 하거나, 정리하는 문장 만들기를 하면 적어도 무엇을 써야 하는지에 대한 두려움은 줄어들게 된다.

🐝 예시 Book report

My Book Report

Name _____ Date

1. The title if my book is (   )
2. Do you like the story?
   I (like / don't like) this story because (   )
3. The author is (   )
4. Do you like the picture? (
5. The main character (   ) is (ex. funny, silly, lazy...   )
6. Write four complete sentences (a summary) telling about the story.
   (   )
7. My favorite part of the story was when (   )

아이에게 북리포트를 주기적으로 주 1회 정도 쓰는 것으로 정하고 쓰게 한다면 쓰기 실력이 늘 수 있다. 영어 글쓰기를 잘하고 싶다면 영어로 글을 써보는 경험치를 늘려야 한다. 아이가 북리포트 쓰는 것을 어려워하지 않는다면, 영어 일기 쓰기에 도전해 보자. 처음에는 아이가 쓰고 싶은 대로 자유롭게 마음껏 쓰게 한다. 처음부터 이 문장은 무엇이 틀렸고, 무엇을 고쳐야 하고 이렇게 지적하게 되면 아이는 점점 영어 글쓰기와 멀어질 것이다. 문법이나 스펠링이 틀렸다고 해서 우리 아이가 나중에도 글을 잘 못 쓸 것 같다고 두려워할 필요가 없다. 영어는 잘 못하지만, 한 줄이라도 스스로 써보려고 한다는 시도를 기특하게 여겨야 한다. 부모가 아이가 쓴 문장에 대해서 가이드 해주기 어렵다면 전문가의 첨삭을 받는 것이 도움이 될 수 있다. 맞는지 틀린지 모르고 계속 쓰다 보면 앞으로도 잘못된 문장을 쓸 확률이 높기 때문이다. 물론 평소에 영어책을 많이 읽는 아이라면 시간이 지나면서 스스로 할 수도 있는데, 이것이 가능한 아이들은 소수밖에 되지 않는다. 글쓰기에서 틀리는 부분이 문법적인 문제라면, 쉬운 문법책을 한 권 권해 봐도 좋다. 《Grammar Space kids》, 《Grammar Que》와 같은 교재는 아이들이 문법을 쉽게 배울 수 있도록 그림이 삽입되어 있으며, 자연스럽게 문법을 접할 수 있도록 교재가 구성되어 있다.

에세이 같은 글은 처음에는 아이가 영어를 쓰고 난 다음에 틀린 철자나 문법에 어긋난 부분을 교정하게 되지만, 가장 중요한 것은 내용이다. 무엇을 이야기하고자 했는지 핵심을 잘 드러나게 글을 써야 한다. 즉, 논리적 사고의 글쓰기가 요구되는데 1, 2학년에서는 영어 글쓰기가 한글로 글 쓰는 수준을 넘어서기 어렵다. 영어로 글쓰기를 잘하게 하고 싶다면 우선적으로 한글로 평소 글을 얼마나 쓰

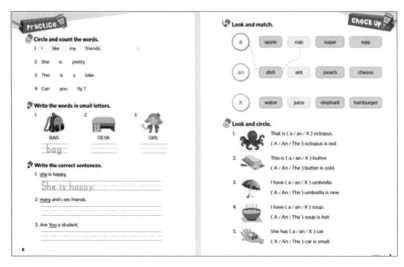

《Grammar space kids》 문법 교재 예시

는지 그 실력부터 파악해야 한다. 브레인스토밍* 과정을 통하여 쓰고자 하는 글의 내용을 구조화한 다음 글을 써본다면 조금 더 매끄러운 글쓰기가 될 것이다. 영어 글쓰기에 주력을 해야 하는 시기는 1, 2학년이 아니기 때문에 충분히 듣고, 말하고, 읽는 연습을 충실히 한 다음 3학년 이상부터 영어 글쓰기에 대해 집중을 해도 전혀 늦지 않다. 자신만의 다양하고 의미 있는 콘텐츠를 쌓는 일이야 말로 추후 좋은 글을 쓸 수 있는 글감이 생길 것이다.

---

* 창의성을 요하는 일이나, 글쓰기에서 글감을 찾을 때 생각나는 대로 아이디어를 쏟아 내는 방법으로 질보다 글감의 양이 중요하며, 모은 자료를 항목별로 분류하여 정리한다.

학원 다녀도
엄마표 영어는 필요하다

엄마표 학습으로 가장 많이 하는 과목은 영어가 아닐까? 10년 전에도 엄마표 영어로 아이가 영어를 잘하게 되면 그 성공 수기의 힘으로 엄마표 영어가 날로 증가했다. 10년이 지난 지금도 엄마표 영어의 성공 수기는 우리나라 엄마들의 의지를 불끈 솟아오르게 한다. 엄마표 영어는 이제 보편화되어 아이가 어렸을 때부터 영어를 들려주고, 영어로 책을 읽어주고, 파닉스도 시도해 보는 엄마들이 많다. 그런데도 이상하게 우리 아이는 성공 신화를 쓴 주역들처럼 척척 따라오지 않고, 언어적인 감도 부족한 것 같다. TV에 나오는 아이들은 그저 유튜브 채널을 통해 영어를 익혀서 유창한 영어를 구사할 수 있게 되었다고 하는데, 정말 그것이 전부인지 믿기지 않는다. 유아 기간 동안 남들이 말하는 것처럼 꾸준히 영어를 인풋했지만, 돌아오는 것은 이러다 앞으로 영어를 잘 못하게 되는 것은 아닌가하는 불안감뿐이다. 그래서 아이가 학교 입학할 무렵 영어 학원의 문을 두드린다. '누구나 할 수 있다고 했던 엄마표 영어는 아무나 하는 것이 아니다'라는 결론을 맺게 된 채 말이다. 각종 매체나 인터넷엔 엄마표 성공 수기는 있어도 실패 수기에 대해서는 듣기 힘들다. 실패자는 말이 없다고 했던가? 유아기에 엄마표 영어가 잘 되지 않았다고 하더라도 기죽지 말자. 시작은 지금부터다. 엄마와 하는 공부가 잘 맞지 않는 아이들도 있다. 선생님 말이면 척척 하는 아이들은 필요시 적절하게 전문가의 교육을 받는 것도 도움이 된다.

유아 때부터 영어 유치원이라고 불리는 유아 영어 학원을 다닌 경우에는 그 실력을 지속적으로 올리기 어려운 시기가 바로 초등 저학년이다. 그래서 이때를 영어 정체기라고 부르기도 하는데, 이유는 하나다. 적어도 하루에 5~6시간 이상 주 5일을 영어를 듣다가 학교에 다니면서 영어 인풋 시간의 시수가 절반 이하로 줄었기 때문이다. 주 2~3회 가는 영어 학원이 영어 학습의 전부가 되어 버리면 그동안 쌓아 놓은 영어 실력을 유지하는 것도 어려운 일이라는 것을 금방 알아챌 수 있다. 영어 실력 향상을 위해서는 학원에 다녀도 엄마표 영어는 필요하다. 가르치는 엄마표 영어가 아닌 코칭하는 엄마표 영어를 의미한다.

아이를 위한 영어 코칭을 하려면 영어 학원의 커리큘럼을 영역별로 확인해야 한다. 영어는 듣기, 말하기, 읽기, 쓰기, 문법, 어휘 영역으로 크게 나뉜다. 우리 아이가 배우고 있는 교재가 무엇인지, 주당 수업 시수는 얼마나 되는지 정리해 보자. 아이 교육에 관심은 많지만 교재 이름이나 진도를 모르는 부모도 많다. 오늘 이 글을 읽고 난 후에는 아이의 영어 학원 교재부터 정리하자. 그리고 현재 배우고 있는 진도가 어디인지 체크하자. 숙제를 아이에게 온전히 맡겨 버리는 순간 아이의 영어 실력은 떨어질 수 있다. 아이는 스스로 공부할 준비가 아직 되어 있지 않다. 영어를 잘하고 싶다는 의지도 부족하고, 무엇을 목적으로 숙제를 해야 하는지 그 이유조차 파악하지 못하기 때문에 부모의 관심이 필요하다. 부모의 관리 없이 학원만 다녀서 영어를 잘하는 아이들은 극히 드물다. 특히 학원에서 숙제까지 해오는 경우는 더욱 꼼꼼히 교재를 살펴보고, 커리큘럼대로 진행은 되고 있는지, 아이가 어려운 부분은 어디인지 적극적으로 확인하길 바란다. 부모가 너무 간섭한다고 생각되는가? 이것은 간섭이 아니라 관심이라고 볼 수 있으며, 아이에게 스스로 공부하는 방법을 알려 주는 좋은 방법이 된다. 계획표를 보고, 자신이 오늘 학원에서 배운 단원이 무엇이고, 어떤 과제를 해야 하며, 다음 시간에 배울 내용은 무엇인지 꼼꼼하게 살펴보는 부모의 태도를 보고 아이는 배운다. 단, 취조나 감시하는 듯한 어투 대신 다정하게 아이와 이야기를 나눠 보길 바란다.

학원을 보낼 때에는 아이의 실력을 객관적으로 파악하는 것도 중요하다. 학원 한군데를 오래 다니는 경우가 있는데 서울, 경기보다는 지방으로 갈수록 학원에 대한 충성도가 높다. 물론 한곳을 오래 다니는 것이 나쁘다는 이야기는 아니다. 아이가 선생님과 친구들한테 정이 들었다고 해서 아이 실력을 파악하는 데 소홀하지 말라는 것이다. 학원에 어렵게 적응한 경우에는 한곳을 꾸준히 다니는 것이 아이 정서에도 도움은 될 수 있다. 그러나 때때로 다른 학원의 레벨 테스트나 공인 영어 시험을 통해 아이에게 도움이 되는 학원인지는 파악해 보길 바란다. 가장 위험한 경우가 현재 다니는 학원에서는 상위 클래스인데, 시험 결과나 타 학원에서 너무 낮은 레벨을 받았다면 지금 공부하고 있는 것이 제대로 되고 있는지 체크가 필요하다. 그래서 시험을 자주 안 보는 학원보다는 적어도 분기별로 시험이 있어서 그동안 배웠던 내용을 잘 이해했는지 점검하는 학원이 학부모 입장에서는 신뢰할 수밖에 없다. 아이가 항상 잘한다고 말하는 학원보다는 시험 결과를 통해 아이가 잘하는 부분과 부족한 부분을 솔직하게 알려 주는 곳이 좋다.

학원은 우리 아이만을 위해 운영하는 곳이 아니기 때문에 100% 맞춤 수업은 어렵다. 부모는 항상 꼼꼼하게 아이의 실력을 체크하거나 과제를 확인하여 부족한 부분에 대한 피드백을 받을 수 없기 때문에 무언가 아쉽게 느껴질 수 있다. 학원에서 아이가 어휘가 부족하다고 한다면, 부모는 어휘를 어떻게 어려워하고, 무엇 때문에 어휘를 어려워하는지 파악해야 한다. 단순히 스펠링을 잘 못 외우는 것인지, 파닉스가 부족했던 것인지, 어휘의 뜻을 파악하는 것이 어려운지, 배경지식이 부족하고, 어휘량이 부족해서 문제를 잘 못

푸는 것인지 분석이 필요하다. 학원 선생님이 아이 한 명을 세세하게 봐주긴 어렵기 때문에 상담을 통하여 집에서 보충할 수 있는 부분은 도움을 주는 것이 현명한 부모의 역할이 아닐까.

그렇다면, 학원과 엄마표로 진행하는 커리큘럼을 어떻게 정리하면 좋을까? 영어를 영역별로 나누고 학원과 엄마표 영어의 교재와 공부 시간을 각각 적어 비교해 보자. 이렇게 적어 보면 학원의 강점과 부족한 점을 파악하기 쉬워 부족한 부분을 부모가 채워 주기 수월하다. 이렇게 하면 가장 큰 장점은 각 영역별로 균형을 맞추어 가면서 영어를 습득할 수 있다는 점이다. 만약, 학원만 보내고 엄마표는 전혀 하고 있지 않다면, 학원 숙제를 영역별로 나누어 주당 숙제하는 데 걸리는 시간을 적어서 일주일에 아이가 영어 학습에 확보할 수 있는 시간을 계산하면 시간 관리에도 도움이 될 것이다.

🐱🎵 **예시** ① 일반 유치원 졸업의 경우(초등학생 때부터 영어 학원을 이용한 경우)

분야	학원	엄마표
Listening Reading Speaking	Story Town(주 4시간) Science, Little Sparks	DVD 시청(매일 30분) 리더스북 집중듣기 (매일 20분)
		미국교과서 읽는 리딩 (주5회 15분씩)
Writing	자체 교재(주 30분)	×
Grammar	Grammar Space kids(주 30분)	×
Vocabulary	자체 교재(주 1시간)	단어장 만들기

🔊 **예시** ② 영어 유치원(유아 영어 학원)을 졸업한 경우
(5세부터 영어 유치원 다닌 경우 해당)

분야	학원	엄마표
Listening	×	Bricks Listening(주 1시간) DVD 시청(매일 30분) Novel 집중듣기(주2회 1시간)
Reading & Speaking	Journey's 3(주 3시간) Novel, Science, Social	Novel 정독(주2회 30분)
Writing	자체 교재(주 1시간)	Book report(주 1시간)
Grammar	Harcourt Language Art(주 1시간)	×
Vocabulary	Vocabulary Workshop(주 1시간)	단어장 만들기

정리를 하고 난 다음에는 아이가 잘하는 영역과 부족한 영역을 꼭 체크해야 한다. 아이가 잘하는 영역이 현재 다니고 있는 학원의 강점인 영역과 일치한다면 보통 즐겁게 학원을 다닐 수 있고, 영어 학습의 시너지 효과를 얻을 수 있게 된다. 예를 들어 리딩이 강점인 학원이라고 한다면, 보통 타 영역보다 리딩에 대한 수업 비중이 높을 수밖에 없다. 읽기를 좋아하고 독해를 잘하는 아이라면 수업에 적극적으로 참여가 가능하기 때문에 그 수업이 재미있고, 자신감이 생겨서 더 잘할 수 있게 되는 것이다. 학원은 동네에서 유명하거나 아이가 좋아하는 친구가 다닌다고 따라다니면 안 된다. 목적에 따른 선택이 필요한데, 영어 학원이 처음이거나, 영어를 배우고 있는 중에 자신감이 결여된 경우에는 아이가 잘하는 영역이 강점인 학원을 선택해야 한다. 반면에 영어를 잘하긴 하지만, 어느 특정 영역이

부족하다는 생각이 들 때, 즉 영어의 전체 영역에서 균형을 잃었을 때에는 부족한 영역을 찾아야 하고, 이를 보완해 줄 학원을 선택해야 한다. 엄마표 영어책 읽기를 오랜 기간 진행하여 리스닝과 리딩 실력에 비해 스피킹 실력이 부족하고, 발음이 좋지 않은 경우에는 스피킹이 강점인 학원을 선택하면 도움이 된다. 학원에서 채울 수 없는 부분은 엄마표로 채워 주고, 엄마표로 부족한 부분은 학원의 도움을 받으면 전체적으로 균형 있게 영어 실력이 상승할 것이다.

깔주아가 추천하는 초등 영어 학습서

영역	교재
Listening	《Super listener》, 《Bricks Listening》
Reading	《Subject Link》, 《미국 교과서 읽는 리딩》(길벗스쿨)
Vocabulary	《Reading for Vocabulary》, 《Vocabulary workshop》
Grammar	《Grammar Space》, 《Grammar Que》

통합 교과도
공부가
필요할까?

통합 교과란 과연 무엇을 말하는 것일까?
전인 교육의 출발이 되는 바른 생활
지식의 경험과 기초가 필요한 슬기로운 생활
인성 교육과 자신감을 키워 주는 즐거운 생활
교과 관련 체험 학습과 활용 방법

통합 교과란 과연
무엇을 말하는 것일까?

여기저기서 들리는 '통합 교과' 과연 무엇을 말하는 것일까? 바른 생활, 슬기로운 생활, 즐거운 생활 과목은 익숙하게 알고 있을 것이다. 통합 교과는 이 세 가지 과목을 '봄, 여름, 가을, 겨울'로 나누어 주제 중심으로 구성하여 만든 과목이다.

과목이 왜 이렇게 바뀌었는지, 교육 변화의 흐름을 생각하면 이해하기 쉽다. 4차 산업혁명 시대를 대비하기 위해 초, 중, 고를 넘어 대학과 각 기업에서도 창의, 융합형 인재 육성의 중요성을 강조하고 있다. 통합 교과로 개정하기 전, 바른 생활, 슬기로운 생활, 즐거운 생활의 과목은 사회·도덕, 과학, 음악·미술·체육 과목과 명칭만 다를 뿐, 영역별로 학습하는 것과 크게 다르지 않다. 각 과목들은 같은 소재에 대해 감상, 인성, 논리, 유희 등 다각도로 접근하여 가르치지만, 학습 목표는 같은 경우도 있고, 학습 목표는 다르지만 같은 주제로 비슷한 활동이 있기도 하다.

가령 악기를 만들어 연주하는 시간이 있다면, 즐거운 생활에서는 그 악기에서 어떤 소리가 나는지 알아보고, 가능하다면 연주를 해보고, 어떤 느낌이 들었는지 감상적으로 접근이 가능할 것이다. 반면에 슬기로운 생활 수업 시간에 악기를 만들었다면, 소리를 내어 보고, 소리가 나는 원리를 알아볼 수 있는 활동을 하게 된다. 즉, 같은 활동을 하지만 과목에 따라 수업 활동의 목표가 다를 수 있다. 만약 통합 교과로서 과목 일부분의 활동에서 악기를 만들었다면 수업은 어떻게 진행될까? 다양한 소리를 내어 보고, 음에 맞추어 노래를 불러 보는 음악 활동을 하는 것과 동시에 어떻게 다양한 음이 나올 수 있는지 소리에 대해 과학적으로 지식을 통한 접근도 가능하게 되며, 그 악기를 혼자 만든 것이 아니라 모둠 활동을 통해 만들었다면 협력이라는 인성 또한 배우게 된다. 통합 교과는 과목명 그대로 '통합적 사고'를 키우기 위해 흩어져 있는 과목을 주제별로 묶어서 다양한 활동을 할 수 있는 교육 과정이다.

현재 1, 2학년은 1학기에 봄, 여름을 배우고 2학기에 가을, 겨울을 배우게 되는데, '봄' 교과에는 봄이나 학교생활과 관련된 주제로 바른 생활, 슬기로운 생활, 즐거운 생활 내용이 골고루 분포되어 있다. 즉, '봄' 교과서를 살펴보면, 생명의 소중함을 배우거나, 씨앗을 심고 관찰하는 활동, 봄과 관련된 동요 부르기, 자연에서 찾은 장난감으로 놀이를 하는 활동 내용이 실려 있다.

1, 2학년에서 주제별로 융합하고, 사고하는 방법을 배우며 다양한 활동을 통해 공부할 수 있는 유일한 과목이기 때문에 이 과목들을 쉽게 여겨서는 안 된다. 하지만 아이들이 체감하기에 국어나 수학보다 재미있어서 쉽게 생각하지만, 막상 제대로 공부를 하려면 깊이 있는 지식까지 요구될 수 있다.

　그렇다면 1, 2학년에 필요한 통합 교과는 어떻게 공부를 해야 할까? 첫째, 예체능을 포함한 다양한 활동 경험이 필요하다. 통합 교과는 모둠 활동으로 발표와 토론 활동이 많다. 즉 아이들의 경험을 공유하고, 질문과 답변이 이어지는 시간이 많기 때문에 수업 내용과 관련된 직접적인 체험 활동이 도움이 된다. 경험으로 체득한 지식은 아이들 스스로 자신 있게 발표할 수 있는 기회를 만들어 준다.

　둘째, 배경지식 활성화를 위한 주제별 연계 독서가 필요하다. 다양한 활동을 직접 경험하는 것만큼 좋은 공부가 없겠지만, 모든 활동을 체험하기란 쉬운 일이 아니다. 교과서 내용의 주제보다 지식의 범위를 넓혀 독서를 통한 간접 경험치를 늘린다면, 학교 수업 시간에 좀 더 적극적으로 참여할 수 있게 된다. 발표를 주지하는 아이들은 자신이 말한 내용이 혹시나 틀릴까 두려워하는 완벽주의 성향을 갖고 있는 경우가 많다. 1, 2학년은 고학년에 비해 다른 사람 앞에서 자유롭게 의견을 이야기할 수 있는 수업 형태가 많기 때문에 발표 경험치를 쌓는 것도 도움이 된다. '봄, 여름, 가을, 겨울' 교과서를 살펴보면 수록 자료 목록 및 출처의 확인이 가능하니, 이 자료를 우선 활용하는 방법이 있으며, 통합 교과 주제와 연계된 책을 읽어 두는 것도 도움이 된다.

셋째, 존중, 배려, 공감을 배울 수 있는 인성 교육이 필요하다. 점차 소통과 협력이 요구되는 사회로 변함에 따라 아이들의 인성교육은 여느 때보다 더욱 강조되고 있다. 타 과목에 비해 통합 교과는 협력이 요구되는 주제들이 많은 편이다. 초등 저학년 때, 바른 생활을 시작으로 학년이 올라가면 도덕, 윤리 과목으로 확장된다. 인성 교육은 학교에서도 배우지만, 평소 부모님을 보며 학습되기 때문에 가정교육이 중요하다. 생활 속 예절을 가르치고, 우리나라의 전통문화와 더불어 다문화 사회를 이해할 수 있는 시각을 배울 수 있도록 존중하고, 배려하고 공감하는 태도를 생활화할 수 있어야 한다. 그럼 조금 더 구체적으로 통합 교과를 접근해 보자.

{ 전인 교육의
출발이 되는 바른 생활 }

우리나라 교육은 지·덕·체의 조화로운 발달을 추구하는 전인 교육을 지향하고 있다. 통합 교과에서 바른 생활의 영역은 일상생활에 필요한 기본 생활 습관과 학습 습관을 길러 건전한 인성을 지닌 사람으로 성장하도록 하는 데 목표를 갖고 있어 전인 교육의 출발점이 된다. 학교에서 평가하는 바른 생활 과목은 학생 개인의 능력보다는 학교에서 지켜야 할 규칙과 예의, 올바른 행동 규범을 지속적으로 실천했는지, 인격적 성장이 어느 정도 이루어졌는지를 평가한다. 바른 생활은 학교에서 배우는 것을 실천하는 것도 중요하지만, 가정으로 연계하여 실천하도록 해야 한다. 학교에서 내주는 실천 기록에 대한 과제물을 소홀히 여겨서는 안 된다. 운동 기록표, 취미 생활 기록표, 학습 기록표 등 바른 생활에서 하게 되는 숙제들은 다양하다. 이때 가정에서는 거짓으로 기록하지 않도록 주의한다. 아이가 실제 실천한 만큼 성실히 하면 된다.

　바른 생활은 누리과정의 연장선으로 사회관계와 신체 운동 건강에 초점을 맞추어 진행되며, 이는 3학년 도덕과 교육 과정으로 연계된다. 학교에서 배우는 내용이 쉽고 재미있다고 하여 공부가 필요 없는 과목이라고 생각하면 오산이다. 3학년 이상 아이들이 사회나 도덕 과목에서 어려움을 겪는 이유를 살펴보면, 생소한 용어를 이해하기 힘들어 하는 경우가 적지 않다. 1, 2학년에서 배우는 과정에서는 독서를 통하여 배경지식을 쌓는 것이 중요하다. 2학년 여름 과목에서는 다양한 가족 형태에 대해 배우게 되는데, 다양한 가족을 배려하는 마음을 갖는 것이 교육 목표가 된다. 다양한 가족이 겪는 어려움에 대해서 알아본다고 한다면, 가장 먼저 가족 형태에는 어떤 것이 있는지 알아야 한다. 아이들은 보통 다음과 같이 대답한다. '할머니 할아버지와 아이가 사는 집은 아이들을 돌보는 것이 힘들어요, 엄마나 아빠 중 한 명이 외국인이면 대화하기 힘들어요, 엄마나 아빠 둘 중 한 명과 아이가 사는 가족은 아이와 놀아 주는 시간이 없어요.' 등등 1, 2학년 수준에서 알맞은 답변을 한다. 가족의 형태에 대한 내용은 1, 2학년뿐만 아니라 3, 4학년, 5, 6학년에도 다른 교육 목표를 가지고, 소재로서 등장하기도 한다. 그때에는 조손 가족, 한 부모 가족, 확대가족, 핵가족, 다문화 가족 등으로 표현하게 된다. 아이가 성장함에 따라 때가 되면 용어도 다 이해할 것이라는 생각을 하는 부모들이 많은데, 걸음마같이 때가 되면 하는 것이 있고, 방정

식과 같이 때가 되어도 공부를 하지 않으면 못하는 분야가 있다. 바른 생활과 관련된 영역은 처음엔 쉽게 시작하지만, 고학년에서 만나는 사회와 도덕 과목은 결코 쉽지 않다는 것을 부모보다 아이가 먼저 깨닫게 된다. 아이가 용어가 한자어라 익숙하지 않아 어려워하는 줄 알고 느닷없이 한자 학습지를 시작하거나 엄마표로 급수 한자를 가르치기도 한다. 여기 우리가 분명히 알아야 하는 것은 아이들은 한자어를 어려워하는 것이 아니라 그 용어의 의미 자체를 이해하지 못하는 경우가 더 많다. '절기'라는 한자어를 풀이해 보면 節(마디 절), 氣(기운 기)로 한자의 음과 훈을 알고 있다고 하더라도 마디 기운이 무엇을 의미하는지 곰곰이 생각을 하게 된다. 한자를 알고 있어도 무슨 말인지 모르는 경우도 많다. 1, 2학년 아이들에게는 한자어를 가르치기에 앞서 그림책을 활용하여 배경지식을 넓혀 주는 것이 더 중요하다. 절기를 설명하기 위해 한자어 풀이부터 그것이 무엇을 의미하는지 아무리 설명을 해도 이해를 잘 못할 수 있다. 그때에는 《그림으로 만나는 사계절 24절기》(머스트비)라는 그림책을 보여 주면 한눈에 이해를 할 수 있게 될 것이다. 그림책에 실린 그림도 시각 자료에 속한다. 그림, 지도, 도표, 사진, 동영상 등의 보조 사료를 활용하여 설명해 주자. 그동안 창작 중심으로 책을 읽었다면, 사회와 도덕과 관련된 지식을 쌓고, 인성을 함양할 수 있는 책들도 접하도록 한다. 어려운 용어가 많이 등장하더라도 보조 자료들이 수록되어 있으며, 아이들의 눈높이에 맞는 설명이 되어 있기 때문에 내용을 이해하는 데에 큰 어려움은 없을 것이다.

배경지식을 확장하는 것뿐만 아니라 바른 생활 영역에서 가장 필요한 것은 인성이다. 가족의 형태와 어떤 어려운 점이 있는지 알아보았다면, 그 다음은 가장 중요한 덕목이 되는 다양한 가족을 배려하는 마음을 가졌느냐에 대한 것이다. 이는 바른 인성을 함양할 수 있도록 가정과 학교에서 골고루 교육이 이루어져야 한다. 즉, 바른 생활의 과목은 가정에서의 실천이 이루어지도록 하는 것이 중요하다.

요즘 아이들은 교과서를 학교에 두고 다니는 경우가 많다. 처음 교과서를 받으면 봄, 여름, 가을, 겨울 과목의 목차가 나온 페이지를 복사하거나, 학급에서 제공되는 주간 학습 계획표 안내문을 참고하여 주제와 관련된 책을 찾아서 읽히는 것도 도움이 된다. 아이가 이해를 잘 못하는 부분이 있다면, 이미지나 동영상 자료를 찾아서 함께 찾아봐도 좋다. 바른 생활 과목은 결과보다는 과정과 실천이 중요하다. 자료를 찾고, 배우는 과정을 통하여 아이 스스로 문제를 해결할 수 있는 역량 또한 기를 수 있다.

요즘은 학교 숙제가 많은 편은 아니지만, 통합 교과에서는 자료 조사에 대한 과제물이 나오기도 한다. 1학년 가을 과목에서 추석에 대해 조사해 오는 숙제가 있다고 한다면, 대부분의 부모들은 인터넷 포털 사이트에서 '추석'이라는 키워드로 자료를 조사할 것이다. 초등학교의 숙제는 다 엄마 숙제라는 말이 있긴 하지만, 부모는 아이가 스스로 찾을 수 있는 방법을 모색하도록 도움을 줘야 한다. 가장 좋은 방법은 책을 활용하는 것이다. 추석과 관련된 책을 살펴보면 추석의 의미, 추석 때 하는 일, 하는 놀이, 먹는 음식 등 다양한 정보를 알 수 있다. 주제에 맞게 조사한 내용을 적고 반드시 출처를 기입하도록 가르친다. 바른 생활 영역에 관련된 도서로는 《눈으로 보는 우리나라》(교원), 《리더십 학교가자》(연두비), 《스마트 생활 속 사회탐구》(그레이트북스) 시리즈가 도움이 된다. 이 책들은 1, 2학년 통합 교과 내용뿐만 아니라 3, 4학년까지도 충분히 활용할 수 있다.

조사를 하다보면, 관련 도서를 찾긴 했으나, 책 안에 필요한 내용

🐝 **예시** 과제물

추석에 대해 알게 된 내용을 알아봅시다

(　　)학교 (　　)학년 (　　)반 이름:

① **추석의 뜻** : 秋(가을 추) 夕(저녁 석)을 쓰는 한자어입니다. 중국인들은 추석을 중추, 월석이라고 하는데 삼국시대 신라에서 단어의 일부를 합쳐서 추석이란 단어가 생긴 것으로 추측됩니다. 한가위는 가을의 한가운데에 있는 큰 날이라는 뜻인데, 추석과 같은 뜻으로 쓰입니다.

② **하는 일** : 성묘하기, 차례지내기, 벌초, 달맞이

③ **하는 놀이** : 강강술래, 씨름, 줄다리기, 소놀이, 소싸움, 가마싸움, 풍물놀이

④ **먹는 음식** : 송편, 햇과일, 햇곡식, 토란국

출처: 《솔이의 추석 이야기》(이억배 글,그림/길벗어린이), 《사계절로 보는 우리나라 - 명절과 풍습》(교원출판사), 《천재학습백과》(koc.chunjae.co.kr)

이 없을 수도 있다. 그럴 때에는 '천재학습백과(koc.chunjae.co.kr)' 온라인 사이트를 활용하자. 찾고자 하는 검색어를 입력해도 되고, 현재 배우고 있는 교과 단원명으로 검색해도 좋다. 교과 내용에 필요한 내용이 사진이나 그림과 함께 자세히 설명이 되어 있어 아이와 부모가 만족할 수 있는 자료이다. 평소 교과 내용을 공부하다가 어려운 것이 있을 때도 활용하기 좋다.

지식의 경험과 기초가 필요한 슬기로운 생활

통합 교과에서 슬기로운 생활의 영역은 누리 과정의 사회관계, 자연탐구 등의 내용과 3학년 이상의 사회, 과학 과목과 연계가 된다. 누리 과정에서는 자연 사회, 우리나라와 세계의 여러 문화에 관심을 가지고 이해하는 정도의 목표 수준을 가지고 있으며, 자연탐구 내용에서는 탐구하는 태도와 기초 개념을 알아보는 활동이 중심이 된다. 예비 초등학생 때에는 내용을 알아보고 이해하는 수준에 그친다면, 1, 2학년은 이해의 폭을 넓히고, 탐구 활동을 수행하는 기능을 익히는 시기라고 볼 수 있다. '슬기로운 생활'은 주변 세계에 관심을 갖고 사회와 자연을 탐구하여, 합리적으로 사고하고 행동하는 사람을 기르는 데 초점이 있는 과목이다.

슬기로운 생활 영역은 학교에 적응하는 데 큰 도움을 준다. 학교를 둘러보며, 교무실, 보건실, 과학실 등의 기능적 역할이 있는 곳에 대해 알려 주는 것부터 1학년 때 시작된다. 더불어 친구들과 협력하여 조사하는 활동을 통해서 좋은 친구 관계를 형성하는 데도 도움을 준다. 그리고 학습에 필요한 기초 활동이 되는 조사, 분류, 탐구 활동을 통해 호기심을 가지고, 새로운 지식을 이해, 습득하게 한다. 그렇다면, 그저 학교만 보내면 아이의 학습적 역량이 부모가 원하는 수준의 목표에 도달할 수 있을까? 슬기로운 생활 영역은 3학년 이상부터 사회와 과학 과목으로 확장이 되는데, 기초 지식이 부족하면 고학년 때, 학교 수업조차 따라가기가 버거워지고, 창의적 사고 역량, 지식 정보 처리 역량, 의사소통 역량이 중요한 과목이라 학년이 올라갈수록 개인 역량 차에 따라 편차가 크게 나기도 한다. 여기서 말하는 개인 역량은 배경지식과 탐구 활동의 경험 차이라고 볼 수 있다.

1, 2학년은 전체 학령기 중에서 시간적으로 가장 여유롭고, 시험을 위한 공부가 필요한 시기는 아니기 때문에 학습적인 부담이 없다. 이 시기만큼은 다양한 탐구 활동을 통해서 아이의 경험치를 늘려 주어야 한다. 책에서 얻는 정보도 중요하지만, 탐구 과정을 몸에 익히는 것이 더 중요하다.

교과를 살펴보면 각 계절에 따른 자연을 배우고 탐구하는 활동이 포함되어 있다. 자연관찰 책은 슬기로운 생활 영역에서 가장 도움이 될 것이다. 초등학생이 되었다고 해서, 자연관찰 책을 새로 구매할 필요는 없다. 집에 자연관찰 전집이 있다면, 그 책들을 활용하자.

책이 없다면 학습적으로 도움이 되는 전집 한 질 정도를 구비해 놓으면 초등 기간 동안에는 충분히 활용할 수 있을 것이다. 자연관찰 책은 사진 자료가 충분하고, 내용을 깨알 같은 글씨로 세세하게 적은 것보다는 1, 2학년 수준에서 쉽고 재미있게 볼 수 있는 책들이 좋다. 학교 진도에 맞추어 '봄' 과목을 배울 때에는 봄에 볼 수 있는 동식물을 우선 보여 주고, '여름' 과목을 배울 때에는 여름에 볼 수 있는 동식물에 대한 책을 보여 준다. 2-1 '여름' 교과서에는 '초록이의 여름 여행'이라는 단원이 있다. 여름에 하는 활동을 알아보고, 여름에 만날 수 있는 동식물에 대해 조사하고 관찰하여 그리는 내용이 포함되어 있다. 평소 자연관찰 책을 잘 보지 않았던 아이들은 교과 학습을 통해 주제와 연관 지어 책과 활동으로 확장하는 경험을 하면, 없던 관심이 생기기도 한다.

1, 2학년 슬기로운 생활 영역에 도움이 되는 전집에는《솔루토이 과학》(교원),《교과서 으뜸 사이언스》(한국 셰익스피어),《한솔 어린이 과학》(한솔교육),《초등과학 뒤집기 기본편》(성우) 등이 도움 된다. 아이의 배경지식과 독해 수준에 따라 책을 선택하면 된다. 그중에서도《솔루토이 과학》은 CD 안에 과학적 지식 정보가 들어 있어서 반드시 음원을 들어야 하며, 책에 포함되어 있는 활동지를 해보면 교과 시간에도 도움이 된다. 보통 통합 교과는 지식과 활동이 겸비된 수업을 하기 때문이다. 책을 보여 줘도 아이가 관심이 없다면, 책보다는 경험을 먼저 하면 도움이 되는 경우가 많다. 슬기로운 생활 영

역 중 과학 분야를 어려워하거나 싫어하는 아이가 있다면, 저학년 때 실험 실습을 꼭 경험하게 하자. 과학 실험 전문 학원을 꼭 이용해야 하는 것은 아니다. 학교 방과 후 수업에는 보통 과학 탐구 영역의 과목들이 있다. 학교에서 실험을 통해서 분석하는 방법과 문제 해결 능력을 키울 수 있다. 무엇보다 새로운 분야의 지식 습득으로 배움의 즐거움을 배울 수 있게 된다. 엄마표가 가능하다면, 과학 키트를 구매하여 실험을 집에서 해봐도 좋다. '미래과학교육원', '세원과학사', '한진과학' 등 다양한 실험 실습 교재와 교구를 판매하는 곳에서 아이가 흥미로워하는 분야의 키트를 준비해 보자. 보통 학년별, 주제별로 구입이 가능하기 때문에 쉽게 선택할 수 있다. 과학 분야를 어려워한다고 해서 만화책부터 주게 되면, 얕은 수준의 지식은 쌓일 수 있겠지만, 경험으로부터 오는 지적 호기심에 비하면 그 흥미가 오래 지속되지 않을 수 있다. 조금만 어려워지면 바로 포기할 수도 있는 영역이 바로 과학이다. 슬기로운 생활에서 과학 지식과 관찰, 실험은 아이의 호기심을 크게 자극할 것이다.

봄, 여름, 가을, 겨울 과목에서 각 계절마다 할 수 있는 활동, 생활 도구, 놀이에 대한 내용이 등장하는데, 요즘 아이들은 예전에 비해 자연 체험이나 활동적인 놀이를 해본 경험이 적어서 학교에서조차 실내에서 보드게임을 하는 경우가 많다. 학교에서는 친구들과 함께 계절에 맞는 활동과 더불어 놀이를 창조하는 것도 탐구 활동에 큰 도움이 된다. 아이들에게 놀이 방법을 알려 주기보다는 스스로 만들 수 있도록 장려해야 하는데, 이때 몇 가지 책들이 도움이 될 수 있다. 책을 통해서 다양한 놀이 방법을 모색하고, 학교에서 친구들과 함께할 수 있는 놀이 방식으로 변형을 하거나, 그대로 따라하되 규칙을 추가하면서 현재 상황에 맞는 놀이들을 다양하게 만들 수 있기 때문이다. 《놀이도감》(진선출판사), 《보리 어린이 놀이도감》(보리)와 같은 책들 중에 자연에서 가능한 놀이와 친구들과 함께 하는 놀이를 1, 2학년 때에 자주 볼 수 있도록 해주자.

통합 교과에서 나라에 대한 영역은 우리나라와 북한, 다른 나라에 대한 관심을 갖고, 이해를 높이기 위한 목적으로 문화와 생활 모습에 대해 배우게 된다. 스스로 조사하는 과정을 통해 이해의 수준을 높이고, 준비한 자료를 발표를 통해 탐구 활동에 적극 참여하도록 한다. 따라서 다른 영역에 비해 과제물도 많은 편이라 독서를 통해 배경지식을 쌓는 것이 중요하다. 우리나라 문화와 역사 관련된 책들과 세계 문화 관련 책들을 읽으면 도움이 된다. 예비 초등학생부터 2학년까지 보기에 적합한 책으로 《전통문화대장간》(한국톨스토이)가 있으며 고학년까지 연계되는 책들은 교원 출판사에 《눈으로 보는 우리나라》가 대표적이다. 세계 시리와 문화 영역에서는 《쫑알이 세계문화》(연두비), 《통합교과 세계지리탐구》(한국셰익스피어) 전집을 살펴보면 도움이 된다. 이와 같은 문화, 지리에 대한 영역은 단행본에서 찾는 것보다는 전집에서 정보를 찾는 것이 한눈에 보기 쉽고, 정보 찾기가 수월하기 때문에 집에 전집 한 질 정도는 있는 것이 학습에도 효과적이다. 체험 학습을 할 때에도 관련 책이 있다면, 가지고 가는 것도 도움이 된다.

학교에서는 우리나라의 상징을 조사하고, 남북한의 공통점과 차이점을 알아보며, 다른 나라의 문화와 생활을 찾아보는 활동을 하게 된다. 학교에서 배우는 내용은 실천으로 이어지게 하는 것이 바로 부모의 역할이다. 평소 국경일에 태극기를 게양하여 나라를 사랑하는 마음을 알게 하고, 국내·해외여행을 가게 되면 맛집보다 그 고장의 특산물이나, 역사와 전통 체험을 할 수 있도록 하자. 아름다운 우리 그릇을 만들어 보는 단원에서는 점토나 찰흙으로 그릇을 만들어 꾸며 보는 활동을 하기도 하는데, 사실 만들기만으로는 우리나라 전통 그릇의 역사나 아름다움을 알기엔 역부족이다. 이천이나 문경과 같은 고장을 방문하여 박물관에서 관찰과 조사 활동을 하고, 도자기 만들기 체험까지 한다면 교과서 내용을 체험을 통해 자신의 것으로 충분히 소화할 수 있을 것이라고 생각된다. 이처럼 이 달에 아이가 어떤 내용을 배웠는지 아는 것이 중요하다. 관련 내용을 토대로 체험이나 여행을 연관 짓는다면 이보다 더 훌륭한 부모가 있을까? 교실과 학원에서 배울 수 없는 경험치를 넓혀 주는 것이 내 아이의 그릇을 키워 가는 일이다.

{ 인성 교육과 자신감을 키워 주는 즐거운 생활 }

초등 저학년 때에는 예체능을 많이 하라고 주변 선배 엄마들에게 익히 들었을 것이다. 학년이 올라갈수록 공부를 해야 하기 때문에 가급적 어릴 때 예체능을 해두라는 이야기다. 예체능이 무엇이고, 왜 해야 하는지 고민해 본 적이 있는가?

'남들은 다 하는데, 내 아이만 못하면 어쩌지?', '운동 하나쯤은 잘 해야 하고, 악기도 하나 해야 하지 않을까?', '초등학교에서는 그리기 대회가 많다던데, 미술도 해야겠지.'

이런 걱정은 첫 입학부터 성공적인 학교생활을 꿈꾸다 보니, 내 아이가 뒤처지는 것이 싫은 마음에서 출발한다. 남들이 하니 나도 해야 할 것 같은 불안한 마음이 있지만, 가장 문제인 것은 예체능을 언제 시작해야 하는지, 언제까지 해야 하는지 도무지 감을 잡을 수 없다는 것이다.

학교에서 배우는 통합 교과의 즐거운 생활 분야는 음악, 미술, 체육으로 구성되어 있다. 학교 수업을 잘 따라가기 위해 예체능을 배우는 아이는 많지 않다. 교과서에서는 악보를 보며 계이름을 읽게 하거나, 그림을 잘 그리는 정도에 따라서 점수를 주거나, 수영이나 달리기 테스트도 없다. 그렇다면 예체능 사교육을 받지 않아도 학교 수업에는 지장이 없다고 볼 수도 있겠다. 그렇다. 지금의 학교에서는 예체능 분야에서 기능을 크게 강조하지 않는다. 현재 부모님 세대에서는 기능을 중요시 했던 수업 방식의 잔재가 무의식에 남아 우리 아이들도 교육을 통해 음악, 미술, 체육의 실기 기능을 높여 조금 더 자신감 있는 학교생활을 하길 바라는 것이다. 행여나 아이의 몰랐던 재능을 발견한다면 좋겠다는 생각도 있을 수 있다. 예전에는 아이가 공부를 못하면 예체능이라도 해서 대학이라도 가라고 하는 부모가 많았다. 상대적으로 공부를 조금 덜해도 실기를 통해서 조금 더 좋은 대학과 일자리를 얻을 수 있었기 때문이다. 그럼 현재는 어떤가? 예체능이 다시 주목을 받는 시대가 되었다. 인공지능의 영역이 넓어짐에 따라 반복적이며 위험한 일은 로봇이 대체하고, 사람은 로봇이 할 수 없는 더 가치 있는 일을 하게 되는데, 그 영역 안에는 예체능이 포함되어 있다는 것이다. CNN에서는 앞으로 사라질 가능성이 적은 직업으로 사진작가, 예술가가 있었고, 옥스퍼드대학에서는 연예인, 작가, 화가, 운동선수 등이 포함되었으며, 한국고용정보원에서도 다수 예체능 분야의 직업군이 앞으로 사라지지 않는다고 전망했다.

예체능을 왜 배워야 하는지 통합 교과 과목을 잘 들여다보면 그 이유를 쉽게 찾을 수 있다. 바로 융합 교육과 인성 교육이 그 키워드가 된다. 융합은 각 과목을 유기적으로 연결하게 하는데, 배움의 활동은 보통 예체능으로 표현이 된다.

2학년 봄 과목에서는 봄에 볼 수 있는 동식물을 알아보고 표현해보는 활동, 봄에 할 수 있는 활동과 놀이에는 무엇이 있는지 알아보는 시간이 있다. 즉, 새롭게 배운 지식을 음악, 미술, 체육을 통해 표현하게 된다. 인성적 측면에서 적극적인 성격을 갖게 되고, 또한 신체 활동을 통해서 자신감도 얻게 된다. 봄과 관련된 음악을 감상하며 봄의 정취를 느껴 보고, 정서의 안정감을 느끼게 할 수 있다. 초등 저학년 때, 지나친 실기 위주의 수업보다는 보고, 듣고, 느끼고 표현할 수 있도록 오감을 자극하여, 창의성을 키울 수 있는 교육으로 영역을 넓히는 것이 중요하다.

이제 예체능의 중요성을 알게 되었다면, 어떻게 예체능을 선택해야 하며, 적절한 교육 시기노 언제인지 알아봐야 한다. 예체능의 선택 기준은 단 하나, 비로 '우리 아이'다. 서학년부터 예체능으로 또래들과 경쟁 구도를 만들지 않도록 유의해야 한다. 자칫 배움을 경쟁으로 받아들여, 결과에 따라 자존감이 올라가기도 내려가기도 한다. 아직 내면의 단단함을 쌓기에는 경험이 부족하다. 또한 부모는 아이의 현재 모습 그대로를 인정해 주고, 다른 아이들과 비교하지 않는 태도가 필요하다. 성숙한 생각을 갖고 있는 부모라면, 눈앞의 결과에 치중하기보다 미래를 내다보고 우리 아이의 평생 친구가 되어 줄 취미 생활로 자리 잡을 수 있도록 예체능을 선택하고 지속할 수 있도록 도움을 줄 것이다. 예체능은 누가 얼마나 빨리 잘하는지는 중요하지 않다. 그 어느 과목보다도 나무보다는 숲을 볼 수 있는 안목을 키워야 한다는 점을 명심하자.

음악 교육

　1, 2학년에게 가장 필요한 음악 교육이 무엇이냐고 묻는다면 백이면 백, 피아노라고 답을 한다. 피아노는 독보를 익히기에 최적화된 악기라고 대부분 생각한다. 바이올린은 높은음자리표 악보만 보면 되고, 첼로는 낮은음자리표로 악보를 보기 때문에 악보 전체를 읽는 힘을 기르기 어렵다고 판단한다. 피아노를 배우게 되면 높은음자리와 낮은음자리를 동시에 배울 수 있으니 쉽게 독보가 될 것이라고 생각하고 학원의 문을 두드린다. 악보를 읽기 위해 피아노를 가르치기 이전에 왜 악보를 읽어야 하며, 어느 정도까지 악보를 읽어야 하는지의 목표 수준을 생각해야 한다. 막연히 악보를 봐야 한다는 생각은 언제까지 피아노를 배우게 해야 할지 고민에 빠뜨리기 십상이다.

"요즘 피아노는 기본 아니야?"

그 기본이 어디까지인지는 우리 아이를 보고 결정해야 한다. 3학년부터 시작되는 음악 교과에서 요구되는 수준은 피아노 바이엘 1권에 못 미치는 독보 수준이 요구된다. 소리의 상호작용과 음악의 표현 방법을 이해하고, 노래, 연주, 음악 만들기, 음악 감상, 음악을 즐기는 태도에 대해 배우게 된다. 학교에서 연주로 사용되는 악기는 리코더다. 담임 선생님 재량에 따라 2학년에 리코더를 배우기도 하지만, 교과서에는 3학년 때부터 등장한다. 리코더 연주를 못한다고 해서 두려워하지 않아도 된다. 피아노를 배우지 않았더라도 계이름을 한글로 읽을 줄 알고, 한 칸씩 뛰어 세기를 할 수 있는 정도의 수학 실력이면 누구나 쉽게 높은음자리표의 기본 음계는 쉽게 이해할 수 있다.

모든 아이들이 피아노를 배워야 하는 것은 아니니, 음악의 기초가 필요하다고 판단이 될 때 피아노 교육을 시작하면 된다. 악기는 빨리 시작한다고 잘하게 되는 것이 아니라, 연습량이 좌우한다. 5세부터 10세까지 주 1회 50분 레슨을 받는 아이보다, 8세부터 10세까지 주 3회 50분 레슨을 받는 아이의 진도가 더 빠를 수 있고, 효율적일 수도 있다. 악기는 시작을 하게 되면, 초기에는 집중적으로 반복하여 충분히 연습을 하는 시간이 필요하다. 9세에 피아노를 시작한다고 해서 절대로 늦은 것은 아니니, 더 늦은 시기라도 아이가 관심을 갖고 배우고 싶어 할 때 시작하는 게 좋다. 피아노를 배우기 좋은 시기가 한글을 뗀 다음이라고 하는 이유는 음계를 이해하는 수준이 한글을 떼기 전과 다르기 때문이다. 한글을 떼는 시기, 덧셈과 뺄셈을 하는 시기가 아이마다 다르듯이, 피아노도 마찬가지다. 배울 수 있는 준비가 된 아이라면 언제든 시작해도 된다.

현악기는 부모들이 가르치고 싶은 악기 중 하나라고 말은 하지만, 쉽게 선택하지 않는 편이다. 시간과 비용이 모두 많이 들기 때문이다. 전공할 목적이 아니라면, 유아 때 시작하는 경우는 많지 않다. 아이가 관심이 있을지, 없을지조차 모르기 때문에 악기를 선뜻 구매하기는 어려울 수 있나. 그럴 때에는 초등학교 입학 후, 학교 방과 후 프로그램을 이용하는 것도 좋은 방법이다. 바이올린은 또래보다 체력이 부족하고, 쉽게 피곤해 하여 짜증을 잘 내는 아이에겐 적합하지 않다. 일정 시간 바른 자세로 연습해야 하기 때문이다. 또한 제대로 소리를 내려면 상당 시간을 투자해야 하므로 목표가 분명하고, 끈기가 있는 아이들에게 적합하다. 첼로는 깊은 울림소리를 좋아하는 아이들이 많은 편이고, 바이올린보다는 소리 내기가 쉬운 편이다.

4학년까지는 열심히 레슨을 하고, 음악 교육에 관심이 많은 부모들은 학교나 청소년 오케스트라에도 관심을 가진다. 전공을 하지는 않아도 악기 하나쯤은 친구로 만들어 주고 싶은 마음에서 시작은 하지만, 그 이면에는 입시에서의 비교과 활동으로 협력, 리더십, 성취감, 인성, 봉사활동도 덤으로 가져갔으면 좋겠다는 바람이 숨어 있기도 하다. 현악기는 배우는 데에 시간이 오래 걸리니 저학년 때에

피아노를 배워 악보 보는 법을 배우고, 3학년 이후에 플롯이나 트럼 펫과 같은 관악기를 가르쳐서 오케스트라에 입단을 하고자 하는 경우가 대표적인 예라고 볼 수 있다. 음악을 하는 이유가 무엇이든 사실, 아이들은 악기를 배우고 활동을 하는 과정에서 성취감과 즐거움이 생기기 마련이다. 특히, 오케스트라 활동은 합주 경험을 통해 서로 배려하는 마음을 기를 수 있다. 또한 함께 내는 소리의 힘은 자부심뿐만 아니라 음악의 진정한 즐거움을 경험하게 해준다. 시간과 경제적 여유가 된다면 악기를 배우는 활동은 적극 추천하고 싶다. 나도 배우면 할 수 있다는 작은 성공 경험을 쌓을 수 있는 좋은 기회가 되고, 고비가 있을 때마다 어려운 과정을 연습으로 극복해 낼 수 있는 끈기를 배울 수 있다.

우리 집 첫째는 음악적 감각이 있는 아이는 아니지만, 45개월(5세)부터 바이올린을 시작하여 현재도 배우고 있는 중이다. 합주를 하다 보면, 다른 아이가 멋지게 연주하는 모습을 종종 보게 되는데, 마음은 비교하지 말아야지 하다가도 어느 순간 내 아이와 비교하는 나를 마주할 때가 있다. 특히 콩쿨을 준비하는 경우에는 더 그렇다. 음악 교육은 부모가 욕심을 내 비치는 순간, 마음에 고비가 온다. 배움이라는 것은 어려울 때도 있고, 쉬울 때도 있다. 어려운 곡이 나올 때마다 아이가 힘들다고 이야기하면 대부분의 엄마들은 이렇게 말한다. "연습 한 번 제대로 해보지도 않고, 어렵긴 뭐가 어려워! 그렇게 할 거면 그만둬!" 악기를 가르치는 부모는 마음이 단단해야 한다. 악기를 배우다가 아이가 힘들어 할 때에는 어떻게 해야 할까? 아이는 내가 힘든 것을 부모가 알아줬으면 하는 마음이 클 것이다. 하고자 하는데 잘 안 되는 나를 도와달라고 하는 신호일 수 있다. 이 때에는 다그치기보다 아이의 마음을 이해해 주고, 어려운 부분을 함께 고민해 보는 시간을 갖는 것이 중요하다. 단, 부모와 아이가 너무 지쳤을 때에는 연주보다는 감상을 하면서 잠시 쉬어 가도 괜찮다. 남들보다 조금 진도가 느리면 어떠한가. 악기 연주는 길게 봐야 한다. 잠시 쉬어 가도 아예 멈춰 버리면 내가 언제 악기를 연주했냐는 듯 거들떠보지 않는 경우까지 생긴다. 취미로 연주하고 싶거든 프로처럼 연습하라는 말이 있다. 그만큼 악기를 배우기 전에는 목표를 분명히 하고 시작하는 것이 흔들림 없이 교육을 유지할 수 있는 힘이 된다.

악기를 언제까지 배워야 하는지는 다른 사람에게 묻기보다 부모와 아이가 선택해야 한다. 아이가 배우고 싶다고는 하나, 공부 시간에 쫓겨 부모는 그만해야겠다는 생각이 들면 부모와 아이의 스케줄 조율이 필요한 것이다. 그리고 아이들은 대체적으로 숙제가 없는 예체능 과목을 좋아하는 편이다. 그동안 배웠던 것을 그만두면, 아깝다는 생각이 드는 것은 부모나 아이나 마찬가지다. 그래서 악기는 4학년 정도에는 취미로 할 수 있는 수준까지 만드는 것이 대부분 부모들의 목표가 된다.

악기 연주에 흥미가 없는 아이들은 어떻게 해야 할까? 음악 교육에서 많은 부모들이 놓치고 있는 것이 있다. 바로 '음악 감상'이다. 우리 아이의 호기심을 유발시킬 수 있는 생각과 마음을 들여다볼 수 있는 정서, 그리고 폭 넓은 음역의 경험으로 두뇌를 자극하여 학습에도 도움을 줄 수 있다. 각종 음악 사이트에서 '초등 교과서 음악'이라는 키워드로 검색을 하면 교과 연계된 동요와 클래식, 국악 등 다양한 장르의 음악을 접할 수 있으니, 어떤 음악을 들려줄지 고민이 될 때에는 음원 사이트에서 '초등 교과서 음악'이라는 키워드로 검색하면, 교과 수록 음악들을 선별해서 들을 수 있다. 음악의 장르, 역사, 작곡가에 대한 배경지식도 쌓으면서 수록 음악들을 쉽게 접할 수 있는 음악 전집을 활용하는 것도 좋은 방법이다. 《모차르트 음악동화》(한국 헤르만헤세), 《탄탄 헬로 음악동화》(여원미디어)가 대표적이다. 음악 감상의 가장 좋은 방법은 직접 연주하는 음악을 감상하는 것이다. 연주회에서 필요한 에티켓을 익히고, 음악을 배우고 싶은 마음이 생길 수 있다. 요즘은 테마에 맞는 음악을 먼저 선정하고, 리듬에 맞게 방송 화면도 편집을 하는 추세로 듣기를 위한 음악의 중요도가 높아지고 있다. 감상을 통하여 곡의 흐름에 맞춰 나만의 이야기를 만들어 내는 특별한 경험을 해보는 것은 어떨까.

음악 교육 선택 전에 알아 두어야 할 사항

- 음악 전공을 염두하고 있다면, 초등 입학 전에 악기를 배우도록 하자.
- 악기를 배우는 데에는 순서가 없다. 피아노를 먼저 배워야 한다는 고정관념은 버리자.
- 자녀가 수줍음이 많아 다른 사람들 앞에서 말하는 것을 어려워한다면 음악 교육을 통해 표현력을 기르고 자신감과 성취감을 얻을 수 있게 하자.
- 성취욕이 있는 아이들은 초등 1학년 때에는 음악을 시작하여 자신감을 높여 주자.
- 악기 선택은 부모와 아이가 함께 결정하자.

미술 교육

초등 입학 전부터 미술 학원을 다녀야 아이가 학교에서 공부도 잘할 것이라고 생각하는가? 초등 저학년은 미술 대회가 많으니 그림을 잘 그리게 해서 상을 타게 해 우리 아이의 자존감을 올려 주겠다는 고리타분한 생각은 이제 머릿속에서 지워 버리자. 상을 타기 위해 미술 학원을 다니는 시대가 아니다. 학교에서는 미술 교육에서 지향하는 목표가 대회 수상이 아닌 표현 활동을 통해 참여도를 높이는 것으로 바뀐 지 오래다. 학교별로 다르지만, 미술 대회가 예전에 비해 많이 줄었다. 수업 시간에 그리기와 만들기 활동도 많으니, 그림을 못 그리면 아이가 손해를 볼까 봐 걱정하는 부모들이 많지만, 그보다 중요한 것은 우리 아이가 적극적으로 수업에 참여하느냐이다. 행여나 옆자리에 앉은 짝이 우리 아이가 해야 할 만들기나 그리기를 대신해 주는 것은 아닌지에 대해 걱정해야 한다. 그림을 못 그리니 옆 짝이 도와주는 것이라고 생각할 수 있겠지만, 수업에서는 그림을 잘 그리고, 못 그리고는 그렇게 중요하지 않다. 수업 목표를 잘 이해하고, 자신이 표현할 수 있는 범위 내에서 최선을 다하면 되는 것이다.

미술 교육에서 가장 필요한 것은 결과물에 대한 칭찬이 아닌, 과정에 대한 노력을 인정해 주는 것이다. "우리 아들이 정말 열심히 색칠했구나! 끝까지 꼼꼼하게 칠하려고 했네. 정말 멋지다." 이 정도의 피드백이면 그림을 잘 그리지 못하는 아이도 자신이 멋지게 해냈다고 생각하게 된다. 미술이 어렵고 싫다고 하는 아이들 중에는 결과물에 대한 욕심이 있는 경우가 있다. 결과물이 자신이 생각하는 것만큼 마음에 들지 않기 때문이다. 우리 아이에게 이런 모습이 보인다면 크레파스와 물감 대신 다양한 재료를 제공하고, 마음껏 만들어보고, 그리게 하는 것도 좋은 방법이다. 학교 방과 후 수업에 있는 퍼포먼스 미술이나 클레이 공예와 같은 만들기 수업도 도움이 된다. 다양한 미술 작품 전시회를 가서 관람하여 그림 그리는 것만 미술이라는 편견이 생기지 않도록 생각의 틀을 깨줄 필요가 있다.

통합 교과의 즐거운 생활에서 미술 영역은 각 계절이 주는 느낌에 대한 표현이 중심을 이룬다. 1학년 2학기 가을 과목에서는 가을의 모습과 느낌을 창의적으로 표현하는 학습 목표가 있는데, 이때 우리 아이들에게 필요한 역량은 무엇일까 고민해 보자. 스케치북에 가을의 풍경을 크레파스로 잘 그리고 색칠만 한다면 될까? 중요한 것은 바로 그림의 주제다. 우리 아이가 '가을'이라는 주제로 그림을 그리라고 하면, 무엇을 그려야 할지를 가장 먼저 생각하게 된다. 스스로 경험하고 느낀 점이 있어야 쉽게 스케치북을 채울 수 있다. '가을' 하면 그림책에 주로 등장하는 장면을 떠올려 노랗게 물든 논 위에 허수아비가 서 있는 그림을 그리는 아이와 가족과 함께 캠핑을 가서 해먹에 누워 가을 밤하늘의 별을 관찰하는 모습을 그리는 아이가 있다고 가정하다. 후자를 그린 아이는 그림 안에 이야기가 있다.

교과에서 추구하는 미술 표현의 목표는 진부한 주제나 미술 실력 향상이 아니라, 자신이 알고 있고, 경험한 내용들을 미술이라는 매개체로 표현하는 것이다. 그래서 통합 과목의 학습은 가을의 모습과 느낌을 그림으로, 음악으로, 신체 활동으로 다양하게 표현하도록 유도한다. 주제에 따라 어떤 내용을 담을지 결정했다면, 그 다음에는 어떤 방법으로 표현할 것인지 생각해야 한다. 미술은 크레파스로 그리고, 물감으로 색칠하는 것이 전부가 아니다. 잡지나 전단지를 찢어서 풀로 붙여 표현할 수도 있고, 가을의 이미지를 출력하여 오려서 자신이 배경을 그리고 색칠하고, 이미지를 중심에 놓아 표현을 할 수도 있다. 또는 지점토와 찰흙으로 가을의 모습을 입체적으로 만들 수 있다. 또한, 친구들과 함께 만든 작품을 전시하고, 감상하는 활동도 통합 교과의 일부다. 작품을 살펴보면서 사용한 재료와 표현의 특징에 대한 내용을 친구들과 함께 이야기하는 활동을 통해 미술 영역의 범위를 넓힐 수 있다.

미술 교육에서 부모들이 가장 고민하는 한 예를 들어 보자.

"미술 학원은 언제까지 다녀야 하나요? 아이가 좋다고 해서 그만두기 어려워요."

이런 고민을 하는 이유는 아마, 미술 학원 시간이 아깝다고 생각하기 때문일 것이다. 입시 미술 학원을 제외하고 일반 취미 미술을 하는 경우에는 미술이 좋다고 말하는 아이들이 많다. 피아노 학원은 각 레슨실에 한 명씩 들어가서 개별적으로 연습을 하지만, 미술은 어떠한가? 트인 공간 속에서 선생님과 친구들과 이야기를 나누며 그림 그리기가 진행되기 때문에 즐거운 환경이 될 수밖에 없다. 아이 스케줄이 많아서 쉬는 시간도 부족한데, 미술 학원을 보내서 즐겁게 지내다 오라는 것이 과연 아이를 위한 일인지 생각해 봐야 한다. 사실 아이는 미술을 좋아하지만 그곳에서도 배우느라 에너지를 쓸 수밖에 없는 상황이 될 수 있다. 미술이라는 과목은 아이의 소질이 보이지 않는 한, 학년이 올라갈수록 등한시하게 된다. 저학년 때에는 미술을 많이 시켰던 부모들도 등을 돌리는 것은 한순간이다. 아이가 미술이 좋다하고 이야기하는 것도 사실 1, 2학년 때다. 3학년 이상부터는 붓과 팔레트 사용하는 법부터 수채 물감을 쓰는 법도 배우고, 스케치하는 방법도 배우게 된다. 자유롭게 표현을 했던 저학년과는 다르다. 그래서 미술 작품 하나 완성하는 것을 힘들어 하고, 재미없어 하기도 한다. 아이가 좋다고 하는 기간 동안은 여유가 된다면 미술 교육을 꾸준히 해도 좋을 것 같다. 단, 쉬는 시간이 충분하지 않은 스케줄을 소화하고 있다면, 학기 중에는 실기보다는 감상 위주로 진행하고, 방학 중에 미술 교육을 받아도 좋다.

Check Point

미술 교육 선택 전에 알아두어야 할 사항

- 그림으로 표현하는 것을 어려워한다면, 초등학교 입학 전 6개월 정도 주제에 따라 그리기 수업이나 체험전에 참가해 보는 미술 경험을 하도록 하자.
- 1년에 한 번도 좋으니 미술관과 전시회에 참여하여 감상하는 경험의 기회를 주자.
- 마무리를 잘 못하고, 끈기가 없는 자녀가 있다면 만들기와 그리기 교육을 통해서 작품을 완성하는 성공 경험을 얻을 수 있게 하자.
- 그림 그리기를 싫어한다면, 만들기 중심의 수업과 퍼포먼스 수업에 참여하는 기회를 주자.
- 대회의 입상을 중요하게 생각하는 학원이나, 자녀의 미술 활동 결과물을 선생님이 많이 도와주는 학원은 피하자.

체육 교육

통합 교과에서 즐거운 생활 영역은 놀이, 표현, 감상의 기능을 중심으로 수업이 진행된다. 그중에서 체육은 다른 과목과 달리 신체 활동을 주로 하여 놀이와 표현의 기능에 초점이 맞춰져 있다. 활동이 중심이 되기 때문에 다른 과목과 확연히 차이가 난다. 신체 활동이 체력을 길러 주고, 운동 능력을 향상시키는 것쯤은 누구나 알고 있다. 그런데 더 중요한 것은 아이의 성장이다. 뼈와 근육이 제대로 성장해서 건강한 생활을 할 수 있게 도움을 준다는 것을 인지해야 한다. 소아 비만이 늘고 있고, 초등학교 고학년부터는 학습량이 증가하며, 바른 자세로 몇 시간 버티는 것이 힘들어 체형에 문제가 생기는 경우도 많다. 아이가 수업 시간에 집중을 잘 하지 못하고 산만한 편이라면, 운동을 통하여 버티는 힘을 기르고 집중하는 방법을 배울 수 있다. 《공부의욕》(베가북스)의 저자 김영훈 의학 박사는 몸을 적절히 움직이는 신체 운동은 집중력과 침착성은 높이고 충동성을 낮추며, 뇌혈류량과 뇌신경 성장 인자를 증가시킨다고 했다. 미국 일리노이 주 네이퍼빌 센트럴 고등학교는 매일 오전 학생들에게 학교 운동장을 달리게 하는 0교시 체육 수업을 실시하여 한 학기 동안 자신의 체력 내에서 최대한 열심히 뛰는 달리기 수업을 한 결과 이 학생들의 읽기 능력과 문장 이해력은 17퍼센트나 향상했다고 한다. 공부 잘하는 아이로 키우고 싶다면 체육에 공을 들여 보자. 체육은 아이들에게 자신감을 불어넣어 줄 수 있는 최고의 과목이다. 자신이 열심히 땀 흘린 만큼 그 성과가 돌아온다. 나도 노력하면 할 수 있다는 것을 몸소 체험할 수 있기 때문에 공부를 할 때에도 열심히 하면 그 결과가 좋을 것이라고 자신을 믿을 수 있는 힘이 생긴다. 운동으로 생긴 자신감은 아이의 자존감으로 이어진다.

운동은 성장기 아이들의 내면을 단단하게 만들어 줄 수 있다. 놀이를 통해 규칙을 배우고, 협동을 통해 바른 인성 교육이 이루어진다. 교과서에서는 운동 기능적 측면에서 뛰어난 결과를 원하지 않는다. 여름, 겨울 과목에서는 실내외 놀이 활동을 통해 즐겁게 참여하고, 협동과 배려를 통한 인성과 규칙, 안전에 대해 가르친다. 가을 과목에서는 민속놀이를 하며, 경쟁보다는 함께 참여하는 즐거움을 먼저 알게 한다. 유치원 누리과정의 인체 운동, 건강 영역에 대한 연계로 1, 2학년 놀이를 통한 신체 활동이 진행되고, 이는 3학년 체육 과목으로 이어진다. 실제 체육의 실기를 이론과 함께 배우는 학년은 3학년 이상이라고 보면 되겠다. 예비 초등학생부터 1, 2학년까지는 체육 활동에 즐겁게 참여하고, 규칙을 잘 지키기만 해도 학교생활에는 전혀 문제가 없다.

그러나 대다수의 학부모들은 체육에서 실기 기능 분야가 중요하다고 생각한다. 결과가 눈으로 보이기 때문에 그런 것일까? 많은 초등학교에서는 줄넘기 급수제를 하고 있다. 각 학년별 정해진 급수는 적절한 운동량과 정상적인 신체 발달을 하고 있는 아이들이면 누구나 통과할 수 있는 수준이다. 부모가 학교를 다니던 시절에는 밖에서 뛰놀던 시간이 충분했다. 따로 체육 학원을 다니지 않아도 줄넘기 정도는 누구나 가뿐하게 할 수 있었다. 요즘 아이들은 미세먼지가 많은 환경, 안전 신뢰도가 떨어진 사회, 방과 후 활동 등 밖에서 체육 활동하는 시간이 절대적으로 부족하다. 어쩌면 놀이터에서 놀 수 없는 환경 탓에 다양한 체육 학원으로 발길이 향하는 것은 아닐까.

초등 입학을 앞둔 자녀가 있다면 어떤 체육 활동이 도움 될까? 종목에 따라 개인 운동과 단체 운동으로 나누기는 하지만, 수영, 태권도, 줄넘기, 발레, 리듬체조, 피겨 등 개인 종목이면서 팀을 만들어 단체 경기가 가능하기 때문에 단순히 축구나 야구와 같은 운동만 단체 종목이라고 생각하지 않아도 된다. 초등 입학 전에는 기초 체력을 기르는 것이 중요하다. 가장 추천하는 것은 걷기다. 요즘 부모들은 날씨에 따라서 아이가 힘들까 봐 걱정하기도 하고, 학교와 학원을 이동할 때 길에 허비하는 시간을 아끼기 위해 가까운 거리도 차로 이동하는 경우가 많다. 아이를 진정으로 위한다면 함께 걸어 다니는 시간을 갖자. 걷기를 통해 쌓은 기초 체력은 다른 운동을 배울 때에도 지구력을 발휘할 수 있어 운동을 빨리 배우지는 못하더라도 중간에 포기하지는 않는다.

7세 이전에는 운동의 기능적 측면보다는 규칙과 예절을 지키고 좋은 친구들을 사귈 수 있는 경험을 하게 하자. 중요한 것은 신체 활동의 즐거움을 알게 해주는 것이다. 운동은 목적에 따라 종목을 선택하기도 하지만, 아이의 성향을 보고 결정하는 것이 중요하다. 리더십이 있고, 활발한 아이들은 어떤 운동을 하더라도 선택에 주저함이 없다. 신나게 땀 흘리며 운동하고 싶은 아이라면 성별에 관계없이 태권도와 축구를 권장한다. 반면 친구들과의 불가피한 신체 접촉이 싫은 아이들도 있고, 큰 기합 소리가 무서운 아이도 있으며, 규칙을 제대로 이해하지 못해 공 하나만 쫓아서 우르르 몰려다니며 뛰어다니는 상황을 싫어하는 아이들도 있다. 우리 아이가 이런 성향이 있다면 가장 중요한 것은 아이가 싫어하는 종목은 처음에 선택하지 않는 것이다. 가끔 아이가 태권도를 무서워하는데도 이런 것 하나쯤은 극복해야 하지 않겠냐며 우는 아이를 억지로 학원에 보내는 부모를 볼 수 있다. 아이가 싫다고 하는데, 부모는 적극적으로 참여하길 원한다면 아이와 스포츠를 관람하며 규칙을 알려 주고, 자연스러운 경기 흐름을 이해할 수 있게 하는 것이 도움이 된다. 경기 관람을 통해 흥미가 생긴다면 그때 운동을 시작해도 늦지 않다. 단, 첫 운동 선택으로는 적합하지 않다. 아이가 처음 배우는 운동은 가장 흥미 있어 하는 분야를 선택해야 체육 활동에 대한 긍정적인 마음이 생기게 되어 운동을 즐기는 아이로 키울 수 있게 된다.

초등 1학년 때에는 학급별로 축구팀을 결성하게 되니, 남아의 경우 입학 전에 아빠와 함께 축구나 야구와 같은 공놀이를 하면 도움이 된다. 축구팀의 리더가 되기 위한 목적으로 일찍 축구를 시작하진 않았으면 한다. 체력을 기르는 활동을 하는 것도 축구를 잘하는데에 도움을 줄 수 있다.

체력을 기르기 위한 운동은 대표적으로 수영과 줄넘기가 있다. 몇 학년 때 수영을 하라고 콕 꼬집어 말하기는 어렵지만, 수영은 일찍 배워 두는 것이 늦게 배우는 것보다 장점이 많다. 수영은 자신의 한계에 조금씩 도전하는 운동이다. 영법을 배우면서 성장하는 자신의 모습을 보며 뿌듯한 마음도 생기고, 체력도 좋아진다. 요즘은 여행을 가도 수영을 할 기회가 많고, 친구들과 함께 수영장에 놀러갈 수 있는 상황도 많으니 자유형 영법 하나만 배워도 수영할 기회가 있을 땐 자신 있게 참여하는 아이의 모습을 볼 수 있을 것이다. 여아의 경우, 2차 성징이 시작되는 나이에는 수영장에 가는 것을 꺼리는 아이들이 있으므로 1, 2학년 때 수영을 미리 배울 수 있도록 기회를 주자. 줄넘기는 모르는 친구들도 쉽게 사귈 수 있는 운동 종목이다. 보통 줄넘기는 혼자 하는 운동이라고 알고 있는 사람들이 많지만, 짝 줄넘기 활동과 단체 음악 줄넘기를 통해 협동심과 배려심을 배울 수 있는 운동이다. 부모가 직접 아이에게 줄넘기를 가르쳐서 함께 하다 보면, 친구들과 함께 음악에 맞춰 배우는 줄넘기도 힘든 줄 모르고 즐겁게 참여가 가능하다. 줄넘기는 학교 방과 후 프로그램도 있으니, 시간적 여유가 되면 학교 활동으로 참여해도 좋다.

　한 가지 운동을 꾸준히 하는 것도 의미가 있지만, 초등학생 때에는 다양한 체육 활동의 경험하게 하여 새로운 분야에도 도전하게 하자. 실패를 두려워하는 아이들은 항상 자신이 잘하는 운동 종목만 신택하는 경향이 있는데, 배우면 누구나 할 수 있는 것이 체육 활동이다. 체육 활동을 통해 다양한 도전을 해보고, 실패를 극복하여 성공으로 이끈 경험은 아이의 삶에 소중한 자산이 된다. 또한 꾸준히 하지는 못하지만 계절에 맞추어 일회성이라도 다양한 체육 활동을 경험하게 해보자. 봄, 가을에는 배드민턴, 양궁, 야구, 축구, 줄넘기,

승마와 같은 종목을 해보고, 여름에는 수영과 실내 스케이트, 겨울에는 스키, 눈썰매, 스케이트 등을 해본다면 아이의 경험치는 한껏 넓어지며, 자신에게 잘 맞는 운동을 스스로 선택하게 된다.

Check Point

체육 교육 선택 전에 알아두어야 할 사항

- 규칙을 따라야 하는 운동은 48개월부터 이후 시작하자.
- 대근육과 소근육을 골고루 쓸 수 있는 활동을 하자.
- 산만하고, 생활 습관이 불규칙한 자녀가 있다면, 운동을 통해 스스로 조절할 수 있는 능력을 기르도록 하자.
- 운동을 통해 바른 경쟁의 의미를 알려 주자.
- 종목은 관람이나 체험을 통해 아이가 자신 있어 하고, 즐거워하는 것으로 선택하자.

{ 교과 관련 체험 학습과 활용 방법 }

초등학교 전체 학령기 중에서 시간적으로 가장 여유로운 시기는 1, 2학년이다. 보통 4, 5교시로 학교에서 수업이 마무리되며, 주말에는 공부보다 활동을 할 수 있는 시간이 충분하다. 요즘은 영어, 수학을 학습하는 연령이 낮아져서 주말까지 학원을 보내는 경우가 있는데, 가급적 1, 2학년만큼은 앉아서 하는 공부보다는 직접 보고, 듣고, 느낄 수 있는 체험 학습이 아이의 발달에 더 적합한 공부 방법이다. 하루에 책을 몇 권 읽었는지, 수학 문제집을 얼마나 풀었는지보다 더 중요한 것이 있다. 직접 경험을 토대로 생각의 질을 높이고, 범위를 확장하여 세상의 이치를 통찰하는 힘의 기초를 기르는 일이다. 책만 읽는다고 되는 것이 아니다. 아는 만큼 보이는 시기가 아닌 내가 보고 들은 만큼 알게 되는 시기다. 부모는 아이에게 지식보다는 지혜를 주려고 해야 하며, 그 지혜는 경험에서 터득하게 된다는 것은 누구나 아는 진리다. 1, 2학년 아이들의 공부 우선순위를 정하자면 0순위는 바로 체험 학습이다. 독서가 아무리 중요하다고 하지만, 직접 경험을 앞설 수는 없다. 《우리 집에 배추흰나비가 살아요》(살림어린이)라는 책을 본다고 가정해 보자. 다음은 책의 일부분이다.

애벌레는 성장하기 위해 네 번의 허물을 벗어야 비로소 나비가 될 수 있어요. 나비뿐만 아니라 모든 생명은 힘든 시기를 이겨내며 성장해요.

이 대목을 읽었을 때, 나비의 우화하는 과정을 직접 관찰한 아이와 책만 읽은 아이는 무엇이 다를까? 관찰 경험이 있는 아이들은 첫 줄만 읽어도 알에서부터 나비가 되기까지의 장면뿐만 아니라 나비가 번데기를 뚫고 나오는 순간의 벅찬 감정까지도 머릿속에 생생하게 떠오를 것이다. 책에서 전달하고자 하는 내용을 100% 이해하는 것이 아니라 자신의 경험과 생각까지 더해져 200%로 경험치를 끌어올릴 수 있다.

어제까지 한 번도 경험하지 않은 일을 오늘 경험할 수 있도록 기회를 주자. 개기월식과 같이 쉽게 볼 수 없는 자연 현상을 보여 주는 것도 좋지만, 일상생활에서 찾아볼 수 있는 것도 많다. 셀로판지는 빨강, 파랑, 노랑, 초록, 투명 이렇게 다섯 색상으로 나온다. 어제까지 셀로판지를 통해 세상을 본 적이 없다면, 바로 오늘 셀로판지를 통해 빨간 세상, 파란 세상 등 다양한 색으로 세상을 보여 주자. 온

세상이 파랗게 물들었다는 표현을 실감나게 이해할 것이다. 미술책에서 빨강과 파랑을 섞으면 보라색이 된다고 나온 것을 눈으로 직접 볼 수 있게 되는 것이다. 체험 활동을 비롯한 아이가 하는 경험들은 오감(시각, 청각, 후각, 미각, 촉각)이 중심이 되면, 보고 듣고, 배우고 느낀 점을 표현하기가 수월해진다.

체험 학습을 어떻게 활용해야 하는지 구체적인 방법을 제시하고자 한다. 첫 번째, 체험 학습은 목적에 따라 장소와 구성원이 중요하다. 체험을 통하여 아이들이 얻을 수 있는 효과로는 크게 학습, 감성, 인성으로 나눌 수 있다. 학습적인 효과를 보기 위해서는 박물관, 미술관, 과학관, 유적지, 동물원, 식물원 등 특수 목적이 있는 단체 활동보다는 가족 중심 활동이 더 적합하다. 여름에 수목원을 또래들과 함께 간다면 풀벌레 소리를 듣고, 나무의 종류를 알아보기보다는 친구들의 웃음소리에 귀를 기울이고, 나무 사이를 다니며 숨바꼭질을 하는 경우가 더 많다. 체험을 통한 인성 교육의 목적을 두고 있다면 모를까 자연 관찰을 하기 위해 수목원에 방문했다면, 가족 중심으로 활동하는 편이 배움의 집중도를 높일 수 있다. 감성을 키우고 싶다면, 산, 들, 바다 등의 자연을 경험하게 하자. 코끝을 스치는 봄바람과 가을바람은 무엇이 다를까? 자연의 경험은 아이들을 시인과 작곡가로 만든다. 아이들은 느낌 그대로를 자유롭게 창의적으로 표현하기 때문이다. 기회가 된다면 해외의 자연을 경험하는 것도 좋다. 나라마다 기후, 지형 등이 달라서 우리나라에서 볼 수 없던 자연의 경관을 보면 평소 갖고 있던 생각과 감정이 한층 성장함을 느끼게 된다. 우리나라의 호수에서는 일몰 때 붉은빛으로 물든 물가를 볼 수 있지만, 뉴질랜드에서는 빙하로 인해 선홍빛으로 물든 호수를 볼 수 있다. 평소에는 뾰족한 산봉우리를 보다가 호주에서는 병풍 같은 모습의 산을 보게 될 때도 마찬가지로 색다른 감성이 키워지게 된다. 인성 교육에 도움을 주고 싶다면, 협동심이 필요한 체험 활동이 도움 된다. 또래와 함께 가는 등산도 좋고, 직업 체험이나 안전 체험도 좋다. 가능하면 캠핑과 같이 긴 시간을 함께 보내며, 서로를 배려하고, 즐겁게 게임도 한다면 서정적 활동을 통해 인성 교육까지 가능하다. 연주회나 체육 대회를 포함하여 리더십과 협동심을 배우게 하는 활동도 도움 되니, 교외 활동도 적극적으로 활용한다.

두 번째, 체험 학습을 위한 사전 준비가 필요하다. 보통 체험 학습을 가고자 할 때에는 부모 중 적극적이고 관심이 더 많은 사람이 계획을 하고 실행을 한다. 체험 학습은 누구 한명이 희생을 해서도 안 되고, 독단적으로 계획을 해서는 안 된다. 가족 모두가 만족스러운 체험 활동을 위해서는 모두의 참여가 필요하다. 사전 준비로는 방문하고자 하는 장소의 홈페이지에서 현재 진행 중인 행사나 교육 프로그램이 있는 확인하고 예약을 해야 한다. 요즘은 체험 활동을 중요하게 생각하는 사람들이 많아서 괜찮은 프로그램을 예약하지 못했을 경우, 목적지까지 갔으나, 체험을 하나도 못하고 올 수 있다. 사전에 예약이 필요한지 꼭 알아봐야 한다. 특히 방학 프로그램은 일찍 마감되는 경우도 있으니, 방학 중 교육 프로그램에 관심이 있다면 기관에서 앞으로의 일정을 미리 확인하는 것도 좋은 방법이다. 방문 전, 아이와 함께 관련 도서가 있다면 가볍게 읽어 보고, 체험 장소에 관련 책을 꼭 가지고 가자. 책 내용에 나오는 사진과 같은 곳을 찾아보기도 하고, 책보다 더 자세히 내용을 조사하는 활동을 목표로 하면, 더 많은 정보를 알아냈다는 사실에 뿌듯함을 느낄 수도 있다. 도움이 되는 관련 도서로 《눈으로 보는 우리나라》(교원), 《신나는 교과연계 체험 학습 시리즈》(주니어 김영사)가 있다.

　세 번째, 아이의 참여도를 높인다. 체험 장소에 도착하면 아이에게 줘야 할 세 가지가 있다. 카메라, 안내 책자, 목걸이형 필기구 수첩 세트다. 안내 책자를 보면서 오늘의 활동 동선을 아이가 계획하도록 한다. 부모 마음에 들지 않더라도 아이의 시행착오는 반드시 필요한 과정이다. 다음 체험 활동을 경험할 때에는 한층 더 성장한 모습을 볼 수 있게 된다. 아이의 참여도가 높아지면, 활동에 집중하게 되고, 미술관이나 전시회 같은 경우 자칫 지루하여 빨리 집에 가고 싶은 마음이 들 수도 있지만, 체험 장소에서 지켜야 할 매너는 스스로 지키게 된다. 특히, 아이에게 준 목걸이형 필기구 수첩 세트는 관심 있게 보고, 듣게 된 정보를 수집하게 하므로 좋은 태도를 유지할 수 있게 된다. 기록을 하지 않으면, 태도가 흐트러질 수 있으며, 들을 때에는 아는 것 같지만, 막상 집에 오고 나서 그게 뭐였더라 하면서 생각이 잘 나지 않을 수 있다. 핵심이 되는 것만 간단하게 기록하면 된다. 저학년은 내가 본 것, 들은 것, 새로 알게 된 점을 적도록 한다. 카메라를 가지고 스스로 관심 있는 대상을 촬영하게 한다. 고가가 아닌 아이가 쓰기 편한 디지털카메라를 아이에게 선물한다. 동물원에 간다고 했을 때, 부모와 아이의 관심사가 다를 수 있다. 아이의 관심 대상을 일일이 부모가 모두 챙기기는 어렵다. 아이에게 카메라를 주면, 관심이 없는 장소라 할지라도 적극적으로 나서 나의 관심 대상을 찾으려고 한다. 그리고 사진으로 담아낸다. 도서관에서 디지털카메라로 사진 찍는 방법에 대한 책들을 대여해서, 사진 촬영 기술도 알려 주는 것이 좋다. 부모가 잘 몰라도 괜찮다. 요즘 디지털카메라는 자동 모드로 촬영하게 되니 빛과 구도만 잘 사용해도 괜찮은 사진을 찍을 수 있다. 직접 촬영한 사진을 가지고 간단한 보고서를 작성하도록 한다. 아직 글쓰기에 서툴지만, 보고서 형식의 글도 쓰다 보면 실력이 자연스럽게 늘게 된다.

체험 활동에서 가장 중요한 것은 바로 기록을 보관하는 것이다. 우리는 보통 스마트폰에 정보를 넣어 두고 웬만해서는 꺼내지 않는다. 디지털카메라나 액션캠을 사용해도 PC에 저장만 할 뿐 다시 꺼내는 일은 굉장히 드물다. 우리 아이의 체험 기록은 포트폴리오로서 충분한 가치가 있다. 보고서나 안내 책자, 활동지 등은 학년별로 나누어 A4 클리어 파일에 정리해 둔다. 핵심적인 사진 자료는 개인 블로그를 개설하여, 편의에 따라 공개나 비공개로 설정한 뒤, 사진,

날짜, 체험 장소, 주제 등 간단한 기록이라도 남겨 놓으면, 필요할 때 언제 어디서든 자료를 찾을 수 있다. 한 예로 영재 학급을 선발할 때, 학부모가 써야 하는 추천서에는 아이에 대한 세심한 관찰이 요구되는 항목이 있다. 어느 날 갑자기 아이의 능력에 대해 쓰려고 하면 막막해진다. PC에만 사진 자료를 저장해 두었다면, 사진을 언제 촬영했는지 알 수는 있지만, 장소가 생각이 안 날 수도 있고, 그 장소에서 그 활동을 왜 했는지 모를 수 있다. 만약 아이의 활동을 꾸준히 블로그에 기록해 두었다면, 조금 더 수월해진다. 우리 아이 창의력에 대해 쓰라고 한다면, 아이 스스로 만든 과학 발명품에 대한 내용과 사진 기록을 사용할 수 있을 것이다. 이처럼 활동한 내용도 중요하지만, 기록도 못지않게 중요하다. 기록은 우리 아이의 학교생활, 입시, 진로까지 그 힘을 발휘할 것이다.

깔쭈아가 추천하는 **교과 체험 학습**

관련 교과	추천 체험 장소
<봄 1-1> 2. 도란도란 봄 동산 <봄 2-1> 2. 봄이 오면	에버랜드, 남산 야생화 공원 순천만국가정원, 아침고요수목원
<봄2-1> 1. 알쏭달쏭 나	서울애니메이션센터
<여름 1-1> 2. 여름나라 <여름 2-1> 2. 초록이의 여름여행 <겨울 1-2> 2. 우리의 겨울	국립어린이과학관, 국립과천과학관 경기도어린이박물관, 국립대구기상과학관 옥토끼우주센터
<여름 2-1> 1. 이런 집 저런 집	남산골 한옥마을, 전주 한옥마을 한국민속촌, 안동 하회마을
<가을1-2> 1. 내 이웃 이야기	국립중앙박물관, 국립어린이민속박물관
<가을 1-2> 2. 현규의 추석 <겨울1-2> 1. 여기는 우리나라	한국전통음식박물관, 농협 쌀박물관 뮤지엄김치간
<가을 2-2> 1. 동네 한바퀴	한국잡월드, 키자니아, 키즈앤키즈
<가을 2-2> 2. 가을아 어디있니	안성 팜랜드, 농도원목장 대관령 양떼목장, 은아목장
<겨울2-2>1. 두근두근 세계여행	다문화박물관, 아인스월드 아프리카박물관, 중남미 문화원 세계민속악기박물관
<겨울2.2>2. 겨울 탐정대의 친구찾기	어린이대공원, 광릉수목원, 제이드가든 서울 식물원
<국어 1-1 가> 3. 다 함께 아야어여	국립한글박물관
<안전한 생활>	광나루안전체험관(서울시민안전체험관) 키즈오토파크, 119 부산안전체험관 365세이프타운

스스로 공부하는
우리 아이
교육 로드맵

엄마표를 할까? 사교육을 할까?
아이의 24시간을 분석하자
하루 30분, 스스로 공부하는 시간은 필수!
우리 아이 교육 로드맵 만들기

엄마표를 할까? 사교육을 할까?

아이가 태어나면서부터 엄마표로 교육할지 사교육을 해야 할지 고민되었다. 아이가 3, 4세 때만 하더라도 두뇌가 스펀지 같아서 부모가 알려주는 대로 모두 흡수하고, 심지어 우리 아이가 영재가 아닌가라는 생각이 들 정도로 영특한 모습을 많이 보여 준다. 그래서 엄마표로 영어, 한글, 수학 교구 등 할 수 있는 것은 가능한 많은 시도를 한다. 아이의 아웃풋도 나오니 엄마표로도 충분히 할 수 있다는 자신감이 생기는 시기이기도 하다. 그러나 그 시간은 생각보다 오래가지 않는 것이 대부분이다. 아이가 6세가 되고, 어렸을 땐 한글 단어도 읽었던 아이가 아직 한글을 떼지 못한 것에 답답함을 느끼고, 수학 교구로 많은 활동을 했지만, 1+2도 잘 모르는 아이가 그저 답답하게 보인다. 엄마표로는 안 되나 보다 싶어 사교육을 이용하게 되고, 그렇게 하나둘씩 늘어난 사교육은 7세에 이르러 최고조에 달하게 된다. 초등학교에 입학해서도 그동안 학원에 들인 돈이 아까워 조금 더 해야 한다는 생각에 1, 2학년 아이들은 국어, 영어, 수학 과목을 비롯한 예체능까지도 기꺼이 소화해야 하는 상황에 놓여 있다. 고3도 아닌데, 스케줄에 따라서 차에서 이동하며 저녁을 먹는 일도 생기고, 엄마는 언제부터인가 학원까지 운전해 주려고 대학을 나온 것인가 하며 회의감이 들기도 한다. 이 정도 상황이 되면 또다시 엄마표를 해야 하나 고민을 하게 된다. 사교육에 한 번 발을 들이면 그만두기가 어렵고, 그만두더라도 그 과목을 온전히 쉬기보다는 엄마표로 선택하여 공부를 유지하는 경우가 많다. 학원을 다녀도 엄마표가 필요한 것은 사실이다. 부모의 관리는 필요하기 때문이다.

정말 신기하게도 10년 전이나 지금이나 엄마표 영어, 엄마표 수학과 관련된 책들이 베스트셀러에 오르는 경우가 많다. 생각해 보자. 왜 예나 지금이나 여전히 엄마표 영어와 수학으로 성공하면 책을 낼 정도가 되는지 말이다. 모든 케이스가 그런 것은 아니지만 보통 엄마표 영어에 성공한 분들은 대부분 딸이 하나, 엄마표 수학에 성공한 분들은 아들 하나인 경우가 많았다. 같은 가정의 조건 선상이 아니라면 일단 출발이 다르기 때문에 그들의 노하우는 배울 수는 있겠지만, 같은 결과를 기대하긴 어려울 것이다. 아이가 둘 이상인 경우는 엄마가 가지고 있는 시간을 아이들에게 배분을 해야 하기 때문에 외동과 같은 인풋을 주기 어렵다. 또한 아이들은 모두 타고

난 잠재적인 능력이 다르므로, 다른 사람이 엄마표로 성공했다고 하여 우리 집도 성공하리란 보장은 없다. 그럼에도 불구하고 엄마표를 하는 이유는 무엇일까? 부모가 아이 교육에 관심이 많고 경제적으로도 비용이 적게 드니 학원에서 배우는 것의 반 정도라도 아이가 알면 좋겠다고 하는 마음에서 시작하게 된다. 그런데 간혹 욕심이 많은 부모는 엄마표, 아빠표를 열심히 해서 학원에서 배우는 아이들보다 더 뛰어나게 만들려고 하는 경우도 있다. 이렇게 되면 목표 수준이 높아지기 때문에 아이에게 지속적으로 학습하도록 강요하게 되고, 결과가 잘 나오지 않게 되면 남들과 비교하거나 잔소리가 늘어서 아이와 사이가 굉장히 나빠지게 된다.

엄마표를 할 것이냐, 사교육을 할 것이냐 고민이 된다면 첫째 부모와 아이의 성향을 고려해 보자. 엄마표가 가능한 사람은 정보가 많고, 계획을 잘 세우는 사람, 계획을 잘 실천할 수 있는 사람보다는 바로 '나에겐 굉장히 귀찮은 일이지만, 아이의 일이라면 귀찮음을 잊어버리는 사람'이 해야 한다. 엄마표는 계획보다는 지속적인 실천이 중요하기 때문이나. 귀찮게 여겨지면 하다가 안 하기를 반복하게 된다. 또 하나는 '엄마보다 아이의 성취욕이 클 때' 엄마표가 가능하다. 즉, 엄마가 아이에게 갖는 기대치보다, 아이 스스로 책을 읽고 공부를 했을 때 느끼는 성취감이 크다면 학원보다는 집에서 학습하는 것이 더 효과적일 수 있다. 정보가 많고 계획은 잘 세우지만, 귀찮음을 자주 느껴서 실천을 못하는 부모라면 사교육을 이용하면 효과적이다. 왜 그럴까? 학원 숙제가 있기 때문에 강제적으로 실천해야 하므로 실천력이 부족한 부모에겐 효과적일 수 있다. 단, 전제 조건이 있다. 정보와 계획성은 있어야 한다. 그냥 학원에 보내면 알아서 잘하겠지 하는 생각은 보내지 않는 것만 못하다. 학원은 개별적으로 세심한 관리는 어렵기 때문에 숙제만 잘 해 간다고 되는 것이 아니다. 또한 학원은 보내면서 부모도 열심히 지원하겠다는 결심을 섰을 때 보내야 한다. 그 정도의 결심이 아니라면 학원을 다녀도 열심히 하지 않게 되며, 다니면서도 다른 학원을 기웃거리게 된다. 학원을 믿고 그 커리큘럼을 제대로 따라갈 준비가 되었다면 학원을 보내도 된다. 이도 저도 아니면 어떻게 해야 할까? 교육을 시작하기 전에 먼저 교육에 대한 기준을 세워 보고, 어떻게 아이를 키울 것인지, 교육의 시작 시기를 언제로 잡을 것인지, 언제 집중적으로 교육을 할 예정인지 등을 먼저 생각해 보고 교육을 시작해도 늦지 않다.

둘째, 아이가 재능 있는 분야는 전문가의 도움을 받도록 한다. 엄마표가 무조건 좋은 결과를 낳는다는 법은 없다. 엄마표로 최대한 해보고 안 될 때 사교육의 도움을 받아도 되겠지만, 아이가 잘하는 분야가 있다면 얘기는 달라진다. 부모 이외에도 잠재력을 이끌어 낼 수 있는 전문가의 도움을 받는다면, 좀 더 좋은 결실을 맺을 수 있는 확률이 높기 때문이다. 또한 아이가 잘하는 분야를 엄마표로 하게 될 경우, 기대치가 높아지기 때문에 아이가 실수를 하거나, 잘 못했을 경우, 아이의 과거와 비교하고 잔소리로 이어질 수 있어서 자칫 갖고 있는 재능도 잘 발휘가 안 될 수 있다. 예를 들어, 아이가 수학에 재능이 있어서 3, 4세에 이미 만 단위를 수를 이해하고 초등 1, 2학년 때 중등 수학을 할 수 있을 정도가 되었다고 하자. 엄마표로 하다 보면 주로 문제 풀이 위주로 진도를 나가게 될 것이다. 2학년 아이가 중등 수학을 한다는 것도 대단한 일임에도 불구하고, 초등 6학년 심화 문제를 풀렸을 때 틀리면 했던 것인데 왜 틀렸냐고 혼내는 경우도 있다. 상담 사례를 보면 아이가 수학을 잘하는 경우, 부모의 기대치가 높아서 아이가 그에 부응하지 못하는 경우, 혼나면서 집에서 수학을 하는 아이들이 생각보다 많다. 이럴 때에는 엄마표를 하기보다는 사교육을 통해 전문가의 도움을 받는 것도 도움이 될 수 있다. 뛰어난 아이들을 많이 경험해 본 선생님이 오히려 부모보다 아이에게 순수하게 지식을 가르치고, 이끌어 줄 수 있기 때문이다. 커리큘럼상 많은 아이들이 힘들어 했던 영역을 잘 알고 있기 때문에 누구나 어려워하는 문제를 잘 극복할 수 있도록 노하우를 통해 도와줄 수 있다는 것도 장점이다. 사교육이라고 해서 모두 나쁘다는 편견은 버리도록 하자. 필요시에는 적절히 이용하면 효과적인 교육이 가능하다.

　엄마표를 꼭 해야만 하는 상황이라면, 잘하는 것도 실수한다며 혼내기보다는 아이가 하는 만큼 학습의 자율성을 주고, 격려해 주자. 아이가 책이나 학습서가 필요할 경우, 미리 내용을 알아봐서 아이에게 맞는 최적의 교재를 찾아 주고, 필요시 체험이나 시험을 치러야 한다면 적극 도움을 주는 것도 좋다. 아이가 재능이 있고, 잘한다고 해서 알아서 하겠지 하는 생각은 이 또한 노력하지 않고, 결과를 얻으려는 부모의 욕심에 불과하다.

셋째, 아이가 부족한 분야는 엄마표가 효과적이다. 대부분의 부모들은 잘하는 것은 내버려 둬도 잘하니 엄마표로 하고, 부족한 분야는 사교육으로 보충하려고 한다. 부모 눈에는 아이가 부족한 분야가 쉽게 눈에 들어온다. 그것이 부모의 경험에서 비롯된 것이라면 더욱 그렇다. 학창 시절 영어를 잘 못해서 힘들었던 경험이 있는 부모는 우리 아이도 영어 때문에 힘들어하진 않을지 걱정하게 된다. 부모가 영어에 대한 자신감 부족으로 일찌감치 영어 학원의 문을 두드리는 경우도 있다. 사실 부모가 영어를 못해서 정보가 있고, 환경만 만들어 준다면 엄마표 영어는 어렵지 않게 진행할 수 있다. 단, 실천력이 된다는 전제 조건이 필요할 것이다. 아이가 부족한 분야는 부모의 눈에도 안타깝게 보일 수밖에 없다. 그리고 구체적으로 어느 영역에서 힘들어하는지도 알 수 있다. 아이가 영어를 어려워한다면, 영어에서 말하기 영역을 어려워하는지, 어휘를 어려워하는지 부모 눈에는 쉽게 들어온다. 이럴 때에는 함께 배우겠다는 마음가짐으로 아이와 함께 공부해 나간다면 아이와 부모가 함께 성장할 수 있는 계기가 된다. 아이가 어려워하는 부분은 공감을 통하여 아이에게 할 수 있다는 용기를 주고, 어려움을 잘 극복할 수 있도록 도와줄 수 있는 것도 엄마표의 장점이다. 아이가 부족한 분야를 엄마표로만 하기에는 걱정이 된다면, 사교육을 이용하면서 아이의 부족한 점에 대해 부모가 보완해 주려고 노력해도 좋은 방법이다. 자녀 교육에 관심이 있다는 것은 아이가 학원에서 배워 온 내용이 무엇이고, 어떤 부분을 어려워하는지 아는 것에서 출발한다.

엄마표냐 사교육이냐에 대해서 모 아니면 도라는 식으로 선택하지 말자. 적절한 시기의 사교육은 아이의 지적 성장에 도움이 된다. 엄마표는 아이의 부족한 분야를 채울 수 있는 가장 좋은 방법이며, 사교육을 이용해도 학습 관리와 코칭으로서의 역할로 진행하는 것이 효율적이다. 이것 하나만 기억하자. 최고의 선생님은 바로 부모라는 것을.

아이의 24시간을
분석하자

"우리 아이는 시간이 너무 부족해요. 학교 다녀와서 학원 다녀오고 숙제하다가 보면 하루가 다 가요. 심지어 숙제하다가 책 한 권 읽지도 못하고 잠에 들기도 해요." 실제 상담을 하다 보면, 대부분의 학부모들이 이렇게 말하곤 한다. 초등 저학년인데도 불구하고 학원과 숙제에 치여 하루 시간을 다 써버린다고 말한다. 그런데 정말 아이가 하루 종일 숙제만 했을까? 부모의 눈에는 잠자기 전까지 책상 앞에 앉아 있는 아이가 그저 안쓰럽기만 하다. 당장 내일 학원 숙제도 다 못한 상황에서 어쩔 수 없이 해야 하는 그 시간이 괴로울 것이다. 그러나 오늘 아이가 무엇을 하면서 시간을 보냈는지 잘 생각해보길 바란다. 친구들과 놀고 싶다고 해서 학교 끝나고 학원가기 전까지 운동장에서 1시간 정도 신나게 놀진 않았는지, 저녁 식사 준비 시간을 이용하여 아이가 1시간 정도 TV 시청을 하진 않았는지, 저녁을 먹고 나서 샤워하느라 30분 이상을 쓰고, 집에서 이것저것 장난감도 만져 보기도 하면서 시간을 대충 때우지는 않았는지 점검해 보라. 이렇게 시간을 보내고 저녁 8시 반이 되어서야 책상에 앉아 숙제를 하기 시작한다면 아이는 10시가 다 되어서야 숙제를 겨우 마무리 지을 수 있을 정도가 될 것이다. 독서는커녕 숙제를 하고 잠자기 바쁜 시간이 된다. 이렇게 하루를 마무리하게 되면 부모는 괴로워지기 시작한다. 우리 아이는 왜 이렇게 시간이 없을까? 이렇게까지 숙제를 하며 살아야 하나? 초등 1, 2학년이 이렇게 살면 앞으로 중학생, 고등학생이 되면 어떻게 해야 할까? 독서가 중요하다는데 책을 한 권도 못 읽어서 어떻게 해야 할까? 등등 많은 고민들이 시작된다.

이 고민을 해결하기 위한 첫 번째 단계는 이것도 잘하고 저것도 잘해야 하는 부모의 욕심을 버리는 것이다. 부모의 욕심은 아이의 시간을 빼앗아 간다. 욕심이 많은 부모는 학습뿐만 아니라 아이의 정서노 중요하게 생각한다. 그렇기 때문에 아이가 놀 시간을 확보해 주고 싶어 한다. 아이가 놀 수 있는 기회가 생기면 언제든 놀게 해주고, 아이가 원할 때에도 웬만하면 놀이 시간을 허락한다. 그러다 보면 숙제나 독서가 뒤로 밀리는 것은 어찌 보면 당연한 일이 된다. 노는 것도 잘하는 아이들이 공부도 잘한다는 말은 옛날부터 듣다 보니 당연하게 받아들여지게 되었고, 잘 놀았으니 이따 저녁 때, 숙제도 잘할 것이라는 믿음을 갖게 된다. 그러나 상황은 어떤가?

"엄마, 친구들이랑 재밌게 놀고, 집에 가서 밥 먹고 숙제할게요."라고 자신 있게 말하던 아이는 숙제를 하다가 피곤하여 이미 책상에 엎드려 졸고 있는 상황이 되어 버렸다. 믿는 도끼에 발등 한두 번 찍힌 게 아니라는 부모들도 많다. 놀이도 숙제도 독서도 모두 다 열심히 하는 아이를 바라겠지만, 이것을 모두 잘하기 위해서는 시간이 부족하다. 따라서 다 열심히 잘하기를 바라는 욕심을 버리는 것이 가장 1순위다.

두 번째는 시간 가계부를 작성하는 것이다. 가계부를 적는 것처럼 내 아이가 해야 할 일을 적어 보고 그것을 하는 데에 걸리는 시간을 작성해 보는 것이다. 연산과 한글책 읽기, 영어책 읽기를 매일 해야 한다고 가정했을 때, 연산 문제 푸는 데 걸리는 시간, 한글책 읽는 데 걸리는 시간 등을 적어 봐야 아이들이 힘들지 않게 실행 가능한 계획을 세울 수 있는 것이다. 예를 들어 하루에 남는 시간이 저녁 먹고 잠들기 전까지 2시간 정도가 남는다고 하자. 그 시간에 아이가 잠깐 TV를 본다고 한다면 10분만 보라고 한 것이 30분이 되고, 이제라도 가서 숙제를 하라고 했을 때 남는 시간은 1시간 30분이다. 아이는 그 시간을 온전히 숙제하는 데 쓸 수 있을까? 책상에 앉는 데만 10분, 연필 잡고 집중하는 데 5분, 중간에 물이 마시고 싶다든가, 화장실이 가고 싶어서 나오면 10분, 어려운 수학 문장제를 풀다 보니 중간중간 딴 생각이 나서 10분 이런 식으로 시간을 허비하기도 한다. 아이가 연산 문제집 하루치 양을 해결하는 데 걸리는 시간을 우선 계산해 보자. 그리고 숙제를 하는 데 걸리는 시간, 책 100쪽 읽는 데 걸리는 시간을 계산해 보자. 놀랍게도 아이가 스스로 할 때에 걸리는 시간은 엄마가 옆에 앉아 있을 때 걸리는 시간보다 약 2배 이상이 걸리는 경우가 많다. 아이들은 내가 지금 이 공부를 왜 하는지, 얼마나 중요한 일인지 잘 모르기 때문에 딴 생각을 하면서 집중하지 못한 채 시간을 낭비하고 있다. 아이가 스스로 연산 문제를 푸는 데 문제집 2장에 20분이 걸렸다고 하자. 부모와 함께 집중해서 풀었던 시간을 계산했을 때 5분이 걸렸다고 한다면 이 연산 문제집을 푸는 데 걸린 시간이 얼마라고 적을 것인가? 집중했을 때 걸리는 시간을 2배수로 잡는 것을 목표로 부모 없이 스스로 공부해서 딴 생각으로 시간을 허비하지 않는 훈련이 필요하다. 그리고 부모는 계획표를 만들 때, 반드시 아이가 한 가지 과제를 수행할 때 얼마나 시간이 걸리는지 대략적으로 알고 있어야 한다. 학습은 하루에 정해진 양도 중요하겠지만, 공부 속도를 고려해야 의미가 있다. 남들이 하루 수학 문제집 2장을 매일 풀었다고 해서 우리 아이도 하루 2장이라고 기준을 정하면 안 된다. 같은 문제집이라도 A라는 아이는 2장 푸는 데 10분이 걸리고, B라는 아이는 2장 푸는 데 2시간이 걸릴 수도 있는 것이다. 반드시 시간을 고려해야 그 계획이 성공적으로 진행될 수 있다. 우리 아이가 현재 풀고 있는 문제집이 지나치게 시간이 많이 걸릴 경우에는 현재 수준에 맞지 않는 문제집일 확률이 많으므로, 문제집 수준도 낮춰야 할 수 있다. 또한 시간은 얼마 걸리지 않았지만 오답이 많을 경우에는 개념도 파악이 안 된 채, 시간에 쫓겨 대충 푸는 경우도 있다. 처음엔 귀찮을 수 있지만, 문제를 해결하기 위해서는 아이가 매일 해야 하는 과제들을 적어 두고 시간이 얼마큼 필요한지 확인한 후 스케줄을 정한다면 훨씬 효율적인 시간 관리가 가능할 것이다.

세 번째로는 아이가 해야 하는 일의 우선순위를 알려 주고, 시간 분석표를 작성하는 것이다. 우리 아이가 어려서 잘 안 될 것 같다는 이유는 핑계일 뿐이다. 우리 아이들은 자신이 하는 일에 관심이 많으며, 그것이 중요하다고 누군가 인지를 해준다면 더 열심히 하는 경향이 있다. 미국 34대 대통령인 드와이트 아이젠하워Dwight Eisenhower는 "중요한 일이 급한 경우는 거의 없다. 급한 일이 중요한 경우도 드물다."라고 했다. 아이와 함께 시간 분석표 보면서 자신이 생각하기에 어떤 일이 중요한지, 급한 일인지 생각하게 해보는 것도 의미가 있다. 다음 페이지의 예시 표를 보고 아이와 함께 어떤 일들이 중요하고 긴급한 일인지, 중요하지도 긴급하지도 않은 일인지 적어 보길 바란다. 중요하지도 긴급하지도 않은 일에 아이가 쓰는 시간이 많다면, 중요한 일을 할 수 있도록 서로 이야기를 나누어야 한다. 아이들에게 TV 시청, 게임 등과 같은 일은 중요하지도 긴급하지도 않은 일에 속한다. 독서, 영어 듣기, 운동 등과 같은 일은 중요하지만 긴급하지 않은 일이 된다. 긴급하지 않다 보니 중요도는 없지만 자꾸 미루는 습관이 생기기 마련이다. 왜 그럴까? TV 시청이나

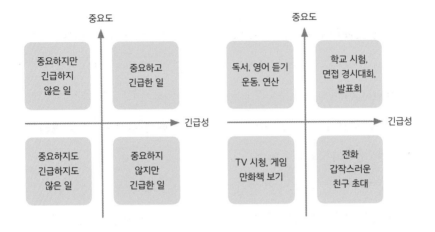

게임보다 힘들고 재미가 없다고 생각하기 때문이다. 아이들에게 우선순위를 알려 주되, 그 일에 대한 즐거움을 알 수 있도록 부모도 함께 적극적으로 참여한다면 아이들도 중요하고 긴급하지 않은 일을 먼저 하게 될 것이다.

세 번째 단계를 통해서 어떤 일이 중요한지, 우선순위가 높은 일인지 아이와 이야기를 했다면 마지막으로 해야 할 일은 어떤 활동이 아이의 몸과 마음에 충전을 주는지, 소비가 되는지 그 항목을 정리하고, 충전 시간을 확보해 주자. 독서, 영어 듣기, 운동, 연산 문제 풀이 등은 중요하지만 긴급하진 않은 일이다. 그렇다고 해서 하루의 모든 활동을 여기에 집중했을 때, 아이가 몸과 마음이 너무 힘들다고 하면 조절이 필요하다. 아이들은 부모가 하라는 대로 움직이는 기계가 아니다. 계획을 너무 촘촘히 세우게 되면 아이는 쉴 틈이 없어지게 된다. 따라서 몸과 마음의 에너지를 충전할 수 있는 시간이 반드시 필요하다. 어떤 활동을 했을 때, 충분한 휴식이 되고, 의욕이 생기는지 아이와 대화를 나누자. 단, 그 활동은 TV 시청이나 게임은 예외이다. 이것은 휴식이 아니라 오히려 시각적으로 많은 자극을 주어 몰입할 때는 즐거움은 줄 수 있지만, 피로가 해소되지는 않기 때문이다. 어떤 활동이 충전 시간을 주는지 떠오르지 않는다면, 적어도 하루 30분이라도 부모의 간섭 없이 아이만의 시간을 자유롭게 쓸 수 있도록 주는 것도 좋다. 종이접기를 할 수도 있고, 누워서 재밌는 그림책을 볼 수도 있고, AI 스피커와 퀴즈를 풀 수도 있을 것이다. 어떤 아이들은 친구들과 놀이터에서 놀거나, 운동장에서 축구하는 것이 충전 시간이 된다면 그 시간을 적극적으로 활용해야 한다. 집에서 가만히 있다고 몸과 마음의 에너지가 충전되는 것은 아니다. 오히려 신체 활동, 친구들과의 대화 등을 통해서 의욕이 생기는 아이들도 있기 때문이다. 단, 지나치게 그 시간을 보내서 집에 와서 꼭 해야 할 수학 숙제를 하다가 잠이 든다면, 그땐 그 시간이 충전 시간이 아닌 소비 시간이 되는 것이다. 아이들에게 휴식과 에너지를 줄 수 있는 활동을 적절한 시간으로 분배하여 충전 시간을 꼭 만들길 바란다.

하루 30분, 스스로 공부하는 시간은 필수!

"나 이제 뭐 해요?" 자신의 숙제를 이제 막 끝낸 아이가 엄마를 보며 하는 말이다. 혹시 우리 아이에게서 이 질문을 많이 듣는다면, 부모가 모든 스케줄을 정해 두고, 그 계획 하에 철저하게 움직이는 분위기로 가정의 학습 환경이 조성되지는 않았는지 점검해야 한다. 집에서 이렇게 물어보는 아이들은 학교에 입학한 지 얼마 되지 않았을 때, 쉬는 시간마다 선생님을 찾아가 "선생님, 이제 뭐 해요?"라고 묻기 일쑤다. 어렸을 때부터 부모가 학습 계획을 다 정해 놓고, 아이가 따라가게끔 하는 경우에는 엄마는 매니저 역할을 하게 되고, 아이는 그저 해야 할 일을 수동적으로 하게 된다. 어렸을 때부터 모범생이었고, 계획하기를 좋아하고, 실천하는 것을 좋아하는 성향의 엄마들은 지금까지도 시간을 허투루 쓰지 않는다. 계획되지 않은 갑작스러운 일을 싫어하며 자신이 열심히 살아온 것처럼 아이도 하루의 시간을 의미 있는 일로 충실히 보내길 바란다. 그래서 아이가 가만히 있는 상황을 만들지 않으려고 노력하며, 시간 계획표는 항상 해야 할 일들로 가득 차 있다. 우리 집 구성원 그 누구하나도 소파에 누워 가만히 있는 모습을 상상하기조차 싫어하기 때문에 아이가 놀고 있다면 학습과 관련된 놀이로 유도를 하거나, 책이라도 읽으라고 권유하기도 한다.

1, 2학년 아이들은 아직 어리고 잘 몰라서 기질적으로 충동적이거나, 예민하지 않다면, 부모가 하라는 대로 잘 따라올 것이다. 처음에는 부모가 하라는 대로 척척 하지만, 시간이 지날수록 무엇을 위해 이렇게 해야 하는지, 왜 이렇게 공부를 해야 하는지에 대해 궁금증이 생기게 될 것이다. 부모는 아이에게 가는 길의 방향은 제시해 줄 수는 있으나, 선택은 아이가 해야 한다. 아이와 길을 함께 가다가 아이가 가고 싶어 하는 길이 생기도록 몇 군데 목적지를 가이드 해 주고, 아이 스스로 선택하도록 해야 한다. 그래서 필요한 것이 자유 시간이다. 스스로 시간을 보내는 방법을 알아야 자기 주도적으로 학습이 가능하고, 목표 설정도 분명하게 할 수 있다.

따라서 아이 스케줄에는 반드시 자유 시간을 꼭 넣기 바란다. 자유 시간은 부모의 개입 없이 정해진 시간만이라도 아이 스스로 놀이를 선택하여 그 시간을 충분히 보내는 것이다. 처음에는 아이가 "엄마 심심해요. 나 뭐 해요?"라고 물어볼 수도 있을 것이다. 그럴 때에는 노는 것도 못하냐고 면박을 주기보다는 아이 혼자서도 시간을 보낼 수 있는 방법을 알려 주고, 스스로 선택해서 시간을 보내도록 하는 것도 좋은 방법이다. 집에 아무것도 없다면 TV를 자연스럽게 켜게 될 것이니, 아이가 좋아하는 취미 활동을 할 수 있도록 집에 몇 가지 놀잇감을 제공하자. 레고, 퍼즐, 스도쿠, 클레이, 드론, 식물이나 동물 키우기 등 활동은 다양하게 할 수 있다. 이것도 매일 해야 하는 일로 정해야 다른 과목과의 우선순위에서 밀리지 않을 수 있다. 자유시간은 초등 저학년 때에 매일 확보하여 시간을 자기 주도적으로 사용하는 방법을 익히도록 해야 한다는 것을 기억하자.

자유 시간을 아이 스스로 선택하여 잘 보낼 수 있게 되었다면, 스스로 학습하는 시간을 갖게 한다. 시간을 주도적으로 보낸다는 것은 자신이 선택한 바에 책임을 다하는 것이라고 볼 수 있다. 하루 30분은 '스스로 공부 시간'을 만들자. 단, 부모가 정해 주는 과목을 공부하는 것이 아니라, 아이가 과목을 스스로 선택하게 해야 하며, 부모는 어떤 개입도 하지 않는 것이 중요하다. 부모는 아이가 국어, 수학, 영어 위주의 과목을 선택했으면 좋겠지만, 안타깝게도 대부분의 아이들은 예체능 과목을 선택하는 경우가 많다. 아이가 미술 과목을 선택했다고 해서 실망할 필요는 없다. 자기 효능감은 과제를 끝마치고 목표에 도달할 수 있는 자신의 능력에 대한 스스로의 평가를 가리키는데, 아이가 좋아하는 과목을 선택하고, 그 과목을 적어도 30분 동안 충실히 공부하며 시간을 보냈다면 그것만으로도 자기 효능감이 커질 수 있다. 부모의 칭찬과 격려 없이도 스스로 해낼 수 있다는 자신의 능력을 검증하면서 자존감도 함께 높아지게 된다.

부모가 해야 할 일은 아이의 선택을 존중하고, 그 선택한 과목에 대해 불만을 갖지 않는 것이다. 항상 미술 과목으로 시간을 보낸 아이가 어느 날, 수학을 선택했을 때 부모는 특별히 기뻐하는 마음을 들키지 않도록 해야 한다. 미술 과목을 선택했을 때와 똑같이 격려해 주면 된다. 교육에서 중요한 것은 부모의 일관성 있는 태도다. 수학 과목 선택할 때에는 기뻐하고, 미술 과목을 선택할 때에는 무표정의 얼굴을 보인다면, 아이는 자신이 좋아하는 일을 선택했을 때, 좋아하는 일에 대한 자신감보다는 부모님이 싫어할 수도 있겠다는 불안감을 갖게 될 것이다. 1, 2학년 때 가장 좋아하는 과목을 평생 좋아하게 되는 것은 아니다. 우리도 초등학생 때의 꿈과 고등학생 때의 꿈이 변하는 것처럼 좋아하는 과목도 변할 수 있다. 국어, 수학, 영어 과목이 공부의 전부라고 생각하지 않길 바란다. 아이의 공부 범위를 부모가 좁힌다면 우리 아이는 폭 넓은 공부를 할 수 있는 기회를 잃어버리게 된다. 1, 2학년의 스스로 공부 시간에 대한 공부 범위는 가급적 많이 넓혀서 체험까지 확대하면 더 좋을 것이다.

아이가 결정한 스스로 공부 시간에 대해 과목별로 어떻게 공부를 할 것인지 간단하게 계획표를 작성하게 하면 해야 할 일을 구체화하여 실천력을 높일 수 있다. 시간을 그냥 흘려보내는 것이 아니라, 계획한 일들을 하려고 노력하기 때문에 그 시간 동안은 집중을 하게 되고, 조금 더 열심히 하게 되는 효과가 발생한다. 스스로 선택하고,

공부하는 경험을 쌓게 하는 것이 주목적이지 스스로 국어, 수학, 영어 과목을 선택해서 공부하게 하려는 것이 아니다. 바로 지금! 하루 30분으로 자기 주도 학습을 시작할 수 있다.

🐝 **30분 스스로 공부 시간 계획표**

	월	화	수	목	금
선택 과목	검도	축구	미술	영어	과학
선택 과목	빠른머리치기 200회 경기 영상 분석	슈팅연습 잔발스텝	화분을 보고 연필로 스케치하기	라푼젤 DVD 대본 따라 하기	에어로켓 실험

{ 우리 아이
교육 로드맵 만들기 }

교육의 큰 그림 그리기

부모는 자녀가 초등학교에 입학하자마자, 명문대 의대, 로스쿨, 아이비리그 입학 등 막연한 기대를 하지만, 구체적으로 뚜렷한 목표를 갖기는 어렵다. 학교를 다니면서 다양한 과목을 접해 보고, 관심 분야를 찾아서 진로를 찾고, 그 목표를 향해 필요한 공부를 하게 하는 것이 순서다. 교육의 큰 그림을 그려 보는 것은 교육 방향 설정에 도움이 되나, 부모의 생각이 일방적으로 반영되는 것은 좋은 방법이 아니다. 초등 교육은 부모가 아이보다 반 보 앞서서 끌어 주고, 중등 이후부터는 아이보다 반 보 뒤에서 지지해 주는 것이 아이와 부모가 같은 방향을 보며 아이가 자신의 꿈을 향해 주도적으로 나아갈 수 있는 방법이다. 아이가 초등학생일 때에는 무엇을 어떻게 해야 하는지 경험과 지식이 없으므로, 부모가 어느 정도는 가이드를 해 줄 필요가 있다. 그런데 그 목표가 대입이나 고입에 국한되어서는 안 된다. 물론 초등학교 입학 순간부터 영재고나 외고 진학을 목표로 두는 경우는 있으나, 교육의 큰 그림을 그린다는 것은 어릴 때부터 입시에 대해 알고 준비하자는 의미는 아니다. 초등 중등 고등으로 나누어 자녀에게 어떤 교육을 시킬 것인지 대략적인 로드맵을 그려 보자는 것이다. 초등 6년은 각 시기별로 중점적으로 해야 할 교육에 대해서 부부가 함께 의논을 해야 한다. 전 과목을 모두 집중해서 잘 배운다면 좋겠지만, 시간은 한정적이고 아이들마다 재능도 다르며, 발달 속도도 다르기 때문에 시기별로 집중 과목을 정하는 정도의 로드맵은 전체 교육 계획의 뼈대를 만드는 역할을 할 수 있을 것이다. 초등학교에 입학할 시기에는 고입이나 대입까지 고려하기

🐝 **예시** ①

	1학년	2학년	3학년	4학년	5학년	6학년
집중 분야	읽기 독립	독서 습관	영어	영어, 글쓰기	영어 디베이트	수학

🐝 **예시** ②

	1학년	2학년	3학년	4학년	5학년	6학년
집중 분야	독서 습관	영어 파닉스, 리더스북	영어 챕터북 영자신문	사고력 수학 과학	수/과학 심화 선행	수학 KMO 준비

보다는 우선적으로 초등 6년만 생각해 보자. 단, 고입의 경우는 늦어도 초등 6학년 2학기까지는 결정해야 한다. 4학년 말 정도에 어느 정도 결정이 된다면 초등 고학년부터는 필요 과목에 집중할 수 있는 시간적 여유를 확보할 수 있다.

입학 때, 정한 집중 분야에 대한 로드맵은 아이가 성장하면서 얼마든지 바뀔 수는 있으나, 전체적인 교육 흐름의 방향을 정하기에는 도움이 된다. 구체적으로 어떻게 해야 할지 모르겠다면 집중 과목만 정해 놓아도 도움이 될 것이다.

6개월 교육 로드맵 만들기

전체적인 교육 방향을 정한 다음에는 현재 학년에서 한 학기를 기준으로 계획을 우선적으로 세우는 것을 추천한다. 한 학기는 약 두 달의 방학 기간을 포함하여 6개월이며, 1년 단위로 로드맵을 세우는 것보다는 변화가 적기 때문에 효과적으로 실천 가능한 교육의 진행이 가능하다. 가장 먼저 해야 할 일은 필요한 교육을 영역별로 나누고 엄마표로 할 것인지, 사교육을 할 것인지, 둘 다 하지 않을 것인지를 구분하는 것이 좋다.

영역별로 교육 항목과 교재 등을 정했다면, 이것을 어떻게 구체적으로 진행할 것인지 6개월간의 로드맵을 만들어 보자. 초등 저학

🐝 **예시** 초2

	엄마표	사교육	안 함
국어	초등 완자 2-1 어린이 훈민정음 2-2 독서 습관기르기	-	-
영어	DVD 흘려듣기 AR3점대 집중듣기	스피킹 중심 어학원	-
수학	기적의 계산법 연산 쎈 수학 2-1 교과서 개념잡기 2-2	-	-
과학	-	학교 방과 후 과학 실험	-
사회, 역사	-	-	3학년부터 시작예정
정보	-	-	5학년부터 시작예정
예체능	피아노	태권도	

🐝 **예시** 초2, 6개월 로드맵

		3월	4월	5월	6월	7월	8월
국어	엄마표	초등 완자 2-1 독서 습관 기르기				어린이 훈민정음2-2	
	사교육	안함					
영어	엄마표	DVD 흘려듣기, AR3점대 집중듣기					
	사교육	스피킹 중심 어학원					
수학	엄마표	기적의 계산법 3권,4권 쎈 수학 2-1				기적의 계산법5권 교과서 개념잡기2-2	
	사교육	안함					
과학	엄마표	안함					
	사교육	학교 방과 후 과학 실험					
예체능	엄마표	안함				피아노	
	사교육	태권도					

년의 경우, 엄마표로 진행하는 영역도 있기 때문에 로드맵을 만들어서 자주 보는 곳에 게시해 두면, 실천하는 데 도움이 될 수 있다.

주간 일정표와 주간 계획표

6개월간의 로드맵이 구체적으로 정해졌다면, 우리 아이만의 커리큘럼이 대략적으로 완성되었다고 볼 수 있다. 이를 실천하기 위해서는 아이 스케줄을 고려한 주간 일정표가 필수적이다. 보통 위와 같은 과정 없이 단순히 아이 스케줄을 학교 시간표와 더불어 학원 스케줄로만 채우는 경우가 있는데, 스스로 공부하는 시간과 독서 시간이 확보되지 않은 상태에서 사교육으로 꽉 채워 버리면 엄마표 실천은 더욱 어려워지며, 아이들도 시간이 없다고 느낄 정도가 되어 버린다. 그래서 자신이 하고 싶은 일을 하려고 하면, 취침 시간은 어쩔 수 없이 늦어지는 상황도 온다. 기상 시간과 취침 시간이 일정하다는 것은 규칙적인 생활이 가능하다는 것이다. 이 두 가지 시간을 우선 고정하여 주간 일정표를 작성해 보도록 하자.

주간 일정표대로 잘 진행이 된다면, 숙제와 독서를 주간 계획표로 관리해 보는 것도 좋다. 특히 계획 없이 내일 수업을 위한 숙제를 전날에 급급하게 하는 경우가 있다. 예를 들어 월요일과 금요일에 영어 학원을 간다고 가정했을 때, 일요일과 목요일만 영어 숙제

	월	화	수	목	금	토	일
7시 – 8시	기상, 아침 식사, 영어 DVD 흘려듣기						
9시	학교	학교		학교	학교		
10시							
11시			학교				
12시							
13시							
14시			과학실험			주말은 비워 둔다	일기쓰기 다음주 계획하기
15시	영어학원	영어학원		영어학원	영어학원		
16시							
17시	스스로 공부 시간	태권도	태권도	스스로 공부 시간	태권도		
18시	저녁 식사						
19시	휴식						
20시 – 21시	숙제, 독서, 스스로 공부 시간						
22시	취침						

를 하는 경우를 말한다. 이는 학원 커리큘럼에 끌려가는 교육 방식이기 때문에 학원 숙제를 주도적으로 진행하기 어렵고, 항상 시간에 쫓기게 되는 상황이 온다. 교육은 급급하게 진행하면 언젠가 탈이 나기 마련이다. 미리 계획을 세워서 부모와 아이가 수월하게 공부할 수 있도록 시스템을 만들어 보자. 몇 주 하다 보면 금방 익숙해져

		월(/)	화(/)	수(/)	목(/)	금(/)	토(/)	일(/)
수 학	연산	문제집 이름 (Page)	문제집 이름 (Page)	문제집 이름 (Page)	문제집 이름 (Page)	문제집 이름 (Page)		
	사고력		문제집 이름 (Page)	문제집 이름 (Page)	문제집 이름 (Page)			필요시 보충
	교과	문제집 이름 (Page)				문제집 이름 (Page)		
학습시간								
영 어	Listening	DVD 20분 교재 듣기	DVD 20분 교재 듣기	DVD 20분 교재 듣기	DVD 20분 교재 듣기	DVD 20분 교재 듣기		
	Reading	읽은 권수 표시 또는 영어책 제목적기						
	학원숙제	숙제 내용	숙제 내용	숙제 내용	숙제 내용	숙제 내용		
학습시간								
독 서	문학	읽은 권수 표시						
	비문학	또는 책 제목 적기						
독서시간								
학교 과제								

서 계획표가 없어도 적어도 무슨 요일에 어떤 과목 공부를 해야 하는지 습관적으로 알 수 있게 된다. 적어도 습관이 될 때까지는 주간계획표를 활용해 보도록 하자.

주간 계획표는 무엇을 했는지 적기만 하는 것은 가계부를 쓰면서 지출 내역만 쓰고 분석을 안 하는 것과 같다. 가계부를 쓰는 이유가 다음 달의 예산을 짜기 위해 쓰듯이 주간 계획표도 다음 주에 더욱 실천 가능하고, 목표에 조금씩 다가설 수 있도록 분석해야 한다. 특히, 계획한 것을 다 하지 못했을 때에는 무리한 계획을 세운 것은 아닌지, 학습의 양을 조절해야 한다. 반드시 고려해야 할 것은 아이의 취침 시간이 늦어지게 하면 안 된다는 것이다. 취침 시간은 정해 두고, 숙제를 다 하지 못하더라도 그 시간이 되면 아이를 재워야 한다. 그 시간 동안 숙제를 못한 아이 잘못이 아니라, 무리하게 잡은 계획표가 문제다. 이럴 경우, 다음 주간 계획표를 세울 때 숙제의 양을 줄여야 한다. 또한 숙제는 했지만 독서를 못한 경우에는 주간 일정표에서 독서 시간을 따로 지정해야 한다. 1, 2학년은 그만큼 독서가 중요하다. 독서가 무너지면 머지않아 다른 과목도 도미노처럼 무너지게 되어 있다. 아이가 10시에 취침한다면 적어도 밤 9시 30분부터 10시까지, 학교 끝나고 30분은 독서 시간을 만들어 주어 책 읽을 시간을 확보해 주자. 앞서 시간 관리에서 언급했듯이 중요하지만 긴급하지 않은 일이 시간이 부족하다는 이유로 우선순위에서 밀리면 지금 1, 2학년에 꼭 해야 할 것을 놓치고 갈 수 있다. 3학년 이상이 되어 1, 2학년 때 제대로 하지 못한 일을 다시 하고 싶지 않다면, 지금 꼭 해야 할 일을 주간 계획표에 넣어 실천하길 바란다.

이 책의 저자인 나 역시 아이를 초등학교에 보내고 있는 학부모다. 다년간의 컨설팅과 강의를 통해서 초등 학부모의 고민이 무엇인지 알고, 공감하고, 어떤 선택이 아이들에게 도움이 되는지 항상 고민해 왔다. 이 책을 쓰면서 첫째 아이 학교 입학부터 지금까지의 일들이 그림처럼 스쳐지나갔다. 막상 학교를 보내고 나니, 별거 아니라고 생각하는 학부모부터 아이의 일이라면 전전긍긍 불안해하는 학부모까지 다양한 부모들을 만나 보았다. 어디나 적당한 불안과 긴장은 필요하다. 그래야 방심하지 않게 되고, 아이를 편하게 키우라는 말은 방치하라는 의미가 절대 아니라는 것을 알아 두자. 1, 2학년 때에는 아이가 스스로 선택할 수 있도록 기회를 주고, 시간을 효율적으로 쓸 수 있도록 그 방법을 알려 주어야 한다. 생활 습관만 제대로 길러 줘도 사실 성공이다.

책 내용이 과목별로 해야 할 공부가 많은 것처럼 보일 수 있을 것이다. 절대로 한 번에 이루어지는 것은 없다. 아이가 가장 흥미 있어하며, 우리 가정에서 가장 가치 있게 여기고 있는 교육부터 하나씩 진행해 나가면 된다.

이 책을 통해서 독자들이 초등 저학년 때, 필요한 교육에 대해서 다시 한번 되짚어 봤으면 좋겠다는 생각을 해본다. 모든 과목을 다 잘해야 한다는 강박에서 벗어났으면 한다. 초등학교 때에는 골고루 다양한 과목을 접해 보는 데에 가장 의미를 두어야 한다는 생각이다. 초등학생 때 배우는 내용은 시간이 지나면 다시 되돌리기 어렵다. 선행 교육을 많이 하다 보니, 아이들은 어느새 1학년이 2학년 공부를 하는 것을 당연시 여기는 것 같다.

교육 과정의 목표는 아이들 연령에 맞추어 과목별로 목표치를 제시했기 때문에 학교 교과 과정을 제대로 이해해서 다음 학년은 연계하도록 해야 한다. 초등 1, 2학년은 다른 학년보다 더욱 중요한 시기다. 인성과 도덕성 또한 중요한 시기이기 때문이다. 부모가 신경 써야 할 부분이 많지만, 이렇게 고군분투하는 것도 지금이라는 것을 기억하자. 공들여 들인 습관은 아이들에겐 평생의 밑거름이 될 것이다. 지금 이 시기에 공들이지 않으면 아이가 큰 다음에는 더 많은 공이 필요하게 된다. 초등 저학년은 아직 부모의 보살핌이 필요한 시기이며, 사랑을 많이 받아야 하는 나이다. 부모의 역할은 자녀를 잘 가르치는 것이 아니라 잘 기르는 것이 중요하다. 실패는 있어도 좌절하지 않는 아이, 자존감이 높고 자신감이 있는 아이로 성장하기 위해서는 부모의 응원과 건강한 보살핌이 필요하다.

지나친 엄마표 교육으로 자신의 아이를 학생처럼 대하는 부모도 있다. 우리는 부모라는 것을 꼭 기억하자. 부모는 선생님이 아니다. 우리 아이를 사랑하는 눈빛으로 바라볼 때, 진심으로 우리 아이가 원하는 것이 무엇인지 관찰하는 시선이 바로 부모가 가져야 할 태도다. 학벌 중심 사회에서 우리는 무언가 놓치고 있는 것이 있다. 그것은 바로 부모의 자리다. 이 책을 통해서 자녀에게 과목별로 효율적인 학습법을 알려 주겠지만, 실천은 바로 부모인 당신과 당신의 자녀가 해야 할 몫이다. 부모의 역할이 무엇인지, 지금 시기에 꼭 해야 할 일이 무엇인지 생각해 보면 그 답을 얻는 데에 도움이 될 것이라는 생각이 든다. 이 책이 그 해답을 얻는 데에 도움이 되길 바란다.

이 책의 주인은 바로 당신이다. 책 내용을 보면서 자신의 생각과 견주어 보길 바란다. 또한 우리 아이에게 어떻게 적용하면 좋을지 생각하면서 적어 보면 이 책보다 더 좋은 아이디어는 충분히 나올 수 있다.

아이들에게 최고의 부모가 되길 바라며.